KB133663

뉴노멀
New Normal
뉴타입
New Type
뉴드림
New Dream

★ 위기를 기회로 바꾸는 손자의 3NEW 성공 전략 ★

뉴노멀
New Normal
뉴타입
New Type
뉴드림
New Dream

김병주 · 최보윤 · 김지혜 지음

플래닛미디어
Planet Media

뉴노멀 시대,
격변의 파도가 밀려온다

세계적인 석학으로 손꼽히는 유발 하라리^{Yuval Noah Harari}는 그의 책『호모데우스^{Homo Deus}』에서 "인류는 3대 과제였던 기아, 역병, 전쟁을 통제 가능한 상황으로 만들었다"고 말했다. 하지만 불행히도 이것은 더 이상 사실이 아니게 되었다. 4차 산업혁명의 속도가 빨라지면서 인공지능과 사물인터넷 등의 첨단 기술이 우리의 일상 깊숙이 파고들었지만, 이런 기술들로도 어찌할 수 없는 역병이 인류의 삶을 무너뜨리고 있다. 경제불황과 저성장의 늪에서 우리가 느꼈던 '위기'는 그야말로 예고편에 불과했던 걸까. 우리는 코로나라는 전대미문의 감염병을 통해 이제껏 경험하지 못했던 진짜 위기를 맞이하고 있다. 이동에 제한이 생긴 사람들은 위축되기 시작했고, 기존의 우리가 절대적 가치라 여겨왔던 삶의 모든 표준들이 급속도로 바뀌고 있다. 코로나라는 위기가 대전환의 시대를 연 것이다. 이른바 뉴노멀^{New Normal}, 격변의 파도가 밀려오고 있다. 문제는 우리들이다. 격변의 파도가 얼마나 높고 그 위력이 얼마나 셀지 좀처럼 가늠할 수 없는 지금,

우리는 무엇을 해야 할까, 격변의 파도 위에 올라타느냐 아니면 휩쓸려 도태되느냐, 남겨진 선택지는 별로 없다.

● 위기에 끌려가지 말고 변화를 끌고 가라

실제로 코로나 사태를 겪으며 많은 사람들이 힘겨워하고 있다. 주변 지인들로부터 앞으로 어떻게 살아야 할지 막막하다는 얘기가 자주 들려온다. 큰 식당을 운영 중인 한 친구는 코로나 이후 매출이 50% 이상 뚝 떨어졌다면서 이러다 곧 가게 문을 닫아야 할지 모른다며 한탄하고, 또 다른 친구는 자녀의 취업이 더 어려워졌다며 걱정한다. 그렇다. 뉴노멀 시대에 접어들면서 우리는 모두 생존을 고민할 수밖에 없는 처지가 되었다. 손님이 북적이던 식당이 하루 아침에 텅 비어버렸고, 애써 대학에 합격했지만 학교에 갈 수 없게 되었다. 그동안 사람들이 애써 일궈오고 중요시해온 많은 것들이 무용지물이 되었다. 반면 한쪽에선 전혀 생각지 못했던 일과 방식들이 새롭게 주목받기 시작했다. 언택트untact의 바람을 타고 새로운 마켓과 소비 양식이 떠오르기 시작한 것이다. 일상의 기준이 바뀐다는 것은 곧 우리가 살아가는 방식이 바뀌는 것이기에 당연히 경제의 판도 바뀔 수밖에 없다. 이런 뉴노멀 시대를 어느 날 갑자기 아무런 준비 없이 맞이한 우리들이 생존의 위협을 느끼는 것은 어찌 보면 당연한 일이다. 아무것도 확신할 수 없고, 어떤 것도 자신할 수 없는 시대, 그 어느 때보다 위기감이 크게 느껴지는 시대다. 하지만 언제까지고 주저앉아 있을 수만은 없다. 새로운 시대, 그 변화의 흐름에 맞춰 생존하기 위해선 당장 움직여야 한다. 이른바 뉴타입New Type을 찾아야 하는 것이다. 여기서 뉴타입이란 기존 시장에서 통하던 방식이 아닌 새로운 모든 방식을 말한다. 바로 이 뉴타입을 발견하고 선점해야 우리는 뉴노멀 시대에 도태되지 않고 살아남을 수 있다. 그런데 또 하나의 의문이 남는다. 우리는 하루아침에 어디서 뉴타입을 찾아낼 것인가?

● 나는 이 질문의 답을 『손자병법』에서 찾을 수 있었다

『손자병법孫子兵法』을 쓴 손자孫子는 춘추전국시대라는 혼란의 시대를 살았다. 천하를 지배했던 주나라의 통제력이 약해지면서 당시 중국은 140여 개의 크고 작은 제후국으로 분열됐다. 각 제후국들은 서로 살아남기 위해 치열한 경쟁을 벌였다. 춘추시대인 242년 동안 일어난 전쟁만 해도 무려 483회에 달했다. 그뿐만이 아니다. 대국 사이의 패권, 이민족과의 전쟁, 제후국 내부의 정권 쟁탈, 군신 간의 시해사건 등이 판을 쳤다고 하니 그 얼마나 치열한 시대였는지 가히 짐작이 간다.

이렇게 처절한 생존경쟁 속에서 태동한 것이 바로 『손자병법』이다. 한 치 앞도 예측할 수 없는 무한경쟁 속에서 손자는 어떻게 살아남아야 하는지 수많은 길을 찾아서 제시했다. 이런 『손자병법』의 지혜는 우리가 인생을 살아가면서 효율적인 전략을 세우는 데 큰 지침이 된다. 비록 『손자병법』이 국가와 국가끼리의 최고 경쟁인 전쟁에 관한 내용을 담고 있지만 이는 사실 경쟁이 있는 곳 어디에나 적용되는 원리이기 때문이다. 특히 지금과 같은 변화무쌍한 뉴노멀 시대에 손자의 전략은 다시 한 번 그 가치를 발한다.『손자병법』에서 보여주는 전략적 사고는 탁월하다. 손자가 강조한 최소한의 희생을 통해 최고의 성과를 얻으려면 전략적인 사고를 해야 하기 때문이다. 마이클 포터Michael E. Porter, 피터 드러커Peter Drucker, 앨빈 토플러Alvin Toffler 같은 석학들도 현대 경영학을 설명하면서『손자병법』을 많이 인용했다.『손자병법』이 얼마나 훌륭한 전략을 담고 있는지 이것만 봐도 알 수 있다. 더구나『손자병법』은 단순히 전쟁에 관한 논리만을 담고 있지 않다. 그 속에 사람을 생각하는 휴머니즘과 효율적인 전략, 그리고 변화에 빠르게 대응해나가는 임기응변이 있다. 그렇기에 생명력이 강하다. 이것이 바로 지금 뉴노멀 시대에 우리가 다시『손자병법』을 소환해야 하는 이유다.

나는 지금도 인생의 난관에 부딪힐 때마다 손자의 전략을 되새긴다. 손자를 알면 인생에 풀리지 않는 문제는 적다. 이제까지 전혀 경험해보지 못했던 새로운 판에서 경쟁해야 한다 해도 괜찮다. 다소 불리한 판에 서 있어도 걱정할 필요 없다. 언제든 상황을 역전시킬 수 있고 나에게 유리하게 바꿀 수 있기 때문이다. 뉴노멀 시대, 혹시 자신만 기존의 낡은 사고방식에 갇혀 있다는 자괴감에 빠져 있는가? 그럼에도 불구하고 어디서부터 어떻게 바꿔나가야 할지 막막한 심정이라면, 이 책을 읽어보라고 권하고 싶다. 이 책을 통해 2500년 전 시대를 살았던 손자의 전략적 사고를 접하는 것만으로도 신선한 자극이 될 것이다. 그리고 그것이 당신이 이루고 싶은 뉴노멀 시대의 원대한 꿈, 즉 뉴드림에 한 발 더 다가가는 비결이 될 것이다.

CONTENTS

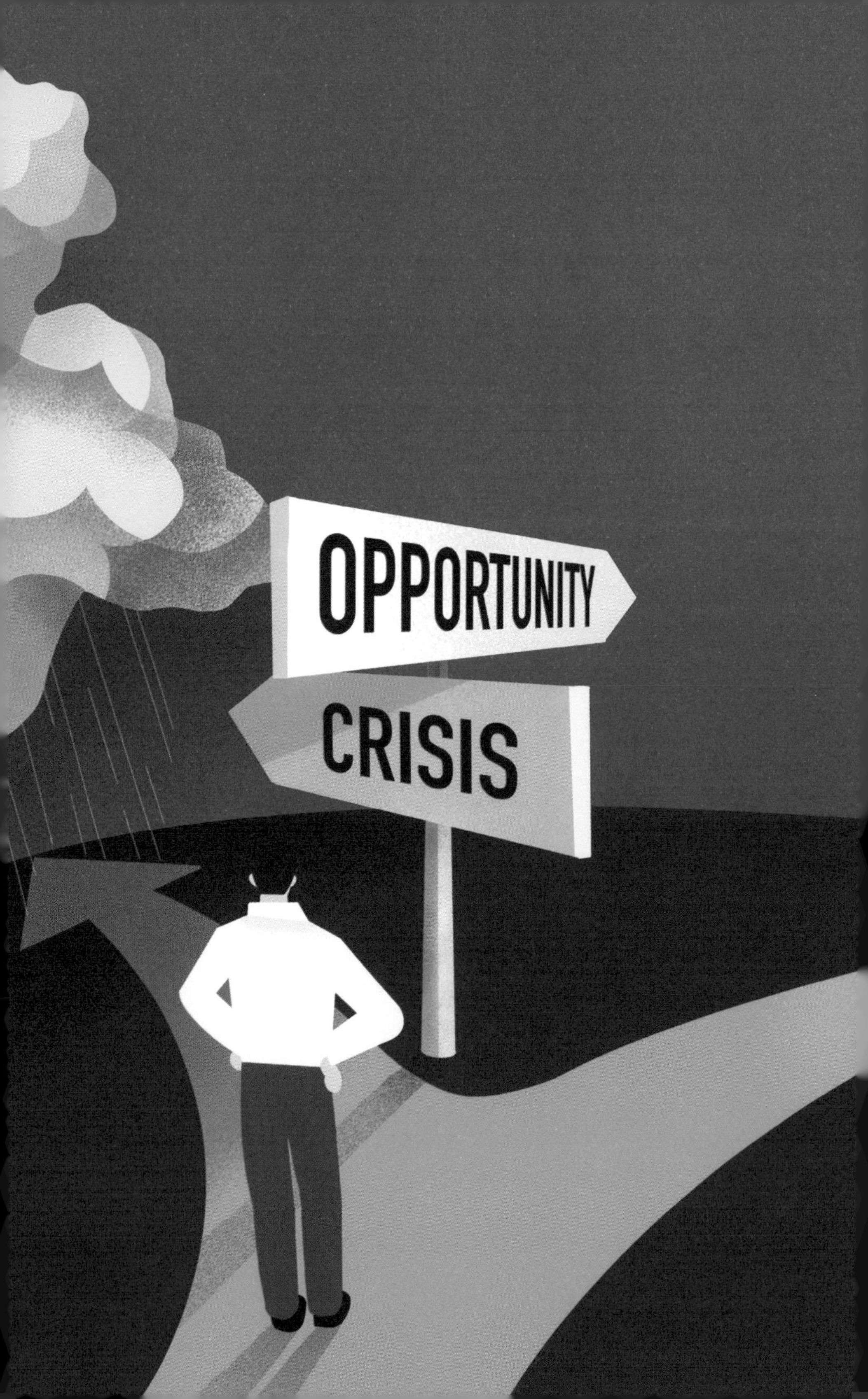
OPPORTUNITY
CRISIS

CHAPTER 1

뉴노멀,
위기 혹은 기회

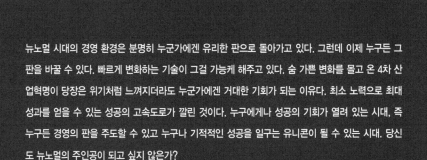

뉴노멀 시대의 경영 환경은 분명히 누군가에겐 유리한 판으로 돌아가고 있다. 그런데 이제 누구든 그 판을 바꿀 수 있다. 빠르게 변화하는 기술이 그걸 가능케 해주고 있다. 숨 가쁜 변화를 몰고 온 4차 산업혁명이 당장은 위기처럼 느껴지더라도 누군가에겐 거대한 기회가 되는 이유다. 최소 노력으로 최대 성과를 얻을 수 있는 성공의 고속도로가 깔린 것이다. 누구에게나 성공의 기회가 열려 있는 시대, 즉 누구든 경영의 판을 주도할 수 있고 누구나 기적적인 성공을 일구는 유니콘이 될 수 있는 시대. 당신도 뉴노멀의 주인공이 되고 싶지 않은가?

● 코로나19, 위기를 몰고 오다

최근 사람들의 마음을 크게 울린 대중가요 한 곡이 있다. 바로 가수 이적의 〈당연한 것들〉이다. 코로나19로 인해 우리가 잃어버린 당연한 것들에 대한 안타까움을 노래했다. 기억나는 가사의 일부는 이렇다.

"그때는 우리가 알지 못했죠

우리가 무얼 누리는지

거릴 걷고

친굴 만나고

손을 잡고

껴안아주던 것

우리에게 너무 당연한 것들"

그렇다. 우리는 지난 몇 달간 너무나 당연하게 누려온 많은 것들을 너무나 순식간에 잃어버렸다. 팬데믹pandemic, 전 세계적인 전염병의 유행을 뜻하는 말이다. 이 세 글자가 몰고 온 세계적 파장은 실로 엄청났다. 코로나19 바이러스라는 눈에 보이지 않는 재앙으로 인해 2020년 말에는 전 세계적으로 확진자 7,000만 명, 사망자 150만 명에 달할 것으로 예측된다. 모든 사람들이 매일같이 소리 없이 엄습해오는 전염병의 공포에 시달리고 있는 것이다. 하지만 정작 두려운 것은 따로 있다. 바로 우리를 둘러싸고 있는 모든 환경이 격변의 소용돌이로 빨려 들어가고 있다는 사실이다. 어느 날 갑자기 지진으로 인해 지각변동이 일어나듯 지금 이 순간에도 팬데믹은 우리의 삶과 일상의 판을 뒤집고 있다.

코로나19가 변화시킨 세상을 우리는 뉴노멀New Normal이라 부른다. 뉴노멀, 즉 새로운 기준을 말한다. 좀 더 명확히 얘기하면 시대 변화에 따라 새롭게 떠오르는 기준 혹은 표준을 뜻한다. 뉴노멀은 처음에 2008년 글로벌 금융위기 이후 전 세계적으로 찾아온 저성장 기조를 표현하기 위한 말로 사용되었다. 이른바 뉴노멀 1.0이다. 코로나19는 글로벌 금융위기 다음에 찾아온 또 한 번의 뉴노멀, 즉 뉴노멀 2.0이라 불린다. 세계를 뒤흔든 경제위기만큼 코로나19는 정치, 경제, 사회 할 것 없이 우리 생활 전반에 많은 변화를 가져왔다. 단지 변화를 일으킨 것뿐만 아니라 곳곳에 위기를 몰고 온 것이다. 특히 우리를 가장 힘들게 만든 것은 역시 경제위기다. 팬데믹 이후 전 세계 경제가 '시동이 꺼진 자동차'처럼 멈춰섰다. 올해 세계 경제성장률은 그야말로 바닥이다. 당초 기대했던 성장은커녕 역성장으로 돌아섰다. 지난 1929년 대공황 이후 최악의 경제상황을 우려하는 목소리가 곳곳에서 쏟아지고 있다. 코로나 바이러스는 불과 6개월여 만에 전 세계 경제를 쑥대밭으로 만들어버렸다.

수치상으로도 위기가 보인다. IMF는 〈세계경제전망 2020〉에서 2020년 세계 경제성장률을 -3%로 전망했다. 2007년 글로벌 금융위기 당시 -0.1%보다 성장률 하락의 폭이 더 커진 수치다. 1930년의 대공황 이후 최악의 경제성장률을 기록했다. 미국의 경우 약 4,700만 개의 일자리가 사라졌다고 한다. 유럽은 코로나19로 위협받고 있는 일자리의 수만 5,900만 개에 달한다. 이런 와중에 미국과 중국은 무역전쟁을 멈추지 않고 있으니 실로 우려가 클 수밖에 없다. 설상가상으로 미국은 전국이 인종차별에 항의하는 집회로 혼란스럽고, 중국도 홍콩 국가보안법으로 인해 온통 어지럽다.

　우리나라의 경우는 어떤가? 올해 우리나라 경제성장률도 코로나19 여파로 인해 역성장이 예상되고 있다. 일본은 한국에 대한 수출규제를 풀지 않고 있는 데다 북한과의 관계 개선도 제자리걸음이다. 코로나 위기 이후 단 3개월 동안 사라진 일자리만 155만 개. 실제로는 그보다 훨씬 많을 게 분명하다. 정부는 그 어느 때보다 적극적으로 일자리 만들기에 나서고 있지만 쉽지 않은 상황이다. 어느 날 갑자기 닥친 코로나 위기에 멀쩡했던 일자리마저도 증발해버린 것이다. 일자리가 줄어들었다는 것은 결국 경기침체를 의미한다. 돈을 벌 수 없게 된 사람들은 소비를 할 수 없게 되고, 이는 곧 복구에 시간이 걸리는 경기침체의 원인이 될 것이 자명하다. 이로 인해 정부가 전 국민에게 정부재난지원금을 주는 사상 초유의 사태까지 벌어졌다. 위기의 불씨가 활활 타오르기 전에 긴급 진화에 나선 것이다. 2차, 3차 확산으로 더 어려운 상황에 내몰릴 가능성이 크다. 여행업계를 비롯해 코로나19로 인해 급하게 내리막길을 걷게 된 산업 분야들, 그리고 그와 함께 사라진 일자리들은 마치 도미노처럼 우리 경제를 산산이 쓰러뜨릴지 모른다. 위기감이 지금 이 순간에도 우리를 짓누르고 있다.

● 코로나19가 몰고 온 '진짜 위기'

문제는 코로나19가 가져온 경제적 파장이 이렇게 단편적으로 끝나지 않을 거란 사실이다. 코로나19로 인해 가장 크게 나타난 변화는 그동안 서서히 진행되어왔던 디지털 전환이 가속화되었다는 것이다. 그 결과 모든 산업 분야의 판도가 바뀌고 있다. 세계 최대의 컴퓨터 소프트웨어 회사, 마이크로소프트의 CEO인 사티아 나델라^{Satya Narayana Nadella}는 이렇게 말했다. "코로나19로 인해 과거 2년간의 디지털 전환 진척 정도가 단 2개월 만에 이루어졌다"고. 아닌 게 아니라 우리는 이미 일상 속에서 그 엄청난 변화의 속도를 경험하고 있다.

비대면사회로의 전환. 이 키워드 하나만 살펴보자. 재택근무와 온라인 수업으로 인해 우리에게 어떤 변화가 일어났는가? 각 가정마다 데스크탑 PC나 노트북, 태블릿 PC 등 디지털 기기의 보급이 다시 한 번 빠르게 이루어졌고, 화상채팅 관련 온라인 서비스가 대중화되었다. 길거리 식당들의 손님은 급격히 줄었지만, 온라인 배달 앱을 통한 음식 주문은 늘고 있는 추세다. 특히 온라인 쇼핑에 둔감하던 50대 이상 고령층조차도 마트에 가는 대신 스마트폰을 통해 상품을 구매하는 일이 많아졌다. 코로나바이러스의 확산으로 전자상거래, 즉 이커머스가 폭발적으로 성장한 것이다. 2015년 메르스의 확산이 모바일 쇼핑의 성장에 큰 영향을 미쳤다면, 2020년의 코로나는 쇼핑의 대세가 온라인으로 완전히 넘어오도록 하는 데 결정적인 촉매가 되었다. 젊은 층만 즐겨하던 온라인 쇼핑에 중장년층까지 가세하게 된 것이다. 이것이 우리에게 의미하는 것은 무엇일까? 코로나19로 인해 시장이 필요로 하는 제품과 서비스의 유통 구조가 급변했다는 것을 뜻한다. 실제로 이 같은 사실은 유통업계에 큰 변화를 가져왔다. 신종 바이러스에 대한 공포는 가장 먼저 사람들의 발을 묶었다. 이는 호텔과 백화점, 면세점에까지 큰 타격을 입혔다. 호텔업계의 강자들도 코로나로 인한 타격을 피해갈 수 없었다. 여행이 제한되면서 면세점들은 거의 개점휴업 상태가 되었다. 대형마트도 타격을 받았다. 고객들이 많이 찾는 유통업체의 특성상 실적 하락을 피해갈 수 없었다. 반면 온라인 기반의 쇼핑업체들은 주문량이 폭주했다. 소비자들이 신종 코로나 발생으로 외출을 꺼리는 분위기가 형성되면서 평소보다 더 온라인 쇼핑을 선호하게 된 것이다. 그동안 유통업체들이 얼마만큼 온라인 기반의 쇼핑몰을 구축하는 데 힘을 실어왔는지에 따라 희비가 엇갈렸다. 온라인 기반이 취약한 기업들의 경우 실적을 만회할 수 있는 별 다른 방법이 없었다. 그야말로 속수무책이었다. 반대로 온라인 쇼핑몰의 비중을 점차적으로 늘려온 유통업체의 경우 충격을 덜 받을 수 있었다. 여기서 우리가 분명히 알 수 있는 사실 한 가지가 있다. 뉴노멀이 된 코로나19가 누군가에겐 위기였지만 또 누군가에겐 기회가 되었다는 사실이다

이것이 무엇을 의미하는 걸까? 단순히 경제적 위기만을 뜻하는 걸까? 아니다. 코로나19가 몰고 온 '진짜 위기'는 따로 있다. 기업 경쟁의 판이 180도 변했고, 기존 시장의 질서가 더 이상 통하지 않게 되었다는 것이다. 혁신적 아이디어 하나만 있으면 어떤 기업이든 적은 자본과 인력으로도 성공할 수 있는 시대가 된 것이다. 신생 스타트업들도 얼마든지 시장의 주도권을 가질 수 있게 되었다. 이것은 제아무리 덩치 큰 기업이라 해

도 언제든 한순간 경쟁에서 도태될 수 있다는 뜻이다. 세상이 바뀌고 기술이 발전하고 기존의 성공 공식이 깨져가고 있기에 가능한 일이다. 과거의 성공은 과거에 머무를 뿐, 이제 전혀 다른, 새로운 성공의 길을 개척해야 한다. 엄청난 기술 변화의 속도 그리고 코로나19 감염병 위기로 인해 달라진 전 세계의 일상 속에서 시대 흐름에 맞는 성공을 이뤄나가야 한다. 그리고 이것은 어느 산업 분야 일부의 문제가 아니라 위기의 시대를 살아가고 있는 우리 모두에게 남겨진 숙제다.

● 누구에게나 유리하고 누구에게나 불리한 판

코로나19와 같이 거대한 변화의 흐름은 누구에게나 위기로 느껴지기 마련이다. 한 치 앞도 예측할 수 없는 불확실성이 사람들을 위축시킨다. 당장 코로나19 감염병 위기가 언제 끝날지 우리는 장담할 수 없다. 더 나아가 미래엔 어떤 산업이 발전할지, 어떤 직업이 유망할지, 또 어떤 일자리가 새롭게 생겨날지 아무것도 정해진 답이 없다. 전문가들은 서로 앞 다퉈 온갖 전망과 분석을 내놓지만 그중 누구의 견해가 맞는지 검증할 방법 또한 없다. 그저 주어진 상황에서 자기만의 방식대로 꿋꿋이 버티며 살아남는 것밖에 별다른 도리가 없는 것이다.

기업들도 마찬가지다. 우리는 이미 이런 대전환의 시기를 제대로 넘기지 못한 채 쓰러져간 기업들을 많이 봐왔다. 가장 먼저 디지털 카메라를 개발

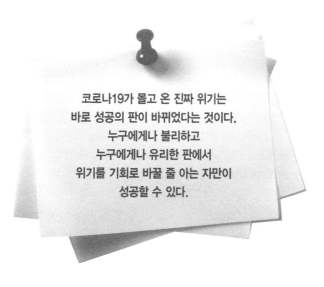

코로나19가 몰고 온 진짜 위기는
바로 성공의 판이 바뀌었다는 것이다.
누구에게나 불리하고
누구에게나 유리한 판에서
위기를 기회로 바꿀 줄 아는 자만이
성공할 수 있다.

해놓고도 필름 카메라만 고집하다가 몰락한 코닥Kodak이 그랬고, 무려 14년 간 세계 핸드폰 시장을 장악했던 노키아Nokia가 그랬다. 스마트폰 시장으로 넘어가는 대세의 변화를 놓친 것이 결정적인 실패 이유였다. 기존 성공의 법칙에 갇혀 새로운 판이 시작되었음을 인지하지 못했고, 그 어떤 대응도 하지 못했다. 아니 변화를 눈치챘어도 스스로 변화를 선택하지 않았다. 자 신들이 해온 방식이 정답이라 믿었기 때문이다. 이것은 실패한 그들만의 이야기가 아니다. 우리의 이야기다. 우리 역시 지금의 변화를 체감하면서 도 자꾸만 현재에 머무르려고 한다. 안정을 추구한다는 것을 핑계 삼아.

후지필름Fujifilm은 달랐다. 필름 시장이 무너질 조짐이 보이자 서둘러 다 른 길을 찾았다. 필름을 오랫동안 유지하는 기술을 토대로 콜라겐 성분을 유지할 수 있게 해주는 화장품을 만들었다. 기존에 하던 방식에 작은 발 견과 아이디어만 더했는데도 완전히 다른 시장을 개척할 수 있었다. 필름 시장의 위기를 또 다른 시장을 여는 기회로 삼은 것이다. 이를 거창하게 포장하면 과거의 성공은 잊고 새로운 시대에 맞는 뉴노멀한 성공을 찾은 것이 된다. 위기 속에서도 지금 갖고 있는 것만 고집하다가 내리막길을 걸은 코닥과 노키아와는 전혀 다른 시도를 한 것이다. 이것만 봐도 느껴지지 않는가. 우리는 뉴노멀 시대를 맞이해 코닥이 아닌 후지필름이 되기 위한 길을 찾아야 한다. 그렇지 않고선 단순히 실패하는 것에서 그치지 않는다. 뉴노멀의 위기의 폭이 큰 시대다. 지금 당장 닥친 위기를 기회로 바꾸지 못하면 아예 생존하지 못할 수 있다는 얘기다.

불행한 얘기지만, 코로나19는 예고편일 뿐 이보다 더 폭발력이 강한 위협적인 변화가 언제 닥쳐올지 모른다. 위기는 과거보다 더 자주 닥쳐온다. 100년에 한 번 찾아오던 위기는 50년, 30년, 20년… 이렇게 점점 그 주기를 단축하며 우리를 벼랑 끝으로 내몰고 있다. 위기가 우리의 일상이 되어가고 있는 것이다. 그렇다면 우리는 무엇을 준비해야 할까? 위기 때마다 절망하고 쓰러지지 않기 위해서, 아니 이보다 한 발 더 나아가 남들과는 다른 성공을 이뤄내기 위해서 우리는 각자 어떤 내공을 키워야 하는 걸까? 코로나가 몰고 온 뉴노멀 2.0 시대를 발판 삼아 보다 쉽게 기회의 신을 잡기 위해 무엇을 해야 할까? 절실하게 고민해야 할 때다. 누구에게나 유리하고 누구에게나 불리한 시장, 그것이 바로 팬데믹 시대의 경제이기 때문이다.

● 저성장시대, 위기인가 기회인가

요즘 유행하는 말 중에 "라떼는 말이야~(나 때는 말이야)"가 있다. 젊은 세대들이 "나 때는 말이야"를 "라떼는 말이야"로 바꿔 쓰는 말이다. 기성세대가 자꾸 젊은 세대를 훈계하려는 것을 비꼬는 말이란다. 풍자와 해학이 담긴 이 시대의 언어겠지만 이미 기성세대에 속하는 나는 이 말이 썩 반가울 리 없다. 하지만 왜 나와 같은 기성세대들이 "라떼~"를 연발하는지 그 이유는 잘 알고 있다. "라떼는 말이야"는 "나 때는 이러지 않았는데"와 같은 말이다. 과거 자신의 영광이나 경험에 대한 자부심이 담긴 말로 이해할 수 있다. 아닌 게 아니라, 요즘 나를 포함한 40~60대 기성세대들의 '라떼'를 돌이켜보면 그만큼 살기 좋은 시대도 없었다.

한국 경제는 산업화 이후 지난 50~60년간 꾸준히 성장해왔다. 석유파동과 외환위기, 글로벌 금융위기 등 특수한 위기가 있었음에도 불구하고 번영의 길을 걸어왔다. 전 세계가 '폐허를 딛고 선진국이 된 유일한 나라, 코리아'를 칭송하는 데 이견을 달지 않는다. 지금에야 말이지만 1980년대에 학창 시절을 보낸 사람들은 상당히 운이 좋은 편이었다고 할 수 있다. 가파른 성장기에 접어든 우리나라에는 일자리가 넘쳐났고, 성공의 기회도 많았다. 실제로 당시 우리나라의 GNP 성장률은 1986년부터 1988년까지 3년 연속 10%가 넘었다. 또 1985년부터 1988년까지 3년 동안 주가가 여섯 배 넘게 뛰었다. 저유가, 저달러, 저금리의 '3저 호황'을 누렸던 시절이기 때문에 가능한 일이었다. 그런 호시절의 배경에는 베이비붐이 있다. 흔히 1955년생부터 1963년생까지를 한국의 베이비붐 세대라고 부른다. 이 기간 중 902만 명이 태어났다. 잠시 주춤하던 출생아 수는 1960년대 후반~1970년대 초반 다시 늘어났다. 이 시기에 태어난 사람들을 2차 베이비붐 세대로 부르기도 한다. 연간 출생아 수는 1955년 처음으로 90만 명을 넘어선 뒤 1974년까지 20년간 내리 90만 명을 웃돌았다. 2018년 출생아 수가 32만 6,900명인 것과 비교하면 지금의 세 배가 넘는 규모다. 20년간 출생아 수는 모두 2,002만 명. 1955년 베이비붐이 시작되었을 때의 인구가 2,100만 명이었으니 얼마나 많은 아기들이 이 시기에 태어났는지 짐작할 수 있다. 덕분에 엄청난 생산인구와 소비인구가 공급될 수 있었다. 이른바 인구 보너스^{Demographic Bonus}를 누린 것이다. 인구 보너스란 인구증가에 따라 생산과 소비가 급증하고 경제가 성장하는 것을 말한다. 우리나라 경제의 가장 빛나던 시기는 인구 보너스와 함께 찾아왔다

그런데 요즘은 어떤가? 저출산 문제가 심각하다. 2020년부터 인구의 자연감소가 시작될 것으로 전망된다. 정부는 이대로라면 50년 안에 인구가 1,800만 명까지 줄어들 거라는 긴급 성명을 발표했다. 생산연령인구도 갈수록 줄면서 경제성장률도 하락했다. 서울대 보건대학원은 1명이 채 안 되는 우리나라의 합계출산율[가임(15~49세) 여성 한 명이 낳을 것으로 기대되는 평균 출생아 수. 2019년 0.92명]을 근거로 80년 후인 2100년 대한민국 인구가 1,800만 명까지 줄어들 수 있다고 전망했다. 국제통화기금^{IMF}도 급속한 고령화와 생산성 저하를 이유로 우리나라 잠재성장률이 2030년대 1%대로 추락할 것으로 내다보고 있다. 인구 보너스를 기대

하기는커녕, 인구 오너스Demographic Onus를 걱정해야 되는 시기가 찾아온 것이다. 인구 오너스는 인구 보너스의 반대말로, 인구가 줄어들어 경제성장이 지체되는 것을 말한다.

이것은 무엇을 의미하는 걸까? 그 답을 잘 정리해준 것이 바로 홍성국 의원의 저서 『수축사회』다. 우리나라를 넘어 전 세계 경제의 판이 축소된다는 것이 이 책의 주요 내용이다. 돌이켜보면 산업혁명 이후 세계 경제는 끊임없이 팽창했다. 비록 중간에 두 차례의 세계대전과 경제공황을 맞기도 했지만, 다시금 팽창해나갔다. 2008년 세계 금융위기까지 세계 경제는 팽창을 거듭했다. 파이가 컸기에 얼마든지 넉넉히 나눠 먹을 수 있었다. 하지만 지금은 반대로 저성장 상태다. 곧 파이 자체가 축소되는 국면이 온다. 파이가 계속 커질 때는 내 파이도 커지니까 다툴 일이 별로 없었다. 파이 크기가 작아지면서 자신이 더 먹으려면 남의 파이를 빼앗아야 하는 사회가 되었다. 시간이 지나면 파이가 더 줄어들기 때문에 더 많이 뺏고 빼앗기는 전투가 불가피하다. 이런 사회가 수축사회다.

열심히 살면 성공한다는 말은 이제 옛말이 되었다. 제 아무리 '성실히' '착실히' '열심히' 살아도 잘살기 어려운 위기가 시작된 것이다. '한국인의 정신'인 떡볶이를 팔아도, '치느님' 치킨을 튀겨도 더 이상 지갑은 기대만큼 두터워지지 않는다. 한국은 경제개발을 시작한 지난 60여 년 동안 세계에서 가장 빠르게 성장한 국가다. 무에서 유를 창조하는 과정은 마치 칭기즈칸Chingiz Khan의 군대가 유럽을 점령하는 과정과 비슷했다. 오직 공격 앞으로, 성장에만 올인했다. 그런데 이제 더 이상 나아갈 곳이 없어졌다. 제품을 만들어 팔아도 더 이상 이것을 살 사람이 없고, 아무리 좋은

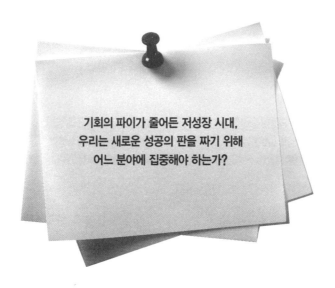

기회의 파이가 줄어든 저성장 시대,
우리는 새로운 성공의 판을 짜기 위해
어느 분야에 집중해야 하는가?

서비스를 내놔도 이용할 사람이 없으니 무용지물이 될 수밖에 없다.

이렇게 세상이 수축사회로 변하면 무슨 일이 벌어질까? 부익부 빈익빈은 극대화되고, '부'쪽에 들지 못한 사람들의 갈등이 동시다발적으로 분출되기 쉽다. 저성장·고실업·양극화의 본질이 극명하게 드러나게 될 거란 얘기다. 금융위기 이후 각국은 경제수축을 막기 위해 금리를 인하하고 자국의 화폐를 찍어내면서 버텨왔다. 그러나 사람들은 알고 있다. 어제보다 내일이 나을 거라는 신화는 사라졌다는 것을. 팽창은 한계에 다다랐다. 더는 경제가 성장하지 않을 것이고, 구매력도 줄 것이고, 일자리도 줄어들 수밖에 없다.

수축사회의 위기 속에서 살아남는 길은 새로운 기회를 찾는 것뿐이다. 그런데 우리는 어떤가? 우리는 수출로 먹고 사는 나라다. 세계 경제가 잘 나갈 때 열심히 생산품을 만들어 내다 팔았고, 그렇게 벌어들인 외화로 성장해왔다. 수출과 무역이 자유롭게 이뤄져야 그 기반이 유지되는 경제

체제인 것이다. 수축사회로 인해 만약 이런 전제들이 무너진다면 우리는 어떻게 되는 걸까? 수출 없이 내수 시장에만 매달려야 하는 날이 온다면 우리는 버텨낼 수 있을까? 판이 이렇게 바뀌어가고 있는 이상, 이제까지 잘 나가던 산업 분야에만 매달려 있다가 미끄러지는 것은 시간문제다. 경제 흐름이 바뀌고 있는 만큼 우리는 이제 우리가 몰랐던 새로운 산업 분야를 개척해야 한다. 이제는 파이가 큰 시장을 찾아 헤맬 게 아니라 크기가 작아도 다양한 파이를 만들어내기 위해 새로운 시각을 장착해야 한다. 단지 '성장'만을 추구하는 것이 아니라 모두가 지속성장할 수 있는 길을 모색해나가야 할 때다.

● 위기의 시대, 뉴타입이 필요한 때

최근 정부가 한국판 뉴딜 종합계획을 발표했다. 그 핵심 중 하나는 그린뉴딜Green New Deal이다. 그린뉴딜은 말 그대로 그린과 뉴딜의 합성어다. 저탄소사회를 지향하는 '그린'과 정부의 재정을 투자함으로써 사회 구조를 전환하는 '뉴딜'의 개념을 더한 것이다. 저탄소사회로의 전환을 통해 기후와 경제 위기를 이겨낸다는 뜻을 담고 있다. 이런 그린뉴딜 개념은 미국의 언론인 토머스 프리드먼Thomas Friedman이 쓴 저서 『코드 그린』을 통해 전 세계적으로 주목받기 시작했다. 그리고 지난 10년간 경제와 기후 환경의 위기를 한 번에 해결할 수 있는 경제정책으로 주목받아왔다. 최근 코로나19 사태를 겪으면서 그린뉴딜의 필요성은 더욱 강조되고 있다.

사실 이미 오래전부터 세계 주요 선진국들은 이산화탄소 배출량을 제로로 만들겠다며 넷제로$^{net-zero}$(탄소중립)를 선언하는 등 기후위기에 대응하기 위해 여러 가지 노력을 해왔다. 관련 산업 분야도 많은 성장을 이뤄왔다. 반면 우리나라의 경우는 늦은 편이다. 아직도 화석연료를 이용한 탄소 중심으로 산업 생태계가 굴러가고 있다. 아닌 게 아니라 국제사회에서 한국은 '악당'으로 불린다. 기후변화 대응에 가장 무책임하고 게으른 국가에게 부여하는 오명인 '기후악당국'에 속하는 것이다. 2016년, 영국의 기후변화 NGO인 기후행동추적$^{Climate\ Action\ Tracker}$은 '세계 4대 기후악당국가'로 사우디아라비아, 호주, 뉴질랜드와 함께 한국을 선정한 바 있다. 이것은 그만큼 우리나라가 1인당 탄소배출량이 많은 축에 속한다는 얘기가 된다. 이런 태세를 계속 유지해나간다면 미래 국제사회에서 국가경쟁력이 떨어지는 건 자명한 일이다. 이미 코로나를 비롯해 각종 자연재해까지 기후위기라는 이름으로 불리는 지금, 사태를 더 악화시키는 주범으로 각인될 수 있기 때문이다.

그런 의미에서 그린뉴딜로의 전환은 상당히 중요하다. 그린뉴딜은 이런 생태계에서 벗어나 신재생에너지로 나아가는 것을 뜻한다. 즉 친환경에너지 산업을 통해 기후위기는 물론 경제위기까지 한 번에 벗어날 수 있다는 기대가 생긴 것이다. 이것은 기존 산업의 틀을 허물고 새로운 경제 산업 분야로 나아가는 것을 뜻한다. 대전환의 시대가 시작된 것이다. 이러한 시대에 새롭게 성공을 이룰 수 있는 분야는 어떤 것들일까? 바로 태양광, 해상 풍력, 파력 등과 같이 그린에너지와 관련된 것들이다. 정부는 이미 이와 관련해 수많은 일자리를 만들겠다고 공언한 상태다. 이 타이밍을 놓치지 않고 에너지 산업에 뛰어드는 사람들은 새로운 성공의 기회를 만들어갈 수 있을 것이다. 이미 많은 사람들이 그린뉴딜과 관련된 분야에 모여들고 있다. 기후위기를 기회로 바꿔가기 위해서다.

이런 맥락에서 농업도 충분히 성장 가능성이 있는 판이다. 기후위기는 곧 미래 식량의 위기로 다가올 수 있다. 기상이변이 잦아지고 코로나19 사태가 장기화하면서 세계 식량위기 발생 가능성에 대한 위기감은 이미 커진 상황이다.

농협미래경영연구소는 최근 발간한 '코로나19발^發 글로벌 식량위기 우려와 시사점'이라는 보고서를 통해 "우리나라는 곡물자급률이 30% 미만인 '세계 5대 식량수입국'이자 식량위기에 아주 취약한 곡물 수입구조를 가지고 있다"고 강조했다. 또한 안보적 차원에서 식량문제에 접근하지 않으면 앞으로 큰 위협에 직면할 수 있다며 경고하고 있다. 실제로 국내 식량안보는 열악한 상황 그 자체다. 우리나라는 세계 5대 식량수입국으로, 연간 1,600만 톤 이상을 외국으로부터 사들이고 있다. 연간 쌀 생산량이 약 400만 톤이라고 하니 이보다 네 배나 많은 물량이다. 또 다른 수치를 봐도 상황은 마찬가지다. 우리나라의 곡물자급률은 최근 4개년(2015~2018년) 평균 23%에 그치고 말았다. 이것은 세계 평균인 101.5%(2015~2017년)에 한참 미치지 못한다. 경제협력개발기구^{OECD} 회원국 중 최하위권에 속한다. 더 큰 문제는 식량 수입을 미국이나 호주, 브라질과 같은 특정 국가에 의존하고 있다는 점이다. 비상시 필수 곡물을 해외로부터 안정적으로 조달할 수 있는 시스템도 사실상 없다. 만약 일본이 수출규제에 나서서 우리나라를 화이트리스트^{White list}(안전 보장 우호국)

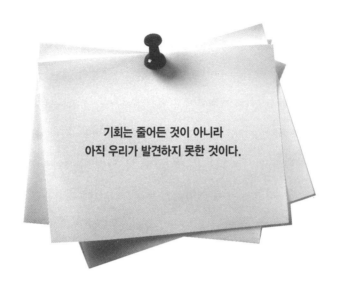

기회는 줄어든 것이 아니라
아직 우리가 발견하지 못한 것이다.

에서 배제했듯이 우리나라에 식량을 수출하는 국가들이 더 이상 거래를 하지 않겠다고 나선다면 어떻게 될까? 상상하고 싶지 않은 일이지만, 언제든 발생할 수 있는 일이다. 우리는 늘 최악의 상황을 염두에 두고 대비해야 한다. 이런 상황에 우리의 식량자급률을 높일 수 있는 획기적인 방법을 개발한다면 어떨까? 농업의 가치를 높이고 그 안에서 새로운 부가가치를 창출해낼 때 새로운 기회의 판이 열릴 수 있다.

또한 우리에게는 '아직 손을 대지 않은' 거대한 블루오션이 있다. 북한이다. 남북한 민족경제공동체를 형성해서 내수 경제의 바닥을 넓히고, 더 많은 자원을 확보하고, 남북의 내륙 교류를 통해 새로운 시장을 개척할 수 있다면 그 경제적 효과는 엄청날 것이다. 이를 위해 뛰어넘어야 할 과제는 많지만, 많은 경제효과를 기대할 수 있는 만큼 꾸준한 투자가 필요하다.

저성장 시대에 접어들어 기회가 줄어드는 수축사회로 바뀌어가고 있다지만, 이렇게 세계 경제의 흐름과 이슈를 따라가다보면 우리가 해야 할 일도, 우리가 할 일도 아직 무궁무진하게 남아 있다는 것을 발견하게 된다. 기존의 직업과 직접적인 연관이 있는 일일 수도 있고, 또 전혀 관련이 없는 다른 일일 수도 있다. 중요한 것은 기회의 창을 열고 도전하는 것이다. 어찌 보면 수축사회로의 대전환은 단순한 위기가 아니라 기회일 수 있다. 미리 준비하지 않은 자들은 이런 변화의 파도에 휩쓸려 영영 재기가 힘든 수렁에 빠질 수 있다. 하지만 미리 준비하는 자에게는 그 자체로 엄청난 기회가 된다. 전혀 새로운 시장, 이제까지 주목받지 못했던 시장, 남들이 아직 눈치채지 못한 시장을 알아보고 먼저 뛰어든다면 이전보다 훨씬 더 빠르게 성공할 수 있다. 누구에게나 위기 혹은 기회가 열려 있는 시대, 당신은 어느 쪽에 줄을 설 것인가?

● 기회는 '4차 산업혁명'을 타고 온다

최근 경영계에서 많은 사람들의 주목을 받은 책이 있다. 야후 전 부회장인 '살림 이스마일Salim Ismail'와 비즈니스 기술 전문지 《포브스 ASAPForbes ASAP》의 편집자였던 '마이클 말론Michael S. Malone', 국제적인 기조연설가인 '유리 반 헤이스트Yuri Van Geest' 세 사람이 공동으로 저술한 『기하급수 시대가 온다』이다. 이 책의 논점은 간단하다. 지난 21세기에 들어서면서 우리는 엄청난 변화를 목격해왔는데 이 변화가 산술적인 것을 뛰어넘는 기하급수적인 시대가 되었다는 것이다. 그리하여 우리는 이 엄청난 변화에 알

맞은 대응을 해야만 생존할 수 있다고 강조하고 있다. 또한 앞으로 다가올 새로운 세상을 엿보면서 앞으로 우리가 일하고 생활하는 방식이 어떻게 바뀔지 일목요연하게 정리해주었다. 한마디로 성공의 판이 어떻게 바뀌어가고 있는지를 기하급수의 개념으로 설명하고 있다.

그렇다면 여기서 말하는 기하급수란 무엇일까? 기하급수적이라는 것은 성장 혹은 감소가 배수로 변화하는 것을 의미한다. 흔히 회자되는 무어의 법칙Moore's Law처럼 일정 주기에 성장하는 속도가 두 배씩 성장하는 것이다. 쉽게 예를 들면 이런 것이다. 노동자에게 한 달간 몇 백만 원의 노임을 받을 건지, 아니면 첫날에 1원, 둘째 날에 2원, 셋째 날에 4원의 방식으로 한 달간 노임을 받을 건지, 두 가지 선택지를 준다. 그러면 이 노동자는 어떤 방식을 선택하게 될까? 후자의 경우 계산기를 두드려보면 선택해야 할 답은 뻔하게 정해진다. 21일째만 되어도 1,048,576원이 되며, 마지막 날인 30일째에는 무려 5억 원이 넘는다. 처음에는 작은 숫자에 불과하지만, 어느 정점에 이르면 이렇게 놀랍도록 커지는 숫자가 바로 기하급수이다.

그렇다면 이 책의 제목처럼 우리가 살아가는 이 시대가 기하급수의 시대가 된다는 의미는 무엇일까? 어떻게 판이 바뀐다는 것일까? 기하급수 시대를 가능케 한 것은 바로 4차 산업혁명이다. 실제로 정보화 혁명으로 인해 앞으로 10년간 엄청난 변화가 일어날 것이라고 한다. 이는 과거 1900년에서 2000년까지 지난 100년간 일어난 변화보다 클 것으로 전망되고 있다. 20세기 이전 인류의 정보 총량은 대략 한 세기마다 두 배가 되었다고 한다. 오늘날에는 대략 13개월마다 인류가 가진 정보의 양이 두 배로 늘어난다. IBM은 인류의 지식이 12시간마다 두 배로 증가할 것이라고 예측했다. 쉽게 납득이 되지 않는가? 그렇다면 한번 생각해보라. 지금 이 순간에도 수많은 사람들이 컴퓨터 앞에 앉아서 인터넷에 접속한다. 그리고 자신이 갖고 있는 수많은 정보를 업데이트한다. 그 정보라는 것은 크게 대단한 것이 아닐 수 있다. 자신이 오늘 어떤 식당에 다녀왔으며 그곳의 주메뉴는 무엇인지, 과연 맛은 어땠는지, 합당한 가격이었는지, 마지막으로 식당을 어떻게 찾아가야 하는지까지 이런 사소한 것들이 대부분이다. 하지만 이런 것도 또 다른 누군가에겐 꼭 필요한 정보가 된다. 내가 아닌 다른 사람이 먼저 경험해 알고 있는 것, 그 모든 것들이 인터넷을 통해 공유되는 순간 정보가 되는 것이다. 이런 정보들은 당연히 무한대로 늘어나고 있다. 간단히 검색 한 번만으로 내 것으로 만들 수 있는 정보들 말이다. 실제로 우리는 궁금한 것이 생기면 실시간으로 검색할 수 있게 되었고, 그렇게 검색 횟수가 늘어날 때마다 우리의 지식도 늘어난다. 비록 그것이 금방 잊혀지고 말 지식이라도 말이다.

정보화 혁명은 이처럼 인터넷을 통해 빠르게 이루어지고 있으며 지금도 우리는 인터넷과 데이터, 즉 정보가 가진 힘을 바탕으로 기술 혁신의 속도를 기하급수적으로 높여가고 있다. 실제로 지금 우리는 불과 20년 전만 해도 전혀 상상할 수 없었던 기술의 진보를 경험하고 있지 않은가. 사물인터넷^{IoT}이 접목된 집이나 자율주행 자동차, 인공지능을 활용한 각종 서비스까지 그야말로 편의의 시대에 살고 있다. 특히 스마트폰 하나만 있으면 아침부터 저녁까지 내가 원하는 모든 일상의 서비스를 누릴 수 있는 시대가 되었다.

그리고 그 안에서 수많은 기업들이 보다 혁신적이고 보다 편리한 기술과 서비스를 선보이며 전통 기업들과 전혀 다른 방식으로 성공신화를 써나가고 있다. 인공지능 로봇, 알파고^{AlphaGo}를 낳은 구글^{Google}과 17억 인구를 하나로 연결시킨 페이스북^{Facebook}, 113년 전통의 포드^{Ford}의 시총을 넘어선 테슬라^{Tesla}, 그리고 애플^{Apple}의 신화는 작은 창고에서 시작되었다. 구글과 페이스북 등과 같은 글로벌 회사들도 마찬가지로 그 시작이 미미했다. 대부분 직원 몇 명, 작은 창고에서 큰 자본 없이 아이디어 하나로 시작된 기업들이다. 그런데 이런 기업들이 불과 몇 년 만에 전통 기업을 꺾고 세계 시장을 점령했다는 사실이 놀랍지 않은가.

어떻게 이런 일이 가능했을까? 그 이유는 간단하다. 바로 정보의 힘, 인터넷의 힘 덕분이었다. 자원과 자본, 인력이 부족한 기업이라 해도 사람들이 원하고 필요로 하는 혁신적인 아이디어와 기술만 있으면 무한대의 성공을 거둘 수 있는 시대가 된 것이다. 무료에 가까운 데이터와 정보, 이를 이어주는 플랫폼만으로 경영의 판을 쉽게 바꿀 수 있게 되었다.

과거 필름 카메라를 사용하던 시절에는 사진 한 장만 찍으려 해도 많은 비용이 들었다. 이제 막 첫걸음을 뗀 걸음마 기업이 자사를 홍보하기 위해 전단지를 만든다고 생각해보자. 과거 같았으면 홍보효과를 높이기 위해서 그만큼의 사진 인화 비용을 투자해야 하고, 또 더 많은 인력을 사서 발품을 팔아야 했다. 하지만 오늘날은 어떤가? 하루에도 사진 수백 장을 손쉽게 인화할 수 있게 되었다. 별다른 비용을 들이지 않고도 말이다. 또 굳이 종이 전단지를 만들 필요도 없이 인터넷을 사용하면 큰 인력을 들이지 않고도 많은 사람들에게 알릴 수 있다. 성공을 위해 활용할 수 있는 수단이 많아진

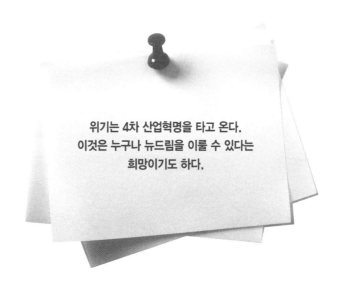

위기는 4차 산업혁명을 타고 온다.
이것은 누구나 뉴드림을 이룰 수 있다는
희망이기도 하다.

것이다. 이것은 지식과 정보를 잘 활용하면 손쉽게 성공할 수 있는 시대가 도래했음을 뜻한다. 오로지 혁신적인 기술과 아이디어, 그리고 콘텐츠만으로도 단숨에 판을 뒤집고, 세상을 지배할 수 있는 시대라 해도 과언이 아니다. 과거 기업 경영에 있어서 자본의 힘이 절대적이었다면, 이제 지식과 데이터의 힘이 그것을 양분하게 되었다. 그리고 지금 우리는 이 순간에도 자본이 전부가 아닌, 지식과 정보에 기댄 기하급수적 성공을 눈앞에서 목격하고 있다. 이름하여 뉴드림New Dream을 꿈꿀 수 있게 된 것이다.

● BTS, 어떻게 뉴드림의 대명사가 되었나

우리는 최근 대중문화계에서 실로 엄청난 성공을 목격했다. 주인공은 바로 BTS(방탄소년단)다. 전 세계에서 가장 핫한 아티스트로 떠오른 7명의 청년들. 유명해서 더욱 유명해진 뮤지션이라는 말까지 나올 정도다. 그들은 데뷔 후 불과 4년 만에 한국 시장을 넘어 글로벌 시장에서 가장 주목받는 스타가 되었다. BTS의 성공은 기존 한국 가수들이 거둔 것과 차원이 다른 규모와 수준을 자랑한다. 최근 이들은 신곡 〈Dynamite(다이너마이트)〉를 발표한 후 또 한 번 기네스 신기록을 추가했다. 영국 기네스 월드 레코드Guinness World Records에 따르면 BTS의 〈Dynamite〉 뮤직비디오는 '24시간 동안 최다 시청 유튜브 영상', '24시간 동안 최다 시청 유튜브 뮤직비디오', '케이팝 그룹 중 24시간 동안 최다 시청 유튜브 뮤직비디오', 이 3개 부문에 공식 등재되었다.

사실 BTS가 세운 기록은 이뿐만이 아니다. BTS의 〈MAP OF THE SOUL: 7〉은 한국 시간 기준 발매 당일 6시간 동안 가장 빠르게 판매된 앨범을 기록했고, '방방콘 The Live'로 최다 시청자가 본 음악 콘서트 라이브 스트리밍 타이틀을 얻었다. 이뿐 아니라 BTS는 미국 앨범 차트 1위를 기록한 최초의 케이팝 아티스트, 최다 트위터 활동 등의 기네스 월드 레코드를 보유하고 있다. 한국 가수 최초로 메인 싱글 차트 '핫 100' 1위를 차지하기도 했다.

2019년에는 1년 사이에 무려 3개의 앨범을 빌보드차트 TOP에 올려놓았다. 이것이 얼마나 대단한 기록인지 아는가? 이런 기록을 가진 아티스트는 전 세계에 단 두 그룹뿐이다. 바로 비틀즈Beatles와 BTS. 팝의 전설 비틀즈와 팝의 변방국인 우리나라의 BTS가 어깨를 나란히 한 것이다. 비틀즈 이후 다른 그 어떤 나라의 아티스트도 해내지 못한 일을 BTS가 해냈다. BTS는 북미나 유럽의 가수들이 지배하던 보수적인 기존 음악 시장에서 편견을 이겨내고 주류로 우뚝 올라섰다. BTS는 어떻게 이렇게 큰 성공을 할 수 있었을까?

BTS는 만들어진 과정부터 특이하다. BTS가 나왔을 무렵 우리나라 대중음악 시장은 SM, JYP, YG 대형 기획사 3사가 차지하고 있었다. 당시 대형 기획사들이 가수를 키워내는 방식은 천편일률적이었다. 예를 들면 이런 것이다. SM, JYP, YG 등의 기획사들은 자신들이 원하는 콘셉트를 가장 잘 소화할 연습생들을 뽑는다. 일본이나 중국 진출을 위해 그룹 멤버 중 한 명 정도는 중국인이나 일본인, 교포 등을 포함시킨다. 그것이 외국어 실력과 현지 수요를 위한 필수요건이라고 생각하기 때문이다. 그리고 각 멤버 특성에 맞는 캐릭터를 입히고, 보컬과 댄스 등 훈련에 돌입시킨다. 이들은 필요 시 합숙도 한다. 그렇게 5년 넘게 연습생으로 훈련을 받고 나서야 본격적으로 데뷔 절차를 거친다. 유명 작곡가들로부터 기존의 흥행 공식을 철저히 따른 곡을 받아 앨범을 낸다. 그리고 방송사의 음악 프로그램을 통해 첫 무대를 선보인다. 그렇게 무사히 데뷔를 하고 나면 본격적인 방송국 순회가 시작된다. 가수들은 우선 방송사를 통해 인지도를 쌓아야만 한다. 그리고 TV, 라디오에서 인기가 폭발하면 음반으로 수익을 얻고 그 자본을 바탕으로 세계에 진출하는 방식이다. 한국 시장은 좁기 때문에 세계적인 가수가 되기 위해선 세계 강력한 유통회사와 손잡고 방송을 내보내 유행을 시키는 것이 정석이었다. 그렇게 탄생한 수많은 걸·보이 그룹이 국내 가요 시장을 지배해 왔다. 여전히 많은 아이돌 가수들이 이런 절차를 거쳐 스타가 된다. 그리고 이 공식 외에 가수로 성공할 수 있는 방법은 없을 것만 같았다.

그런데 BTS는 어땠을까? 빅히트 엔터테인먼트를 이끌고 있는 방시혁은 BTS를 만드는 과정에서 이 공식을 과감히 깼다. 방시혁은 BTS를 구성할 때 오직 실력과 의지만 봤다고 한다. 진짜 멋진 퍼포먼스를 하기 위해 인생을 걸 준비가 되어 있는지, 보컬·댄스 등의 실력이 있고, 힘든 훈련을 잘 견뎌낼지 말이다. 또 BTS 멤버 중 외국인이나 교포는 없다. 심지어는 서울 출신도 없다. 일산, 과천, 광주, 부산, 대구 등 전부 지방 출신으로 구성되었다. 영어를 잘하는 멤버는 RM 단 한 명뿐이다. 그마저도 혼자 외화를 보며 독학한 것으로 알려져 있다. 소속사가 정해놓은 콘셉트에 맞춰서 그룹을 기획한 것이 아니라 정말 무대를 즐길 수 있고 그만큼 실력과 스타로서의 잠재력을 가진 7명의 청년을 선발했다. 그리고 방탄소년단이라는 이름으로 활동을 시작했다.

사실 BTS는 처음부터 잘 나가던 그룹이 아니다. 빅히트 엔터테인먼트 역시 소형 기획사에 불과했다. 하지만 기존의 성공 공식을 따르는 대신 남들과는 전혀 다른 행보를 선택했다. 방시혁은 철저히 계산하며 가수를 가공하려 하지 않았고, BTS 멤버 한 명 한 명이 생명력과 진정성을 갖고 재능을 패기 발랄하게 발휘할 수 있도록 도왔다. BTS는 방송국 홍보 대신 유튜브라는 거대 플랫폼을 적극 활용했다. BTS는 가용 시간의 3분의 1을 SNS를 관리하는 데 쏟아붓는다. 2017년과 2018년, 전 세계에서 가장 많은 리트윗을 기록한 연예인이자 트위터 최다 활동 음악 그룹으로 기네스 세계 기록에 오르기도 했을 정도다. 매일 성실하게 트위터 등의

SNS를 통해 팬과 소통했다. 자신들의 성장 과정의 일거수 일투족을 팬들과 공유한 것이다. BTS는 팬의 일방적 '숭배'에 입각한 기존의 권위적이고 수직적이었던 가수와 팬의 관계를 시도하지 않았다. 동네에서 볼 수 있는 편안한 오빠나 형들처럼 팬에게 다가갔고, 자신들의 모습을 있는 그대로 보여주는 데 몰입하며 팬들과 진정으로 소통하고 팬층을 확보했다. 오죽하면 BTS 팬들은 이렇게 말한다. "제가 BTS를 좋아하는 것보다 BTS가 저를 더 좋아하는 것 같아요." 이게 무슨 말일까 싶지 않은가? 그런데 사실이다. BTS는 그만큼 팬 한 명 한 명에게 진심으로 다가갔고 SNS를 통해 많은 애정을 쏟았다. 또한 BTS의 노래들은 유기적인 관계성을 갖고 앨범마다 다층적인 스토리를 전달했다. 때문에 많은 이들이 BTS에 몰입할 수 있었다. 또 BTS는 가사에 진심을 담았다. 자신들의 꿈과 현실을 있는 그대로 이야기하고, 팬들 스스로 자신을 사랑하라고 말했다. BTS의 음악을 들은 이들은 위로받았다. 자신들과 똑같이 고민하고 아파하고 성장하는 BTS와 자신들의 감정을 공유하며 연대했다. 그리고 팬이 되었다.

이런 팬 한 명 한 명은 ARMY라는 이름으로 불린다. BTS와 ARMY는 단지 가수와 팬의 관계가 아니다. 하나의 고민을 가진 동등한 친구이자 가장 사랑하는 관계다. 언어조차 장벽이 되지 않았다. 그런 ARMY들이 많아지면서 BTS는 한국을 넘어 세계로 나아가게 되었다. BTS가 성공을 이뤄낸 것이 아니라 ARMY들이 BTS를 성공하게 만들었다. BTS의 진정성과 성실함, 그리고 이들의 선한 메세지가 팬들 스스로 그들을 위해 움직이게 만드는 힘이 된 것이다. 〈강남스타일〉이라는 노래를 세계적으로 성공시킨 싸이에게 아쉬웠던 '지속적 팬덤'이 BTS에겐 있었고, 이것은 전 세계 신드롬으로 비춰질 만큼 강하게 자라났다. 그렇게 새로운 시대의 새로운 성공 방식이 탄생했다.

실제로 BTS가 거둔 성공은 엄청난 경제적 효과로 이어졌다. 2018년 우리나라의 GDP(국내총생산)에서 주요 대기업 매출과 BTS의 수입을 비교해보자. 2018년 대한민국의 GDP는 1조 6,190억 달러였다. 당시 삼성의 매출 실적은 2,119억 달러로 우리나라 GDP의 13.1%를 차지했다. 현대기아자동차는 1,326.2억 달러로 8.2%, LG전자가 543.1억 달러로 3.4%를 기록했다. 대한민국 GDP에서 1%가 넘는 비중을 차지한 기업은 이렇게 네 곳뿐이다. 그런데, BTS가 46.5억 달러의 수입을 기록해 전체 GDP의 0.3%를 차지했다. 2018년에 비해 2020년 BTS의 가치는 더욱 높아졌으니 현재 비중은 훨씬 더 클 것으로 예상된다. 겨우 1개 그룹의 아티스트가 대기업들에 비견될 만큼 큰 수익을 창출한 것이다. 그야말로 기하급수 시대에 어울리는 성공이다.

그런데 만약 BTS가 기존의 성공 공식을 답습했다면 지금의 세계적인 BTS가 나올 수 있었을까? 그리고 만약 IT 기술이 발달하지 않았다면, 인터넷망이 전 세계적으로 깔리지 않고 스마트폰이 대중화되지 않았다면, BTS의 이런 성공이 가능했을까? 아마도 불가능했을 것이다. BTS가 다른 아티스트와 달랐던 것은 바로 이런 여건을 자신들에게 유리한 쪽으로 영민하게 잘 활용했다는 것이다.

이런 거대한 성공의 여건이 갖춰져 있음에도 기존의 성공만 쫓느냐, 아니면 이런 여건을 자신에게 유리한 쪽으로 잘 활용해서 더 큰 성공을 거두느냐는 여러분의 선택에 달려 있다.

WIKIMEDIA COMMONS / CC BY 4.0 / BulletProof7BTS

BTS의 신곡 〈Dynamite〉를 들어봤다. 뮤직비디오도 보았다. 무엇이 사람들을 그토록 열광케 하는지 궁금했던 터다. 노래와 뮤직비디오는 밝고 경쾌했다. 가사를 봤다. 그동안 BTS가 진정성 있는 가사로 팬들의 마음을 움직였다기에 뭐가 다른가 싶었다. 몇 번 되풀이해 들으며 BTS 곡 해석에 관한 평론들도 읽었다. 그러고 보니 BTS가 다시 보였다.

> 인생은 꿀처럼 달콤해 Life is sweet as honey
> 난 다이아몬드, 빛나는 거 알잖아 I'm diamond you know I glow up
> 빛으로 물들일 거야 다이너마이트처럼 Light it up like dynamite
> 인생은 다이너마이트 Dynnnnnanana, life is dynamite

멜로디와 가사는 듣는이에게 끊임없이 '긍정'의 기운을 불어넣는다. 뮤직비디오 역시 마찬가지다. 멤버들 한 명 한 명을 통해서 우리가 되찾고 싶은 일상을 그리고 있다. 자신이 즐거운 활동에 몰입하며 건강을 챙기면서 각자의 자리에서 삶의 가치를 찾아가는 행복감에 젖어 있는 그런 일상 말이다. 음악 장르 역시 '디스코'다. 디스코는 1970년대 전 세계를 휩쓴 댄스 음악 장르다. 디스코가 유행한 1970년대 미국은 두 차례의 오일쇼크와 베트남 전쟁 등으로 불황에 허덕이고 있던 때였다. 사람들은 힘들 때 어려운 음악보다 시름을 날릴 수 있는 단순하고 신나는 음악을 찾기 마련인데, 그 대표적인 음악이 바로 디스코였던 것이다. BTS 역시 디스코의 이런 장점을 최대한 활용했다. 마치 코로나로 인해 힘들어하는 사람들을 위로하기 위해 극약처방이라도 내린 것 같았다. 아닌 게 아니라 코로나19 사태 이후 전 세계 사람들은 예전보다 더 자주 우울감을 느끼고 있다. '코로나 블루'라는 신종 병명도 생겼다. 감염병은 사람들 간의 간격을 넓히고 일상의 자유를 가뒀다. 하고 싶은 것, 가고 싶은 곳에 대한 제약이 수십가지 늘었다. 자연스럽게 사회적 거리두기와 함께 우울도 일상이 되었다. BTS는 바로 이 점에 주목했고, 팬들을 위로했다. 자신들이 가장 잘 하는 방식으로.

BTS가 전 세계를 향해 이런 긍정과 위로의 메시지를 던진 것은 처음이 아니다. 2018년 BTS의 멤버 RM은 유엔UN 연설을 통해 자신만의 목소리를 냈다. 세계의 젊은이들에게 "스스로를 사랑하라Love myself"며 꿈과 자존감을 불어넣어주었고, 기성세대에게는 '함께'와 '사랑'을 강조하는 메시지를 전했다. 전 세계인들에게 깊은 감동과 '언어의 힘'을 보여준 것이다. 단순한 아이돌그룹이 아니라 정서적 울림을 선사하는 아티스트로서 독보적인 행보를 보여준 덕분에 지금 그들의 노래 〈다이너마이트〉는 더 강한 폭발력을 갖는다.

BTS가 새로운 성공의 대명사가 된 이유를 바로 여기에서 찾을 수 있다. 7명의 청년은 기성세대들이 정해놓은 성공의 틀을 과감히 깨고 나왔다. 돈과 명예, 권력을 갖는 것이 성공의 전부가 아님을 노래했다. 그리고 새로운 시대의 성공은 '스스로를 사랑할 수 있는 힘'이라는 철학과 가치관을 사람들과 나누고자 했다. 그리고 누구보다 본인들 스스로를 치열하게 사랑하며 자신들이 노래하는 메시지를 매 순간 순간 증명해내고 있다. 팬들이 BTS를 통해 '우리도 성공, 즉 우리 자신을 사랑할 수 있다'는 믿음을 가질 수 있도록 말이다. 어쩌면 뉴노멀, 뉴타입, 뉴드림은 BTS와 가장 가까운 세 단어가 아닐까 싶다.

● 뉴노멀 시대, 누구나 유니콘이 될 수 있다

영화 〈트랜스포머 4〉를 본 사람들은 아마도 한 대의 근사한 자동차를 기억할 것이다. 바로 '랠리파이터Rally Fighter'다. 누구라도 한번 타보고 싶어할 만한 그런 자동차, 랠리파이터. 사막과 비포장도로 위를 거침없이 달릴 수 있는 수제 자동차. 혁신적인 디자인은 물론 265마력의 성능을 갖췄으니 그야말로 '드림카'라 할 수 있다. 그런데 더 놀라운 사실은 이렇게 멋진 자동차를 직원 12명의 로컬모터스Local Motors라는 자동차 회사가 만들었다는 것이다. 개발 비용은 30억 원, 개발 기간 역시 18개월에 불과했다. 업계 평균보다 개발 비용이 1,000배가량 줄어들었고, 개발 기간은 5개월이나 단축되었다. 직원 12명 남짓의 작은 자동차 회사가 어떻게 이런 일을 해낼 수 있었을까? 그 비결은 크라우드 소싱crowd sourcing에 있었다.

크라우드 소싱은 대중을 제품이나 창작물 생산 과정에 참여시키는 방식을 말한다. 실제로 랠리파이터는 로컬모터스 커뮤니티의 회원들이 함께 만든 공동 제작차다. 이 차의 설계·디자인·생산 전 과정이 로컬모터스 커뮤니티를 통해 이뤄졌다고 할 수 있다. 100개국이 넘는 국가에서 모인 2,900명의 커뮤니티 회원들이 3만 5,000개의 디자인을 내놓았고, 그것을 합친 결과물이 바로 랠리파이터의 최종 디자인이 되었다. 경연대회에서 로컬모터스는 각 부품 디자인 우승자에게 약 1억 원의 상금을 주었다. 만약 세계 최고의 디자이너 여러 명을 직접 고용해서 개발했다면 그 비용은 천정부지로 뛰었을 것이다.

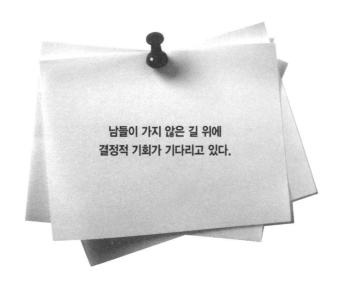

남들이 가지 않은 길 위에
결정적 기회가 기다리고 있다.

하지만 로컬모터스는 그와 달랐다. 로컬모터스는 커뮤니티를 만들고 세계 최고의 디자이너들을 모이게 한 다음 경연대회를 열어 최소의 비용으로 최고의 디자인을 얻어낼 수 있었다. 자동차를 만드는 것은 기존의 대기업, 그러니까 자본이 많고 오랜 기술력을 가진 조직만이 할 수 있다는 기존 시장의 법칙이 단번에 깨진 것이다. 직원 12명의 작은 기업이 '크라우드 소싱'을 통해 수백 명의 아이디어를 하나로 모아 자신들에게 유리한 판을 만들었고, 100년 이상의 전통을 가진 글로벌 자동차 기업들보다 앞선 경쟁력으로 경쟁의 판을 뒤집고 있다. 마치 BTS가 기존의 아이돌그룹의 성공 공식을 무너뜨리고 ARMY들과 함께 글로벌한 성공을 이룬 것처럼.

뉴노멀 시대의 경영 환경은 분명히 누군가에겐 유리한 판으로 돌아가고 있다. 그런데 이제 누구든 그 판을 바꿀 수 있다. 빠르게 변화하는 기술이 그걸 가능케 해주고 있다. 숨 가쁜 변화를 몰고 온 4차 산업혁명이 당장은 위기처럼 느껴지더라도 누군가에겐 거대한 기회가 되는 이유다. 최소 노력으로 최대 성과를 얻을 수 있는 성공의 고속도로가 깔린 것이다. 누구에게나 성공의 기회가 열려 있는 시대, 즉 누구든 경영의 판을 주도할 수 있고 누구나 기적적인 성공을 일구는 유니콘이 될 수 있는 시대. 당신도 뉴노멀의 주인공이 되고 싶지 않은가?

CHAPTER 2

뉴노멀,
손자를 소환하다

지금 우리에게 가장 필요한 『손자병법』 속 문구가 있다. 인생에 위기를 마주할 때마다 마음속에 되새기는 한 단어, 바로 '이환위리(以患爲利)'다. 『손자병법』〈군쟁(軍爭)편〉에 나오는 이환위리는 "근심을 이로움으로 삼는다"는 뜻의 사자성어다. 쉽게 말해 "위기를 기회로 바꾼다"는 말이다. 사실 위기란 단순히 위기만을 뜻하는 말이 아니다. "기회는 위기의 외투를 입고 온다"는 말처럼 위기라는 외투를 벗겨보면 수많은 기회가 숨어 있기 마련이다. 그런데 사람들은 예기치 못한 위기에 직면했을 때 막상 위기를 기회로 보지 못한다. 하지만 어떤 이들은 위기 속에서 새로운 기회를 찾아내기도 한다. 이 두 종류의 사람들 중에서 성공의 가능성이 더 높은 쪽은 어느 쪽일까? 당연히 위기를 기회로 바꿀 줄 아는 사람들, 즉 손자가 말한 '이환위리'를 잘 실천하는 사람들이다.

● 손자는 왜 위기를 기회라 불렀나

치열한 변화 속에서 하루하루 살아남는 것도 벅찬 시대다. 거기에 우리는 코로나 사태로 인해 더 큰 위기를 겪고 있다. 안보, 경제, 정치 등 멀게만 느껴졌던 위기는 코로나19를 거치며 우리 모두에게 직접적인 영향을 주는 위기로 다가왔고 우리 삶 곳곳을 침투해 모두의 손발을 묶어놓고 있다. 이런 전대미문의 위기 앞에서 과연 우리는 무엇을 할 수 있을까?

나는 다시 『손자병법』을 꺼내 들었다. 뉴노멀을 이야기하면서 손자 이야기를 하는 것이 고리타분하게 느껴질 수도 있다. 하지만 『손자병법』에는 치열한 경쟁에서 보다 쉽게 이길 수 있는 전략이 담겨 있다. 또한 빠르게 변화하는 전시 상황에 적응하고 대응할 수 있는 지혜도 담겨 있다. 『손자병법』은 한 마디로 2500년 전 과거에만 머무르지 않고 현재, 더 나아가 미래에까지도 적용할 수 있는 성공 전략과 지혜의 보고寶庫다. 특히 지금처럼 세계의 흐름이 빠르게 변화하는 대전환의 시대에 『손자병법』에 담긴 만고불변의 진리는 좋은 길잡이가 되어줄 수 있다.

지금 우리에게 가장 필요한 『손자병법』 속 문구가 있다. 인생에 위기를 마주할 때마다 마음속에 되새기는 한 단어, 바로 '이환위리以患爲利'다. 『손자병법』〈군쟁軍爭편〉에 나오는 이환위리는 "근심을 이로움으로 삼는다"는 뜻의 사자성어다. 쉽게 말해 "위기를 기회로 바꾼다"는 말이다. 너무 많이 인용되어서 이제는 어쩌면 고리타분하게 들릴 수도 있지만, 『손자병법』에 나오는 모든 지혜와 전략들이 그러하듯이 시대의 변화에 따라 이환위리를 실천하는 방식도 얼마든지 변할 수 있다. 그 기본 진리를 천

천히 되새기다 보면 새로운 위기 극복의 길이 보이기 마련이다.

사실 위기란 단순히 위기만을 뜻하는 말이 아니다. 위기危機는 위태로울 '위危'와 기회 '기機'가 더해진 것으로 위태로움 속에 기회가 있다는 말이다. "기회는 위기의 외투를 입고 온다"는 말처럼 위기라는 외투를 벗겨보면 수많은 기회가 숨어 있기 마련이다. 그런데 사람들은 예기치 못한 위기에 직면했을 때 막상 위기를 기회로 보지 못한다. 위기를 극복하지 못하고 그냥 포기해버리는 사람이 대부분이다. 하지만 그 중에 어떤 이들은 위기 속에서 새로운 기회를 찾아내기도 한다. 이 두 종류의 사람들 중에서 성공의 가능성이 더 높은 쪽은 어느 쪽일까? 당연히 위기를 기회로 바꿀 줄 아는 사람들, 즉 손자가 말한 '이환위리'를 잘 실천하는 사람들이다. 그 예를 하나 들어보겠다.

● 아오모리 합격사과와 한세실업의 마스크

일본에 '아오모리青森'라는 지역이 있다. 맛있는 사과 생산지로 명성이 자자한 곳이다. 그런데 아오모리 지역을 더욱 유명하게 만든 사과가 있다. 바로 합격사과다. 시험을 앞둔 사람이 이 사과를 먹으면 합격을 할 수 있다고 해서 수험생들에게 큰 인기를 끌었던 제품이다. 행운의 사과라고도 할 수 있는 이 합격사과는 어떻게 탄생한 것일까?

1991년, 일본 아오모리현에는 큰 태풍이 찾아왔다. 어찌나 강력한 태풍이었는지 아오모리현은 그야말로 쑥대밭이 되었다. 사과나무가 심어져 있던 과수원 역시 엉망이 되었고, 농민들은 자식처럼 애지중지 키워 온 사과를 모두 버려야 할 처지에 놓였다. 사과의 90%는 바닥에 떨어져 못쓰게 되었고 그나마 나뭇가지에 붙어 있던 10%의 사과들 역시 상품 가치가 떨어졌다. '아오모리 사과'라는 명성이 무색할 정도로 겉 표면이 온통 상처로 멍들었다. 사과 농사로 생계를 이어가던 농부들에겐 이런 날벼락이 또 없었다. 앞으로 살아갈 길이 막막했다. 1년 농사를 하루아침에 망쳐버린 위기 앞에 농부들은 절망했다.

그런데 한 농부는 달랐다. 이미 못쓰게 되어버린 90%의 사과 대신 아직 그대로 나뭇가지에 달려 있는 10%에 주목했다. 10개 중 1개꼴로 살아남는 사과들이라는 생각이 머릿속을 스치는 순간, 좋은 아이디어가 떠올랐다. 태풍의 모진 비바람도 끝까지 버텨낸 이 신통한 사과들에 '합격사과'라는 이름을 붙여 판매하자는 것이었다. 태풍도 이겨낸 합격사과를 먹으면 그 어떤 어려운 시험이라도 붙을 수 있을 거라는 의미를 담아 새로운 판매 전략을 짠 것이다. 마을 주민들 모두 농부의 아이디어를 반겼다. 그리고 함께 힘을 모아 '합격사과'를 탄생시켰다. 그 방법은 결코 어려운 게 아니었다. 그동안 사과 여러 개를 박스에 포장해서 판매했다면, 이번엔 사과를 하나씩 낱개로 포장해서 납품하는 방식이었다. 한 가지 다른 것이 있다면 겉 표면에 희망의 문구를 하나씩 적어두는 것이다. 예를 들어 "내 인생에 어떤 시련이 몰아친다 해도 나를 떨어지지 않게 해줄 합격사과" 같은 것들이다. 모진 태풍을 이겨낸 사과들에 잘 어울리는 문구들이었다. 비록 멍들고 깨진 사과들이었지만 의미를 담으니 보통의 사과보다 더 특별해 보였다. 고객들도 그 점을 높이 평가했던 걸까. 합격사과는 일반 사과보다 열 배나 비싼 값이었는데도 불티나게 팔려나갔다. 일본은 한국 못지않게 입시 경쟁이 치열하기로 유명하기 때문인지 '합격사과'의 스토리가 더 빛을 발했다. 이처럼 합격사과가 인기를 끌면서 아오모리현의 사과는 더욱 유명세를 타게 되었다. 지금도 지역 특산물의 대표적인 성공 사례로 회자되는 이유다.

여기서 우리가 주목할 것은 무엇일까? 태풍이 마을 사람들에게 큰 위기였던 것은 분명한 사실이다. 하지만 농부는 떨어져서 못 팔게 된 90%의 사과 대신 나뭇가지에 달려 있던 단 10%의 사과에 주목했다. 그리고 바로 그 지점에서 새로운 기회가 시작되었다. 이것은 아무리 힘든 상황이라 해도 그 상황을 어떻게 받아들이고 대응하냐에 따라서 결과가 크게 달라질 수 있다는 것을 보여준 사례다. 생각해보면 위기를 기회로 바꾸는 것은 그렇게 어렵고 복잡한 일이 아니다.

아오모리현의 합격사과의 성공 사례는 우리 주변에서 끊임없이 반복되고 있다. 코로나19라는 엄청난 위기 속에서도 마찬가지다. 전대미문의 위기 속에서도 기회를 찾아낸 기업, 한세실업의 경우를 살펴보자. 한세실업은 우리나라를 대표하는 의류수출전문기업이다. 1982년에 설립된 한세실업은 주로 미국 바이어들로부터 주문을 받아서 의류를 제작한 뒤 다시 납품하는 회사다. 이곳에서 미국에 수출하는 의류만 1년에 약 4억 장.

미국인 3명 중 1명은 이 회사의 옷을 입는 셈이라고 한다. 실제로 한세실업의 연매출은 1조 7,000억 원에 달하는데 그중 99%를 미국 수출을 통해 벌어들이고 있다. 그런데 이런 한세실업이 회사 창립 38년 만에 쓰나미급 위기에 직면하고 말았다. 이유는 코로나19. 감염병 위기가 시작되자마자 전 세계적으로 수출길이 막혀버렸다. 절대적으로 수출에 의존해오던 한세실업은 매출이 완전히 끊겨버릴 상황에 놓이고 말았다. 기업 생존을 위해 어떻게든 돌파구를 마련해야 하는 상황에 놓인 것이다.

그런데 다행히 하늘이 무너져도 솟아날 구멍은 있었던 걸까. 한세실업은 위기를 기회로 바꿀 좋은 묘수를 떠올렸다. 주요 품목인 의류를 더 이상 팔 수 없게 되었으니 그와 유사한 걸 팔면 된다고 생각한 것이다. 코로나 시대에 사람들이 가장 필요로 하는 것, 바로 마스크와 방호복 등의 개인보호장비였다. 한세실업은 이런 개인보호장비를 만들기에 더없이 적합한 요건을 갖추고 있었다. 이미 베트남 등을 비롯한 해외 각국에 해외 생산기지를 갖추고 있었기 때문이다. 그 생산라인 중 일부만 사용해도 마스크와 방호복을 보다 쉽고 빠르게 만들 수 있었다.

그 무렵 미국에서는 갈수록 코로나 사태가 심각해졌다. 마스크와 방호복의 물량은 이미 턱없이 부족한 상태였다. 미국 정부와 유통업체들은 서둘러 마스크와 방호복을 확보하기 위해 나섰다. 그렇게 찾아낸 곳이 바로 우리나라의 한세실업이다. 한세실업은 마스크와 방호복을 빠르게 생산하고 있었고, 무엇보다 부직포가 아닌 면을 소재로 만든 것이라 더욱 믿을 만했다. 특히 마스크 부족 사태를 겪고 있던 당시엔 면으로 만들어 재사용이 가능한 한세실업의 마스크의 인기가 더욱 높아질 수밖에 없었다.

실제로 한세실업의 마스크는 불티나게 팔렸다. 미국 대형할인점 월마트의 CEO 더그 맥밀런Doug McMillon은 자신의 SNS를 통해 "빠르게 방호복과 마스크를 공급해준 한세실업에 고마움을 표한다"며 직접 글을 남기기도 했다.

실제로 코로나 사태를 겪으며 한세실업이 거둔 결실은 놀라웠다. 코로나 사태의 여파가 극심했던 2020년 1분기에도 매출 면에서 엄청난 결실을 거뒀다. ODM, 즉 위탁주문생산 부문의 1분기 영업이익이 전년 동기 대비 7.3%나 늘어난 것이다. 다른 경쟁사들은 코로나19로 인해 수출사업부를 축소하거나 인력 감축을 해야 했는데, 한세 실업은 오히려 매출 신장을 이룬 것이니, 이는 실로 엄청난 결실이었다. 그런데 한세실업의 이런 결실은 결코 우연히 이뤄진 게 아니다. 우연이 아니라 오히려 필연에 가까웠다.

그 이유는 무엇일까? 한세실업은 평소에 원단 만드는 기술을 끊임없이 개발해왔고, 그 결과 이미 2년 전에 '항균' 원단을 개발하는 데 성공을 거뒀기 때문이다. 비록 당시에는 큰 주목을 받지 못했지만 코로나19가 전 세계적으로 확산되는 위기 상황이 발생하면서 비로소 빛을 보게 된 셈이다. 생각해보면 코로나19는 한세실업에게 쉬운 성공을 가져다주었다. 항균 원단을 홍보하지 않아도 사람들이 알아서 찾게 되었고 경쟁사보다 앞서 나갈 수 있는 기회가 된 것이다. 한세실업은 묵묵히 의류업체로서 또 다른 경쟁력을 갖추기 위해 항균 원단을 개발했을 뿐인데, 때마침 코로나19가 기회의 장場을 열어준 것이라 할 수 있다.

뉴노멀 시대의 위기는
우리가 경험하지 못했던 일들이
계속 벌어지기 때문에 생겨난다.
그 위기 속 '기회'라는 옥석을 가려내기 위해
가장 필요한 능력은
손자의 '이환위리'의 정신이다.
'이환위리'란 90%의 '부정' 대신
10%의 '긍정'을 바라볼 줄 아는 시각이다.

수많은 위기가 닥치는 위기의 쓰나미 시대. 손자는 어쩌면 이 시대를 버텨낼 수 있는 해법을 2500년 전에 미리 알고 있었던 것이 아닐까. '이환위리'라는 삶의 진리를 『손자병법』에서 그토록 강조한 걸 보면 말이다. 걱정과 근심을 액면 그대로 받아들이면 걱정과 근심일 뿐이지만, 이환위리의 눈으로 보면 얼마든지 상황은 바뀔 수 있다. 근심도 이로움이 될 수 있다는 긍정적인 생각이 바로 위기를 기회로 바꾸는 지혜가 되기 때문이다. 특히 지금처럼 일상의 모든 기준이 바뀌는 뉴노멀 시대, 미래의 불확실성이 위기로만 느껴지는 시대에 살아남기 위해선 '이환위리'의 정신이 가장 필요하다.

● '이겨놓고 싸우기'의 달인, 이순신 장군

역사적 인물 중에서 이겨놓고 싸우는 전략을 잘 실행했던 이가 있다. 더 이상 설명이 필요 없는 이순신 장군이다. 이순신 장군은 단 한 번도 전투에서 지지 않았다. 일본군에게 절대적으로 불리한 상황 속에서도 23전 23승의 기록을 세운 그의 전략은 돌아볼수록 놀랍다. 그중에서도 가장 놀라운 전투는 명량대첩이다. 겨우 배 13척으로 133척과 싸워서 압승을 거둔 그야말로 믿기 힘든 승리였다. 어떻게 그것이 가능했던 것일까? 절대적으로 열세인 조선 수군을 이끌고 대승을 거둘 수 있었던 비결은 무엇이었을까? 바로 이순신 장군의 치밀한 전략이 있었기에 가능한 일이었다.

명량대첩 당시, 조선 수군은 원균이 칠천량 전투에서 대패하면서 엄청난 피해를 입은 상태였다. 기존 함선 160척 중 남아 있던 배가 겨우 12척, 2만여 명의 수군은 거의 전멸하다시피 했다. 그런데 이때 이순신 장군이 다시 삼도수군 통제사, 지금으로 말하면 해군총사령관의 임무를 맡게 되었다. 당시 조선 수군의 전투력이 너무 약한 상황이라 선조는 이순신 장군에게 해군을 해체하고 육군과 통합해도 좋다고 제의했다. 하지만 이순신 장군은 이를 거절하며 그 유명한 말을 남긴다.

"신에게는 아직 12척의 배가 남아 있습니다.
죽기를 각오하고 막으면 오히려 지켜낼 수 있습니다."

죽기를 각오하고 싸우겠다며 결의를 다진 이순신 장군은 곧바로 전략

구상에 들어간다. 먼저, 남해안과 서해안을 일본 수군으로부터 지켜낼 방도를 고민하기 시작했다. 당시 일본 수군은 300척 이상의 함선을 가지고 있었다. 조선 수군은 12척 그리고 부서진 한 척을 수리해 겨우 배 13척을 보유한 상황이었다. 숫자로 보면 13 : 300척 이상의 승부. 그야말로 절체절명의 위기 상황이었다. 조선 수군이 만약 명량에서 패하게 되면 남해안이나 서해안의 해상권을 일본에게 내줘야 하는 상황이었다. 그렇게 되면 일본 육군의 주력 보급선이 연결되고 바다와 육지의 합동작전이 이루어질 수 있었기 때문에 조선이 패배하는 건 시간문제였다. 이순신 장군은 물러설 곳이 없었다. 그래서 적은 병력으로 최후의 전선에서 기꺼이 싸우려 했던 것이다. 이순신 장군의 부하들은 전투를 해서는 안 된다고 만류했지만, 이순신 장군은 끝까지 포기하지 않았다. 오직 그가 할 일은 주어진 상황에서 최대한 승리할 수 있는 여건을 만드는 것이었다. 그리고 결국 그는 해냈다. 최소의 병력으로 최대의 병력을 물리칠 수 있는 지형을 찾아낸 것이다. 그 열쇠는 다름 아닌 울돌목이었다. 손자는 아군이 열세할 때는 험하거나 좁은 지형에서 싸우면 유리하다고 했다. 울돌목은 폭이 약 300m밖에 되지 않았다. 배를 가로로 전투대형을 만들면 10척씩밖에 세워지지 않는 지역이다. 이것은 무얼 의미하는 걸까? 아무리 일본군의 함선이 많아도 조선 수군 앞에 실제 맞닥뜨리는 적은 10척 내외라는 사실이다. 나머지 일본 함선은 종대로 촘촘히 서게 될 것이 뻔했다. 만약 이때 수상 전투가 벌어지면 어떻게 될지 상상해보라. 앞에서 부서진 함선들의 잔해가 바다에 떠다니면서 대형을 흐트러뜨릴 것이다. 또한 앞의 함선이 불타면 근처에 있던 함선으로 금세 불이 옮겨붙어 대형 화재로 이어지기 십상이다. 앞뒤로 다닥다닥 붙은 일본 함선의 밀집대형을 잘 이용하면 조선 수군이 열세한 상황이라도 이길 수 있는 가능성은 충분했다.

이순신 장군은 여기에 또 하나의 전략을 더했다. 바로 5km 정도 후방 지역에 주민 어선 수백 척을 배치해놓은 것이다. 일본 수군이 봤을 때 앞에 나온 10여 척은 선봉선같이 보이고 뒤에 본대가 엄청나게 많은 것처럼 보이도록 말이다. 이것은 열세한 병력을 숨기고 많은 병사들이 있는 것처럼 보이게 해서 적의 사기를 꺾어놓기 위한 전략이었다.

육지에서도 이와 비슷한 전략이 행해졌다. 전날 밤 아낙네들을 동원해 마을 동산에 올라 횃불을 들고 강강술래를 계속하게끔 한 것이다. 조선군이 많은 것처럼 가장하기 위해서였다. 울돌목 주변 조선 수군과 육군이 수적으로 많아 보이게 위장해 일본군의 사기를 누를 수 있는 여건을 미리 조성한 것이다.

그리고 전투 당일 13척 대 133척의 전투가 시작되었다. 처음에는 조류가 조선 수군에 불리하게 흘렀지만 한두 시간 만에 그 흐름이 바뀌면서 다시 대공격을 할 수 있었다. 울돌목은 좁고 수중 지형이 매우 험하다 보니 조류가 10노트 정도로 급하게 흐른다. 이순신 장군은 바로 그런 자연의 이치까지 염두에 두고 조류의 흐름을 미리 파악해 전투에 활용했던 것이다. 당시에는 동력선이 없고 사람이 손으로 노를 젓던 시대라 조류의 영향을 크게 받을 수밖에 없었다. 치밀함에 치밀함을 더해 전략을 짠 셈이다.

그 결과는 실로 대단했다. 조선 수군은 순식간에 적선 133척 가운데

31척을 파괴했다. 더 놀라운 것은 조선 수군의 배는 단 1척도 피해를 입지 않았다는 것이다. 그야말로 압승이었다. 열세한 상황 속에서도 믿을 수 없는 완전무결한 승리를 이뤄낸 이순신 장군. 가장 큰 비결은 전투 전 여건을 충분히 조성했기 때문이다. 이길 수 있는 판을 만들어놓고 싸웠기 때문에 10 대 1의 열세 속에서도 승리할 수 있었던 것이다. 이것이 바로 손자의 이겨놓고 싸우는 전략이다.

● 위기를 기회로 바꾸는 손자의 전략

한 편의 이솝우화를 보자. 토끼와 거북이의 경주 이야기다. 토끼와 거북이가 경주를 하게 되었다. 당연히 토끼의 승리가 예상되는 경기다. 하지만 곧 반전이 생긴다. 잘 달리는 토끼가 방심한 나머지 경주 중에 잠을 자고 만 것이다. 그사이 느림보 거북이는 부지런히 걸어 결승점에 도달했다. 토끼는 경기에서 졌다. 토끼는 자신의 능력만 믿다가 결정적 실수를 범했고, 거북이는 자기의 부족함을 알면서도 끝까지 포기하지 않고 달려 끝내 이길 수 있었다. 그런데 이것이 온전한 거북이의 승리일까? 그렇지 않다. 거북이는 거북이의 능력만으로 이긴 것이 아니다. 토끼가 결정적으로 실수를 했기 때문에 승리할 수 있었다. 다시 말해 요행이 따랐던 승리라 할 수 있다. 그럼에도 불구하고 거북이는 지금도 자신의 승리에 도취되어 있을 수 있다. 그러다 만약 분에 못 이긴 토끼가 다시 거북이에게 재도전을 신청한다면 어떻게 될까? 또다시 거북이가 토끼를 이길 수 있을까?

토끼를 한 번 이겨본 거북이는 또 한 번 토끼를 이길 수 있다고 생각하기 쉽다. 그리고 다시 이기기 위해 아침부터 밤 늦게까지 달리기 연습을 할지도 모른다. 하지만 이건 어디까지나 거북이의 착각일 수 있다. 타고난 능력의 한계라는 것이 존재한다는 것은 어쩔 수 없이 인정해야 하는 부분이기 때문이다. 거북이가 태생적으로 토끼보다 빠를 수 없다는 것은 부정할 수 없는 사실이다. 더구나 한 번 쓰라린 패배를 맛본 토끼는 또다시 낮잠을 자는 실수 따위는 하지 않을 것이다. 결국 거북이가 아무리 열심히 노력한다 해도 토끼를 이길 수는 없다. 거북이에게 역전의 기회는 다시 쉽게 주어지지 않을 수 있다.

이 이솝우화를 보면서 한 단어가 떠올랐다. 그것은 바로 '이생망', 즉 "이번 생은 망했다"는 뜻의 신조어다. 이번 생에서는 어떻게 해도 더 나아지지 않을 거란 젊은이들의 자조가 섞인 말이다. 거북이가 토끼를 절대 이기지 못하는 태생적 한계를 갖고 있듯, 이 시대 많은 젊은이들도 그런 장벽을 느끼고 있을 것이다. 하지만 단언컨대 이생망을 바꿀 수 있는 길은 분명히 존재한다. 나는 그것을 『손자병법』에서 찾았다. 손자의 지혜를 적용하면 얼마든지 태생적 한계를 극복할 수 있다.

손자의 시각으로 이솝우화를 다시 보자. 손자는 늘 이겨놓고 싸우라고 강조했다. 이겨놓고 싸우라는 것은 판이 돌아가는 흐름을 읽고, 그 판을 자신에게 유리한 쪽으로 바꿔서 이기라는 말이다. 즉, 토끼가 잠을 자지 않고 열심히 경기에 임하더라도 거북이를 절대 이길 수 없는 방법을 모

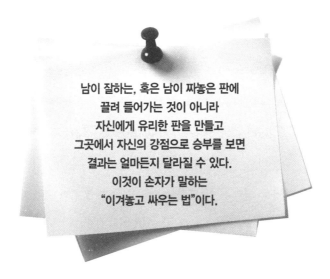

남이 잘하는, 혹은 남이 짜놓은 판에
끌려 들어가는 것이 아니라
자신에게 유리한 판을 만들고
그곳에서 자신의 강점으로 승부를 보면
결과는 얼마든지 달라질 수 있다.
이것이 손자가 말하는
"이겨놓고 싸우는 법"이다.

색하라는 것이다. 불가능할 것 같지만 분명히 답이 있다. 예를 들어보자. 손자의 법칙을 아는 거북이는 열심히 연습하지 않는다. 대신 토끼에게 조건을 하나 내거는 쪽을 선택한다.

"경주 코스를 내가 선택하게 해주면 너의 도전을 받아들일게."

토끼의 입장에서는 코스가 산, 들판, 운동장, 어디든 이길 자신이 있다. 제안을 거절할 이유가 없으니 흔쾌히 거북이의 제안을 승낙한다. 이것은 거북이에게 결정적 기회가 된다. 토끼와의 경주를 선택할 수 있게 된 거북이는 자신에게 유리한 여건을 조성할 수 있다. 그 이유는 거북이에게 태생적 한계가 존재하듯 토끼 역시 그런 약점을 갖고 있기 때문이다. 거북이에겐 있지만, 토끼에겐 없는 것. 눈치챘는가? 그렇다. 수영 능력이다. 육지에선 아무리 빠른 토끼라 해도 물 앞에선 아무것도 할 수 없다. 거북이가 경주 코스에 물을 끼워넣는 순간 토끼가 극복하기 힘든 판이 된다. 정답을 찾은 거북이는 경주 코스에 강을 끼워넣는다. 결과는 뻔하다. 토끼는 다시 태어나도 강을 건너지 못한다. 거북이가 승리하는 건 시간문제다. 『손자병법』을 배운 거북이가 전략을 잘 짠 것이다.

그런데 이런 거북이도 전략의 중수 정도밖에 되지 않는다. 진짜 고수인 거북이는 육상 경기가 아닌 수상 경기를 하자고 제안할 것이다. 즉, 수영 경기로 승부를 보자는 것이다. 수영 경기를 한다면 거북이가 이길 뿐만 아니라 승리할 수 있는 시간까지 단축할 수 있다. 이것이 손자가 말하는 전략, 즉 이겨놓고 싸우는 법이다. 나의 강점과 적의 약점을 정확히 파악한 후, 내가 가진 강점을 최대한 살릴 수 있는 판을 만들어가는 것. 바로 이런 손자의 전략을 충실히 수행한다면 이생망은 단순히 이생망으로 끝나지 않는다.

남이 잘하는, 혹은 남이 짜놓은 판에 끌려 들어가는 것이 아니라 자신에게 유리한 판을 만들고 그곳에서 자신의 강점으로 승부를 보면, 결과는 얼마든지 달라질 수 있다. 때로 지상파 3사의 방송국보다 유튜브 채널 속 크리에이터들이 더 큰 영향력을 발휘하는 것처럼. 기존 방송판에 뛰어들어 열심히 경쟁해 스타가 되려고 하는 것이 아닌 유튜브라는 새로운 판에서 자신만의 콘텐츠로 승부를 보듯 말이다. 뉴노멀 시대야말로 '이생망'을 끝낼 수 있는 가장 좋은 여건이다.

● 유니콘을 키운 CEO, 이겨놓고 싸우다

이겨놓고 싸우는 전략은 현대 경영의 판에서도 통한다. 2000년 이후 세계적 갑부가 된 사람들을 살펴보자. 애플의 스티브 잡스Steve Jobs, 페이스북의 마크 주커버그Mark Elliot Zuckerberg, 알리바바의 마윈馬雲까지 크게 성공한 이들을 보면 한 가지 공통점이 있다. 기존에 정형화되어 있던 판을 벗어나 자신만의 유리한 판을 만들어 새로운 성공의 길을 개척했다는 것이다. 스티브 잡스는 핸드폰 시장이 과열되어 레드오션Red Ocean이 되었을 때 스마트폰이라는 새로운 시장을 개척해 승자가 되었다. 마크 주커버그는 전 세계 인구를 하나로 연결한다는 비전 아래 SNS 소통 창구를 새롭게 만들어 세계적인 거부가 되었다. 알리바바의 마윈은 어떤가. 그는 중국에 갓 보급되기 시작한 인터넷의 발전에 주목했다. 그리고 동료들과 함께 중국의 중소기업들이 해외 고객들로부터 쉽게 주문을 받을 수 있게 하는 인터넷 사업에 뛰어들었다. 사업 초기에는 기업 대 기업(B2B) 거래에 사업 초점을 맞췄지만 곧 또 한 번의 변화를 시도했다. 중국의 인터넷 보급이 빨라진 것을 계기로 2003년 알리바바는 기업 대 소비자(B2C) 거래 플랫폼인 타오바오淘寶로 사업 중심을 옮긴 것이다. 그 결과 폭발적인 매출 성장을 이뤘고 현재 알리바바는 중국인들에게 없어선 안 될 쇼핑 플랫폼으로 자리 잡았다. 특히 2014년 미국 상장을 통해 아마존, 구글 등과 어깨를 나란히 하는 유수의 글로벌 기술 기업으로 인정받았다. 마윈 자신도 이를 계기로 중국에서 손꼽는 거부로 단숨에 도약했는데, 그 재산만 약 390억 달러(약 47조 원)에 달한다고 한다.

이들이 이룬 성공은 어쩌면 우연처럼 쉽게 이뤄진 것처럼 보인다. 하지만 그렇지 않다. 자세히 살펴보면 이들에겐 기존과 전혀 다른 성공의 기회를 찾는 노력이 선행되었다. 남들보다 한 발 앞서서 남들이 주목하지 않는 것을 찾아 시간과 노력을 투자했고 자신에게 유리한 판을 만들어간 것이다. 그런데 그 노력의 결실이 실로 엄청났다. 성공의 크기가 커진 것이다. 그 배경에는 4차 산업혁명이 있었다.

IT 기술 발전으로 인해 시장과 고객은 전 세계로 확대되었고, 사업 초창기 자본과 인력은 과거에 비해 상대적으로 덜 소요되는 여건이 조성된 것이다. 과거와 달리 누구라도 얼마든지 자신에게 유리한 판을 짜서 이겨놓고 싸울 수 있는 시대가 열렸다.

이것은 우리에게도 충분한 기회가 된다. 코로나19로 시작된 위기의 쓰나미를 기회로 삼아 다시 새로운 기회를 찾을 수 있다. 기존의 성공 방식이 그대로 적용되는 사회라면 오히려 이생망의 운명을 바꾸기 힘들 수 있다. 과거에는 남들보다 열 배, 스무 배 열심히 사는 것 말고는 불리한 판을 유리하게 바꿀 수 있는 방법이 달리 없었기 때문이다. 하지만 지금은 누구에게나 기하급수의 성공을 이룰 수 있는 기회가 열려 있다. 최대의 위기를 최대의 기회로 만들 수 있는 시대가 도래한 것이다. 물론 한 가지를 분명히 기억해야 한다. 이것은 자신에게 유리한 판을 만들 수 있는 전략을 깨우치고 있을 때 가능하다는 것을 말이다.

똑같은 위기를 만나도 누군가는 포기하고 누군가는 기회를 찾는다. 이 결정적 차이는 '이환위리'의 전략적 사고를 갖췄는지, 그렇지 못했는지에 따라 생겨난다. 그렇다면 우리는 어떻게 해야 '이환위리'의 사고를 할 수 있을까? 가장 먼저 위기가 다가오고 있음을 미리 예측할 수 있는 예리한 촉이 필요하다.

● 위기의 징후, 기회의 징조

우리는 갑자기 열이 나거나 전에 없던 통증이 생기면 혹시나 큰 병의 징후는 아닌지 의심하게 된다. 내 몸에 나타나는 사소한 징후들이 건강 상태를 예측할 수 있는 바로미터가 되기 때문이다. 그런데 이것은 단지 건강에만 국한되는 이야기가 아니다. "하나를 보면 열을 알 수 있다"는 속담처럼 사소한 징후를 통해서 앞으로 일어날 큰일을 예측할 수 있다. 손자 역시 징후의 중요성을 강조했다. 특히 전장에서는 늘 징후를 예의주시하고 그에 맞는 대비책을 세워야 한다고 했다. 만약 전쟁에서 적이 보여주는 사소한 징후를 알아차리지 못하거나 무시하게 되면 어떤 일이 벌어질까?

곧바로 적의 기습을 받거나 함정에 빠져 위기에 봉착하게 될 것이 자명하다. 이를 잘 알고 있던 손자는 사전에 징후를 파악할 수 있는 방법을 제시했다. 전장에서 흔히 일어나는 30개 이상의 유형별 징후를 제시하면서 이를 어떻게 해석해야 하는지 소상히 설명해놓은 것이다.

예를 들면 먼저, '적군의 움직임'을 통해서 징후를 파악할 수 있다. 손자는 적이 가까이 있는데도 공격해오지 않는 것은 바로 험준한 지형을 믿고 있는 것이라고 했다. 즉, 아군이 먼저 공격을 해오도록 기다리고 있다는 것이다. 반대로 적이 아주 멀리 있으면서도 기어이 싸움을 걸어오는 것은 아군을 유인하려는 움직임이라고 말했다. 과거의 전쟁은 대부분 근접전이었다. 적의 주 병력이 가까이 있어야만 결정적인 전투가 이뤄진 것이다. 그런데 적의 주력은 멀리 있는데 일부 부대가 와서 싸움을 거는 것은 무슨 뜻일까? 아군을 자신들에게 유리한 지형으로 유인해 싸움을 하려는 속셈으로 봐야 한다는 얘기다. 그래서 이 경우 함부로 군대를 움직여서는 안 된다고 강조했다.

둘째, 손자는 자연현상을 통해 적의 동태를 파악할 수 있다고 했다. 만약 멀리서 많은 나무가 움직인다면 이것은 보병들이 오고 있다는 뜻이다. 또, 우거진 숲에서 특정 지역의 나무들만 움직이고 있다면 이것은 적이 수풀을 헤치고 이동하고 있을 확률이 크다. 어떻게 보면 지극히 당연한 일들이지만 전쟁 중에 이를 정확히 파악해내고 그에 대비하기란 쉽지 않다. 실전에서 이를 잘 활용한 하나의 예를 들어보자.

6·25전쟁에 참전했던 한 간부의 증언으로 알려진 얘기다. 북한군이 38선 전 지역에서 기습남침을 했을 당시 우리 국군 6사단은 춘천 지역에서 북한군을 방어하고 있었다. 그때 간부는 소양강 너머로 밀밭과 보리밭 그리고 잡목이 우거져 있는 지역을 살피고 있었다고 한다. 그런데 어찌된 일인지 바람이 전혀 불지 않는데도 멀리서 밀밭과 보리밭이 움직이는 것이 보였다는 것이다. 이것은 백발백중 적이 낮은 포복 자세로 다가오고 있다는 징후인 게 분명했다. 그래서 간부는 부대원들에게 숲의 나무나 밀보리들이 움직이는 것을 유심히 관찰하고 있다가 적의 움직임이 포착되

면 집중 포격을 가하라고 명령했다. 아니나 다를까, 부대원들은 곧 밀밭과 보리밭에서 수상한 움직임을 감지하고 포격을 가했다. 그 순간 무수한 적들이 쓰러져 나왔다. 당시 16포병대대는 이러한 징후들에 예민하게 대응하며 다양한 화력전을 전개해나갔고, 그렇게 해서 춘천 일대 북한군의 공격을 사흘이나 막아낼 수 있었다. 16포병대대가 이런 방식으로 사흘간 버텨준 것은 한국군에 큰 힘이 되었다. 유엔군이 한국에 투입할 수 있는 시간을 충분히 벌어주었기 때문이다. 사소한 징후를 잘 포착해냄으로써 적의 공격을 성공적으로 막아낸 16포병대대. 전장에서 적군이 보이는 사소한 징후 하나도 그냥 지나쳐선 안 된다는 것을 잘 보여주는 사례라 할 수 있다.

이처럼 징후를 살피는 것은 승패를 가르는 결정적 요인이 된다. 현대전에서도 징후를 살피는 것은 굉장히 중요하다. 세계에서 가장 강한 미군도 사전 징후 파악에 많은 노력을 투입하고 있다. 그 대표적인 것이 바로 징후목록표다. 미군은 상황마다 나타나는 징후를 미리 뽑아서 징후목록표를 만든다. 일종의 징후 체크리스트라고 할 수 있다. 병사들이 징후목록표를 만들어 정보부대에 넘겨 유심히 살펴보게 한다. 그러면 해당 부대에서는 매일매일 수집된 징후를 체크하고, 그중에서 의미 있는 정보를 추출한 다음 지휘관에게 보고한다. 이를 근거로 지휘관은 상황에 따라 적절하게 지휘 명령을 내릴 수 있게 된다.

손자가 말한 징후는 전쟁에서뿐만 아니라 우리 일상에서 일어나는 크고 작은 사건, 사고에도 적용된다. 혹시 하인리히 법칙Heinrich's Law이라는 것을 아는가? 대형 사고가 일어나기 전에는 반드시 크고 작은 사고들이 먼저 일어난다는 규칙을 밝힌 이론이다. 1920년대 미국의 여행자보험 회사에 다니던 허버트 하인리히Herbert William Heinrich는 7만 5,000개의 산업 재해 자료를 정밀분석했다. 그리고 통계학적으로 굉장히 의미 있는 규칙을 찾아냈다. 평균적으로 한 건의 큰 사고 전에 29번의 작은 사고가 발생하고, 300번의 잠재적 징후들이 나타난다는 사실이다. 실제로 그는 『산업재해예방: 과학적 접근』이라는 책을 펴내며 '1:29:300의 법칙'을 발표했다. 산업재해로 인해 중상자가 1명 나올 경우 그 전에 같은 원인으로 발생한 경상자가 29명 있었고, 다치지는 않았지만 같은 원인으로 경미한 사고를 겪은 사람이 무려 300명 있었다는 사실을 밝혀낸 것이다. 이것은 우리가 300개 이상의 사전 징후들만 잘 알아차려도 1개의 큰 사고를 막을 수 있다는 뜻이기도 하다. 하지만 우리는 불행하게도 급격하게 산업화를 이루는 과정에서 이를 잘 지키지 못했다.

● 위기의 징후를 놓친 그때 그 사건

가장 대표적인 것이 바로 성수대교와 삼풍백화점 붕괴 사고다. 특히 삼풍 백화점은 대한민국 국민적 트라우마 중 하나다. 1995년 6월 29일, 사람들이 한창 쇼핑을 즐기고 있던 시간에 갑자기 백화점 건물이 무너져내렸다. 멀쩡히 서 있던 백화점 건물이 무너지다니, 정말 거짓말 같은 일이었다.

하지만 삼풍백화점은 결코 멀쩡한 건물이 아니었다. 개장한 순간부터 서서히 무너지고 있었다. 개장 직후부터 원인 모를 미세한 진동이 발생했고, 천정에서 물이 새는 등 위험 징후가 조금씩 나타났다. 실제로 두 달 전부터 심상치 않은 징후가 나타나기 시작했다. 그로 인해 백화점 측에서는 기본적인 안전검사를 실시했고, 그 결과 건물 붕괴의 위험성이 높다는 것을 알게 되었다. 그런데도 왜 사고를 막지 못했던 걸까?

검사 이후 당연히 건물을 폐쇄하고 정밀한 안전진단과 후속 대책을 세워야 했지만 백화점 경영진은 이를 무시했다. 사고 하루 전날에는 급기야 옥상 바닥이 기둥과 분리되면서 천천히 내려앉기 시작했는데도 아무런 조치도 취하지 않은 것이다. 마침내 사고 당일 아침, 5층 식당가 천장에서 물이 쏟아지는가 하면, 바닥이 주저앉으면서 식탁이 기울어지고 주방 조리대가 넘어졌다. 그때마저도 경영진은 5층 식당가만 폐쇄하고 백화점은 정상영업을 하겠다는 방침을 내렸다. 영업이 끝난 뒤 보수공사를 하겠다고 결정한 것이다. 당시 1,000여 명 이상의 고객들과 종업원들이 건물 안에 있었는데도 말이다.

결과는 참담했다. 오후 5시 57분, 백화점은 요란한 소리와 함께 무너져 내렸고 붕괴 시작 5분 만에 900여 명이 사람들이 다치고 500여 명의 소중한 생명이 숨을 거뒀다. 삼풍백화점 관계자들이 하인리히의 경고를 무시한 결과였다. 위기의 징후를 무시하는 것이 얼마나 나쁜 결과를 초래할 수 있는지 제대로 보여준 사건이다.

삼풍백화점 붕괴 사건과 같은 단순히 사회적 재난뿐 아니라 국가를 운영하는 데 있어서도 하인리히 법칙이 적용될 수 있다. 우리는 또 국가적 재난의 징후를 미리 감지하지 못하고 사상 최대의 위기를 맞이한 적이 있다. 바로 IMF 사태의 이야기다. 사실 IMF가 발생하기 전에도 많은 징후가 있었다. 하지만 정부와 기업들은 이에 대한 대응을 소홀히 했고 우리 국민들은 너무나 혹독한 대가를 치러야 했다. 국가 신용도가 떨어지고, 많은 기업이 부도가 났으며, 수많은 직장인들이 직업을 잃고 거리에서 방황했다. 그야말로 국가가 벼랑 끝에 내몰린 것이다. 하루하루 생존을 걱정해야 하는 우리 국민의 고통은 말이 아니었다. 대체 왜 이런 비극이 생겨났던 걸까?

1980년대 말 우리나라는 저유가, 저달러, 저금리라는 3저 현상으로 최대 경제 호황기를 누렸다. 전에 없던 호황기였다. 우리나라는 석유 한 방울 나지 않는데 유가가 낮으니 공장을 운영하기 좋았다. 또 금리도 낮아 은행에서 돈을 빌려 사업을 벌이고 투자하기가 쉬웠다. 그래서 많은 기업이 너도나도 은행에서 돈을 빌려 사업을 확장했다. 주로 차입경영을 한 것이다. 더구나 달러 가치가 낮고 상대적으로 엔화 가치가 높아 우리 기업들은 세계 시장에서 가격 경쟁력을 유지할 수 있었다. 경상수지는 흑자의 연속이었다. 그야말로 호시절을 누린 것이다. 하지만 이런 좋은 시절은 오래가지 못했다. 1990년대 중반에 이르자 이러한 국제 경기의 흐름이 변하고 3저 현상은 끝이 났다. 유가가 상승하고, 달러 가치가 높아졌으며, 금리가 올랐다. 이때 정부와 기업들은 경기 변화에 발맞춰 빠르게 경제 정책을 전환하고 기업 정책과 체질을 개선했어야 했다.

하지만 실제로는 어떻게 했을까? 정부는 저금리 정책을 지속했고, 기업들은 차입경영을 유지했다. 이 무렵 수많은 기업이 어마어마한 부채를 떠안고 있었는데도 말이다. 상황이 이렇게 흘러가자 곳곳에서 위험 징후가 포착되기 시작했다.

먼저 1996년부터 경상수지 적자 폭이 커졌다. 1996년부터 환율이 올라가고 단기부채가 증가하고 외화 보유액이 감소하기 시작했다. 그리고 1997년 초, 한보그룹이 5조 원대의 부도를 낸 것을 시작으로 삼미, 진로, 뉴코아 등 대기업들의 연쇄적인 부도가 이어졌다. 이때부터 언론에선 기업의 무리한 대출과 해외 금융시장 불안정, 정경유착, 차입경영, 금융부실의 위험성을 보도하기 시작했다. 수많은 경제 전문가들이 위기 징후를 포착하고 국가 위기 사태를 경고했던 것이다.

하지만 당시 경제 관료들과 많은 기업에서는 이를 묵살하고 미온적인 대처만 일삼았다. 이때, 태국발 경제 위기가 동아시아 국가를 휩쓸고 결국 우리나라를 강타했다. 그리고 결국 한국은 IMF 관리 체제라는 직격탄을 맞게 되었다. 금융, 건설, 제조, 설비, 투자, 어느 분야든 가릴 것 없이 모두 휘청거렸다. IMF 사태로 인한 실업자는 약 130만 명에 달했다. 경제 위기 징후에 민감히 대처하지 못한 대가를 혹독히 치러야 했던 것이다. 만약 이 무렵, 여러 징후에 민감히 대처하고 근본적인 대응책을 마련했더라면 상황은 어떻게 달라졌을까? IMF라는 전대미문의 경제 위기는 막을 수 있지 않았을까.

● 뉴노멀 위기의 징후 = 기회의 타이밍

기업을 경영하는 데 있어서도 사전 징후를 포착하고 분석하는 일은 매우 중요하다. 이번 코로나19 사태를 겪으면서 이런 징후의 중요성을 또 한 번 절감할 수 있었다. 코로나19는 단지 감염병의 공포만 가져온 것이 아니었다. 코로나19는 우리의 일상을 크게 뒤흔들어놓았다. 서로 직접 만나지 않는 비대면 방식의 라이프 스타일이 빠르게 번져나가게 되었고, 이를 통해 산업적으로 큰 변화가 일어났다. 식당 손님이 줄어든 대신 배달 음식을 시켜먹는 사람이 급증한 것처럼 말이다. 이처럼 코로나19로 인한 변화들은 기업 운영에 있어서 중요한 사전 징후로 작용했다.

국내 기업들 중에는 이런 징후를 잘 포착해 매출 반등의 기회를 잘 살린 곳들도 있다. 바로 전동 킥보드와 전기자전거같이 1인용 이동수단을 대여하는 업체들이다. 사실 코로나19 사태가 번져나갈 당시 사람들의 이동량이 줄면서 당연히 1인용 이동수단을 사용하는 사람마저 줄어들 것으로 예상했다. 하지만 실제로는 어땠을까? 지하철이나 버스 대신 오히려 1인용 이동수단을 이용하는 사람들이 늘어났다. 일반 대중교통과 달리 1인용 이동수단들은 타인과의 접촉이 많지 않아 코로나19 감염의 위험이 적었기 때문이다. 이런 소비자들의 동향을 일찌감치 파악한 업체들은 평소보다 1인용 이동수단을 더 많이 공급했다. 또, 손잡이와 같이 사람 손이 닿는 곳에 대해 소독을 철저히 하는 전략을 펼쳤다. 이는 곧 매출 반등의 기회로 이어질 수 있었다. 코로나19가 가져온 변화의 징후들을 제대로 파악해 그에 맞게 대응한 것이 오히려 위기 극복의 기회가 되었던 것이다.

일본 수출 규제의 위기 징후를 잘 포착해 기회로 바꾼 기업도 있다. 2019년 일본은 갑작스럽게 우리나라를 화이트리스트에서 제외하기에 이른다. 우리나라 반도체와 디스플레이 생산에 필요한 핵심 소재의 수출을 규제하겠다는 것이었다. 겉으론 한국이 재래식 무기에 대한 규제가 미비해 안보상 위협이 되기 때문이라고 밝혔지만 일본의 속내는 달랐다. 앞서 우리나라가 강제징용 배상 판결을 내린 것에 대한 보복에 가까웠기 때문이다. 이유야 어찌되었든 우리나라 반도체, 디스플레이 관련 업계, 그리고 기업들에겐 청천벽력과 같은 일이었다. 당장 수출길이 막히게 된 셈이었다. 더구나 반도체와 디스플레이 산업은 우리나라 경제의 핵심 축이라고 해도 과언이 아닐 만큼 비중이 큰 산업이다. 삼성, LG와 같은 대기업은 물론 그와 관련된 중소규모 업체들은 당장 큰 위기에 내몰렸다.

그중에 에스다이아공업라는 업체도 있었다. 에스다이아공업은 반도체 장비에 들어가는 부품을 만드는 작은 규모의 회사다. 일본 수출규제가 발효되기 전까지 관련 부품을 판매했다. 그런데 이 회사엔 한 가지 특별한 점이 있었다. 작은 기업인데도 국산화 기술 개발에 많은 투자를 해왔다는 것이다. 이유는 하나였다. 반도체 장비가 대부분 일본의 D사의 제품인 만큼 그 부품도 전량 수입해서 쓰고 있는데 언젠가 수입에 문제가 생기면 국내 반도체 업계에 큰 지장이 있을 거라 생각한 것이다. 반도체 업계에서 잔뼈가 굵은 대표가 일찌감치 일본발 위기를 직감하고 미리 조금씩 대비해온 것이다. 그 결과 에스다이어 공업은 D사 제품의 부품 개발을 오랫동안 준비해왔고 비로소 상품화할 수 있을 정도로 기술력을 끌어올렸다. 제품 테스트만 합격하면 대량생산이 가능한 수준에까지 도달한 것이었다. 그리고 이것은 곧 엄청난 기회가 될 것으로 예상되었다. 일본 수출 규제와 함께 해당 부품을 필요로 하는 국내 기업들이 많아졌고, 비로소 이 부품의 판로를 확보할 수 있게 된 것이다. 에스다이어공업은 곧 반도체 장비 부품의 대량생산을 앞두고 있다. 국내 기업으로서는 최초이자 유일하게 관련 기술을 보유한 업체로 인정받았기 때문이다. 손자가 강조한 대로 미리 위기의 징후를 포착하고 그에 대응해온 것이 위기를 기회로 바꾸는 힘이 된 셈이다. 그리고 이런 힘이야말로 뉴노멀 시대의 생존법이다.

• 일상 속 위기 징후를 살피는 방법 •

나는 차에 타기 전 나만의 습관이 있다. 내가 탈 차를 한 바퀴 돌아보는 것이다. 차 주변과 차량의 상태를 확인하기 위한 습관이다. 차를 한 바퀴 돌아보면서 차량 주변에 무엇이 있는지 확인한다. 혹시 어린아이들이 있는지, 강아지나 고양이가 웅크리고 있지는 않은지, 또는 어떤 이상한 물건들이 놓여 있는 건 아닌지 확인한다. 그리고 차량의 네 바퀴를 점검하는 것도 잊지 않는다. 발로 차 타이어 공기 상태나 타이어 상태를 체크하는 것이다. 이렇게 하면 사고에 대한 사전 징후를 발견할 수 있다.

한번은 고속도로를 통해 장거리 여행을 하기로 결심하고 떠나는 날 아침 습관적으로 차를 확인하면서 타이어 네 바퀴를 발로 차보았다. 그러다가 타이어 한 개가 다른 바퀴보다 바람이 빠져 있는 것을 발견했다. 유심히 관찰해보니 못이 박혀 있었다. 나는 예비 타이어로 교체하고 못이 박힌 타이어를 차량 정비소에 가서 교체한 뒤 운전을 했다. 진땀이 났다. 만약 내가 그것을 확인하지 않은 채 차량을 몰고 고속도로를 달렸더라면 어떻게 되었을까? 생각하고 싶지 않은 일이지만 아마도 대형 사고로 이어졌을 확률이 높다. 타이어가 보낸 사고 징후를 미리 읽고 조치함으로써 안전 운행을 할 수 있었던 것이다.

그 이후 군 생활을 하면서 부대 운전병에게도 이러한 절차를 지키도록 매뉴얼화했다. 운행 전 일일, 주간, 월간 단위로 점검 및 정비사항 등을 규칙으로 정해 반드시 지키도록 한 것이다. 그러한 노력을 통해 사전에 위험요소를 제거하고 안전 운전을 할 수 있는 여건을 만들었다. 사소한 것 같아 보이는 이런 노력들이 큰 사고를 막는 중요한 습관이 된다. 일상 속 크고 작은 사고 위험을 미리 알아차리고 그에 대해 즉각 조치를 취할 수 있도록 우리 스스로 징후의 안테나를 수시로 작동하자.

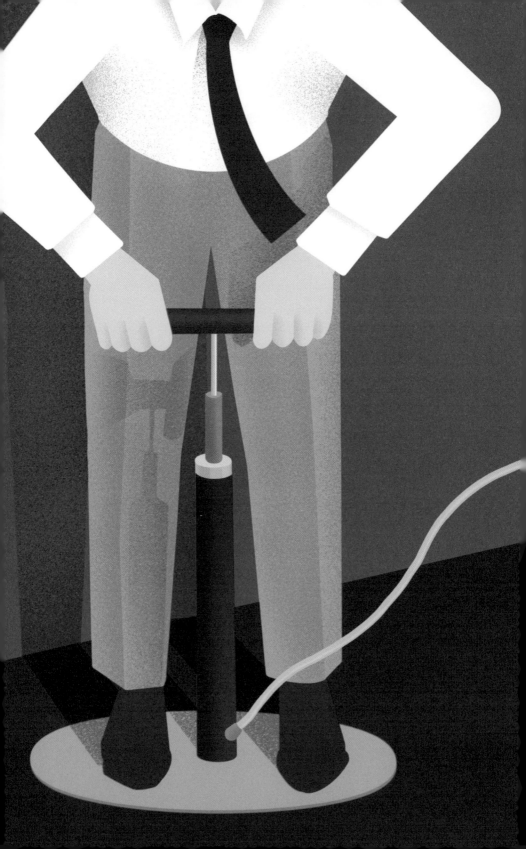

CHAPTER 3

손자에게 배우는 '뉴타입' 전략 1

시대가 빠르게 변해가고 성공의 방정식이 하루가 다르게 진화해가고 있는데, 정작 우리는 기존의 방식만 고집하다가 기회를 놓칠 때가 많다. 새로운 방식에 대한 리스크를 안고 도전하는 것이 쉬운 일이 아니기 때문이다. 하지만 우리가 여기서 반드시 기억해야 할 것이 있다. 새로운 판이 열린 만큼 여기에 기존의 성공 방식을 대입해선 통하지 않는다는 것이다. '뉴노멀 시대'에는 '뉴타입'의 방식으로 접근해야만 한다. 그래야 우리가 찾은 '기회'도 비로소 성공의 가능성을 품는다. 여기서 말하는 '뉴타입'이란 기존의 성공 방식에서 탈피하는 것을 말한다.

뉴노멀 시대에는 '최대한 안전한 선택'을 하기 위해 기존 방식을 고집하는 사람과 '다소 리스크를 감수하더라도 미래를 위한 뉴타입'을 개척해나가는 사람의 결과가 확연히 달라질 것이다. 우리가 지금부터라도 '뉴타입'을 고민해야 하는 이유다. 그 힌트가 바로 『손자병법』에 담겨 있다.

● 뉴노멀 시대를 살아가는 우리가 수많은 위기의 징후들 속에서 '기회'의 타이밍을 잡기란 쉽지 않다. 기회를 알아차리는 것 자체도 힘들지만, 기회라는 걸 뻔히 알면서도 도전하지 않는다. 기존의 방식을 버리고 새로운 방법으로 도전하는 것을 선호하지 않기 때문이다. 시대가 빠르게 변해가고 성공의 방정식이 하루가 다르게 진화해가고 있는데, 정작 우리는 기존의 방식만 고집하다가 기회를 놓칠 때가 많다. 새로운 방식에 대한 리스크를 안고 도전하는 것이 쉬운 일이 아니기 때문이다.

하지만 우리가 여기서 반드시 기억해야 할 것이 있다. 새로운 판이 열린 만큼 여기에 기존의 성공 방식을 대입해선 통하지 않는다는 것이다. '뉴노멀 시대'에는 '뉴타입New Type'의 방식으로 접근해야만 한다. 그래야 우리가 찾은 '기회'도 비로소 성공의 가능성을 품는다. 여기서 말하는 '뉴타입'이란 기존의 성공 방식에서 탈피하는 것을 말한다. 이제까지 반드시 옳다고만 생각했던 것들, 반드시 이렇게 해야만 한다고 생각해온 모든 고정관념에서 탈피하는 것이다. 물론 새로운 방식을 찾는다는 것 자체만으로도 어렵게 느껴질 수 있다. 하지만 그것 역시 고정관념이다. 간단히 생각을 바꾸는 것만으로도 얼마든지 새로운 방식을 찾아낼 수 있다. 아마도 뉴노멀 시대에는 '최대한 안전한 선택'을 하기 위해 기존 방식을 고집하는 사람과 '다소 리스크를 감수하더라도 미래를 위한 뉴타입'을 개척해나가는 사람의 결과가 확연히 달라질 것이다. 우리가 지금부터라도 '뉴타입'을 고민해야 하는 이유다. 그 힌트가 바로 『손자병법』에 담겨 있다. 이제부터는 바로 그 힌트들, 즉 '뉴타입'의 생존 방식을 하나씩 소개하려 한다.

● 경쟁의 개념을 바꿔라 – 전승의 법칙

한국은 정말 치열한 경쟁사회다. 학교 다닐 땐 친구들보다 더 좋은 성적을 내야 하고, 직장에서는 더 빨리 진급하기 위해 동료들과 경쟁해야 한다. 이겨야만 한다는 압박 속에 살다 보니 살아가면서 많은 스트레스를 받는다. 어떻게 하면 넘어지지 않고 경쟁에서 이길 수 있을지, 좀 더 쉽게 이기는 방법은 없는지 끊임없이 고민해야 한다. 그런데 뉴노멀 시대가 도래하면서 상황은 더 복잡해졌다. 미래를 예측할 수 없는 불안과 혼돈 상태에 접어들었고, 경쟁은 더욱 치열해졌다. 새로운 질서가 도래하는 과정에 산업 간의 경계가 무너지면서 경쟁 상대의 범위가 넓어졌기 때문이다. 과거에는 방송국이 타 방송국들과 경쟁을 했다면, 이제는 유튜브, 넷플릭스와 같이 거대하게 성장한 신생 플랫폼들과도 경쟁을 해야 한다. 미디어 생태계가 달라진 탓이다. 비단 방송국만의 이야기일까? 아니다. 사회 전반에 걸쳐 변화의 태풍이 불고 있다. 게임이 더 어려워졌다. 이런 상황에서 우리는 무엇을 어떻게 해야 할 것인가?

손자의 지혜를 빌려보자. 손자는 경쟁을 앞두고 어떻게 이길 것인지부터 고민하지 않았다. 그보다 먼저 경쟁하지 않고도 이길 수 있는 방법, 한마디로 '전승全勝'을 고민했다. '전승'을 한자로 풀면 '온전할 전全'에 '이길 승勝'으로, 전승이란 온전한 승리를 추구하는 것이다. 여기서 온전한 승리란 무엇을 뜻하는 것일까? 손자가 강조한 말 중에 "백전백승百戰百勝은 비선지선자야非善之善者也"라는 것이 있다. 즉, 백 번 싸워서 백 번 이기는 것이

꼭 최선은 아니라는 것이다. 『손자병법』은 백전백승의 전법서로 알려져 있지만 사실은 조금 차이가 있다. 손자는 백 번 싸워서 백 번 이겼다고 해도 전쟁이라는 것은 결국 피해가 생길 수밖에 없다는 사실에 주목했다. 그래서 백전백승보다 싸우지 않고 피해 없이 온전히 이기는 것을 최선의 방안이라고 했다. 당시 대부분의 병법가나 전략가들이 전쟁을 싸워서 이기는 것이라고만 정의했다면, 손자는 싸우지 않고 이기는 것까지도 전쟁의 스펙트럼 속에 포함한 것이다. 경제학적 관점에서 봤을 때 손자의 전승이야말로 가장 경제적인 승리라 할 수 있다.

가장 경제적인 승리, 서희의 외교 담판

우리의 역사 속에서도 싸우지 않고 크게 이긴 사례가 있다. 적과 직접적으로 싸우지 않고 설득을 통해 원하는 것을 얻어낸 사건, 바로 서희徐熙의 외교 담판이다. 서희는 고려 시대의 문신이자 장군이다. 거란이 침공해왔을 때 고려의 영토를 지킨 것은 물론, 오히려 '강동 6주江東六州', 즉 압록강 하류 동쪽에 있던 6개의 행정 지역까지 영토를 확장시킨 인물로 잘 알려져 있다. 과연 서희 장군은 어떤 방식으로 싸우지 않고 이기는 전략을 구사했던 걸까?

938년 무렵, 거란은 만주 일대에서 요나라를 세운 후 최고의 전성기를 누리고 있었다. 중국 전체를 정복하겠다는 야망을 이루기 위해 남쪽에 있던 송나라까지 눈독을 들였다. 이런 거란에게는 눈엣가시가 하나 있었는데, 다름 아닌 송나라와 친한 고려였다. 거란이 송나라를 공격할 때 고려가 옆에서 자신들을 공격해오면 허를 찔릴 수 있었기 때문이다. 이를 막기 위해 거란은 먼저 고려를 침략했다. 당시 거란보다 힘이 약했던 고려는 당연히 항복하려고 했다.

하지만 서희가 이를 극구 반대했다. 군사력이 강한 거란과 싸우지 않고도 땅을 지킬 수 있는 방법을 고민한 것이다. 당시 서희는 거란의 상황을 정확히 파악하고 있었다. 거란은 송나라를 빠르게 정복하고 싶었을 뿐 고려와 싸울 생각이 없다는 것을 말이다. 실제로 거란은 병력이 강했지만 무리한 영토 확장 때문에 전국이 혼란을 겪고 있었다. 또한, 군대의 규모가 워낙 크다 보니 운용비가 많이 들어 다시 전쟁을 하는 것이 부담스러운 상황이기도 했다. 거란의 이런 상황을 잘 알고 있던 서희는 거란 측에 한 가지 제안을 한다. 고려는 송나라를 도와 거란을 칠 생각이 전혀 없고, 오히려 거란과 친하게 지내고 싶은데 양국 사이에 여진이 가로막고 있어서 직접 교류하기가 어렵다는 뜻을 밝혔다. 한 마디로 거란에게 여진을 함께 쫓아내고 고려와 거란 간의 길을 열자고 주장한 것이다. 여진을 공동의 적으로 몰아 거란과 동맹을 맺는 것, 이것이 바로 서희의 싸우지 않고 이기는 전략이었다. 한 발 더 나아가 거란의 힘을 빌려 압록강 일대의 여진 땅까지 쉽게 얻으려는 의도가 숨어 있었다. 거란과 싸우지 않고 협력하자고 제안함으로써 실익을 추구하고자 한 것이다.

거란은 서희의 제안을 흔쾌히 받아들였다. 그리고 고려를 도와 여진을 몰아냈다. 고려로서는 거란에게 땅을 빼앗기기는커녕, 오히려 압록강 이남의 여진 땅까지 차지할 수 있었다. 이것이 바로 손자가 말한 전승, 즉 싸우지 않고 이기는 것이다. 왜 손자가 백전백승보다 전승을 최선이라고 했는지 그 의미를 깨닫게 해주는 사례다.

팔씨름 경기로 윈윈하다 – 사우스웨스트 항공

싸우지 않고 상대를 이기는 전략은 현대 기업에서도 자주 쓰이고 있다. 이른바 윈윈 전략win-win 戰略이다. 윈윈 전략은 본래 미국의 군사전략에서 유래된 것이다. 그 원리를 설명하면 이렇다. 만약 두 지역에서 동시에 전쟁이 일어나 양쪽에서 싸움을 하려면 그만큼 전력이 약해질 수밖에 없다. 그래서 먼저 한쪽 지역에 모든 병력을 모아 집중해서 싸워 이긴다. 그런 다음 다시 병력을 이동시켜 두 번째 전쟁까지 승리로 이끄는 것을 말한다.

군사전략에서의 윈윈 전략은 현재 그 개념이 경제 분야로까지 확대되어 조금 다른 의미로 쓰이고 있다. 경영에서의 윈윈 전략이란 손자가 얘기한 싸우지 않고 이기는 것을 넘어, 어느 한쪽도 손해 보지 않고 양쪽 다 이득을 얻는 것을 말한다. 쉽게 말해 누이 좋고 매부 좋은 전략이라 할 수 있다. 실제로 많은 기업들이 윈윈 전략을 통해서 자신들에게 유리한 성과를 거두고 있다. 그중 재미있는 사례가 하나 있어서 소개하고자 한다.

1992년이었다. 미국 댈러스 체육관에서 흥미로운 경기가 하나 열렸다. 이름하여 '댈러스의 대결'이라 불린 팔씨름 경기다. 그런데 경기를 벌인 두 선수들의 이력이 특이했다. 둘 다 미국 항공업계를 대표하는 CEO였던 것이다. 한 명은 저비용 항공사의 대명사인 사우스웨스트 항공Southwest

Airlines의 CEO '허브 캘러허Herb Kelleher'고, 또 다른 한 명은 미국의 항공기 제조업체인 스티븐스 에이비에이션Stevens Aviation의 '커트 허월드Kurt Herwald' 였다. 그런데 왜 두 사람은 뜻밖의 팔씨름 경기를 하게 된 걸까?

사실 당시 두 기업은 서로 불편한 관계였다. 기업 홍보 문구 하나를 두고 서로 차지하겠다며 팽팽한 신경전을 벌이고 있었기 때문이다. 당시 스티븐스 에이비에이션은 '플레인 스마트Plane Smart'를 슬로건으로 내세웠는데, 사우스웨스트 항공이 이와 비슷한 '저스트 플레인 스마트Just Plane Smart'라는 문구를 사용하기 시작한 것이 화근이 되었다. 스티븐스 에이비에이션의 허월드 회장은 가만있지 않았다. 당장 사우스웨스트 항공을 상대로 상표침해 소송을 제기한 것이다. 두 기업은 결국 상표권을 두고 소송을 벌이기 직전에 다다랐다.

그런데 이때 사우스웨스트 항공의 캘러허 회장이 허월드 회장에게 엉뚱한 제안을 하게 된다. 상표권을 누가 가질지 팔씨름으로 겨루자는 거였다. 허월드 회장으로서는 황당한 제안이었지만 거절할 이유가 없었다. 당시 허월드 회장은 30대의 젊은 나이였고 캘러허 회장은 60대였기 때문에 팔씨름을 해봤자 젊은 자신이 너끈히 이길 수 있다고 생각한 것이다. 두 사람의 팔씨름 경기는 그렇게 성사되었고 유명 CEO들의 이색 대결이었던 만큼 사람들의 관심이 집중되었다. 시합에서 이긴 쪽이 홍보 문구의 권한을 갖게 되는 팔씨름 경기. 과연, 그 결과는 어땠을까?

모두의 예측대로 경기는 젊은 허월드의 싱거운 승리로 끝났다. 그런데 실제로 이 경기에서 진 사람은 아무도 없었다. 경기에서 이긴 허월드 회장은 사우스웨스트 항공사가 홍보 문구를 사용하도록 흔쾌히 허락했다. 이미 홍보 문구는 별로 중요치 않은 사안이 되었다. 캘러허 회장이 제안한 이색적인 경기 덕분에 기업 홍보 효과를 톡톡히 누릴 수 있었기 때문이다. 그런 의미에서 두 사람은 경기가 끝난 후 소송비용의 10%인 약 2,000만 원을 사회에 기부하기도 했다. 두 명의 CEO가 벌인 세기의 대결이 화합의 축제로 마무리된 셈이다. 그야말로 전형적인 윈윈게임이 되었다고 볼 수 있다.

이러한 성공은 캘러허 회장의 윈윈 전략 덕분에 가능한 일이었다. 사우스웨스트 항공의 캘러허 회장은 소송을 해봤자 승산이 별로 없을뿐더러 서로에게 흠집만 날 것이라 생각했다. 그래서 홍보 문구를 누가 가질 것이냐를 두고 싸우는 대신 하나의 이색적인 이벤트를 기획한 것이다. 원래 캘러허 회장은 펀^{fun} 경영을 즐기는 괴짜로 유명하다. 오찬장에 엘비스 프레슬리^{Elvis Presley} 복장으로 등장하는가 하면 기내 안전수칙을 랩송으로 대신하게 했을 정도다. 이런 캘러허 회장이었기에 소송 대신 팔씨름 시합을 할 생각을 떠올릴 수 있었던 것 아닐까. 그리고 이것은 홍보 문구 소송에서 이긴 것보다 훨씬 좋은 성과를 냈다. 손자의 이기지 않고 싸우는 전승 전략의 효과를 그대로 보여준 것이다. 상대를 누르고 올라서야만 이기는 것이 아니라 함께 이길 수 있는 방법을 찾는다는 점에서 뉴노멀 시대를 살아가야 하는 우리들에게 많은 시사점을 남겨주고 있다.

카카오와 SK텔레콤이 한 배를 탄 사연은?

기업들 중에는 아예 윈윈 전략을 경영 전략으로 내세운 곳도 많다. 그중에서도 가장 눈에 띄는 곳은 국내 통신 시장의 강자인 SK텔레콤과 국민 메신저 기업인 카카오^{Kakao}다. 두 기업은 최근 전략적 제휴를 맺고 약 3,000억 원 규모의 지분까지 맞교환했다. 사업적인 협력을 뛰어넘어 피 같은 지분까지 서로 나눠가진 것이다. 그런데 아는 사람들은 다 알겠지만 SK텔레콤과 카카오는 둘도 없는 앙숙관계다. 그 이유는 분명하다. 카카오톡^{KakaoTalk}이 등장하면서 국내 1위 이동통신사 SK텔레콤의 문자 메시지 매출이 급감했기 때문이다. 가뜩이나 통신사 간 경쟁이 치열해 수익이 떨어지던 상황에서 카카오가 등장한 것이니 SK텔레콤으로선 반가울 리 없었다. 카카오 측에서도 SK텔레콤은 새로운 사업을 시작할 때마다 걸림돌이 되었다. 카카오톡이 보이스톡 서비스를 시작할 때도 SK텔레콤의 견제를 받아야만 했다. 음성통화 시장에서도 서로 경쟁관계가 되어야 했기 때문이다. 그런데 이렇게 불편한 관계였던 두 기업이 서로 자존심을 내려놓고 지분까지 나누며 혈맹을 맺었다. 대체 어떤 이유 때문이었을까?

두 기업의 이런 결정 뒤에는 필연적인 이유가 있었다. 카카오나 SK텔레콤 모두 새로운 돌파구가 필요한 상황이었다. 국내 시장에선 더 이상 매출 성장을 이룰 수 있는 여지가 없었기 때문이다. 또한 가뜩이나 좁은 국내 시장에서 서로 파이를 나눠 먹어야 하니 앞으로 수익이 계속 떨어지는 건 자명한 일이었다. 생존을 위해선 물불을 가릴 수 없는 상황이 되었고, 필요하다면 경쟁사와도 손을 잡아야 했던 것이다. 실제로 두 기업은 글로벌 플랫폼 시장에 뛰어들기 위해 손을 잡았다. 가장 먼저 카카오가 웹툰이나 웹소설을 영화 콘텐츠로 만들면 SK텔레콤이 보유한 플랫폼에 공급하는 방식으로 협업을 이뤘다. 카카오의 콘텐츠가 SK의 플랫폼을 타고 해외 시장에서까지 인기를 끌면 두 기업 모두 큰 수익을 낼 수 있을 것이라 기대가 되었다. 카카오는 콘텐츠, SK텔레콤은 플랫폼을 앞세워 서로의 시너지 효과를 노린 것이다. 최근에는 카카오톡을 통해 소비자가 스마트폰을 직접 구매할 수 있는 비대면 판매 서비스를 선보이기도 했다. 카카오톡은 소비자들에게 더 다양한 서비스를 제공하고, SK는 카카오를 통해 스마트폰을 판매하면서 통신사를 사용케 하는 방식으로 새로운 판로를 뚫게 된 것이다. 앞으로도 두 기업은 AI와 모빌리티, 자율주행 등 여러 가지 신사업에서 다양하게 협력해나갈 예정이라고 하니 앞으로는 더 큰 윈윈 효과를 볼 수 있을 것이다.

'오월동주吳越同舟'! 즉, 서로 적대적인 관계라도 위기가 닥치면 이해관계에 따라 뭉친다는 사자성어다. 카카오와 SK텔레콤이 이 말에 딱 부합되는 사례다. "협력하지 않으면 살아남지 못한다"는 절박함 하나로 한 배에 타게 된 두 기업. 그들은 위기 돌파를 위해 서로를 깎아 먹는 경쟁이 아니라, 서로의 부족한 점을 보완하고 함께 시장의 파이를 넓혀가는 윈윈 전략을 선택한 것이다. 이것이 바로 뉴노멀 시대를 살아나가야 하는 기업의 뉴타입 전략이다.

유튜브도 윈윈한다

시대 흐름에 따라 윈윈 전략도 진화한다. 그 대표적인 사례가 바로 유튜브다. 유튜브는 그야말로 요즘 제일 잘나가는 플랫폼이다. 우리나라의 경우 전 국민이 쓴다는 카카오톡보다 유튜브 사용 시간이 더 길 정도라고 하니 적잖이 놀랍다. 이쯤 되면 "안 봐도 비디오"가 아니라 "안 봐도 유튜브"라는 말을 해도 과언이 아닌 것이다. 4차 산업혁명 시대를 맞이해 플랫폼 기업이 뜨는 건 당연하다지만, 어떻게 유튜브가 이렇게 대세 중에 대세가 될 수 있었던 것일까?

나는 유튜브 성공의 답을 윈윈 전략에서 찾았다. 그렇다면 과연 누구와 누구의 윈윈이냐? 바로 플랫폼을 제공한 유튜브와 그 플랫폼에 다양한 콘텐츠를 올리는 유튜버 크리에이터들이다. 다들 알다시피 유튜브는 누구에게나 열려 있는 플랫폼이다. 나이가 많든 적든, 국적이 어디든, 남자든 여자든 상관없다. 누구든 자신만의 콘텐츠를 올릴 수 있고 조회수에 따라 얼마든지 수익을 올릴 수 있다. 키즈 유튜브 채널을 운영하고 있는 7세 어린이의 경우 자신의 채널을 통해 연 매출 70억 원 이상을 벌어들이고 있다는 소식을 접했다. 유튜브의 위력이 그만큼 대단하다. 이런 성공신화가 가능한 시스템이다 보니 사람들은 너도 나도 유튜버가 되겠다고 나선다. 어떻게 하면 유튜브를 통해 돈을 벌 수 있을까를 고민하며 자신만의 독특한 채널을 만들고자 한다. 당장 서점에만 가봐도 이런 사회적 흐름이 한눈에 보인다. '유튜브로 성공하기'를 주제로 한 책만 서가 하나를 꽉 채울 정도다. 이렇게 많은 책이 나온다는 건 결국 잘 팔린단 얘기고 그만큼 유튜브에 도전하는 사람이 많다는 뜻이기도 하다. 바로 이 지점에서 유튜브와 유튜버 크리에이터들의 윈윈 전략이 성립된다. 크리에이터들은 어떻게든 양질의 콘텐츠를 개발해 유튜브에 올리려 한다. 그렇게 유튜버들이 양질의 콘텐츠를 많이 만들어 올릴수록 유튜브에는 많은 사람들이 몰리게 되고, 유튜브의 매체 파워는 더 강력해진다. 유튜버들은 바로 이 유튜브 채널을 통해서 양질의 콘텐츠를 올리고 자신들의 노력에 상응하는 수익을 가져갈 수 있게 된다. 유튜브와 유튜버 크리에이터가 서로 윈윈하는 공생관계라 할 수 있는 이유다.

최근에는 유튜브 못지않게 인스타그램도 큰 인기를 끌고 있다. 인스타그램은 자신의 일상을 담은 사진이나 동영상을 공유하는 SNS 앱이다. 특히 해시태그(#)를 통해 자신의 관심사를 검색한 후 관련 계정을 볼 수 있다. 모르는 사람이라도 자신과 비슷한 취향과 취미를 가진 사람들과 온라인에서 친구가 될 수 있고, 사진과 동영상을 피드에 올림으로써 서로 소통할 수 있다. 이런 인스타그램 내에서도 수많은 인기 계정이 탄생했다. 키우는 반려견의 귀엽고 사랑스러운 모습이나 다이어트 성공담, 수많은 패션 아이템 관련 콘텐츠를 올려서 인기를 끄는 사람들이 생겨난 것이다. 이름하여 SNS 인플루언서^{influencer}(온라인에서 영향력 있는 개인)들이다. 이들을 중심으로 사람들이 모여들기 시작했고, 하나둘 1인 마켓들이 생겨나기 시작했다. 1인 마켓은 말 그대로 1인 미디어 시대에서 인스타그램이나 페이스북 등 소셜 네트워크 서비스^{SNS}를 통해 제품 판매가 이뤄

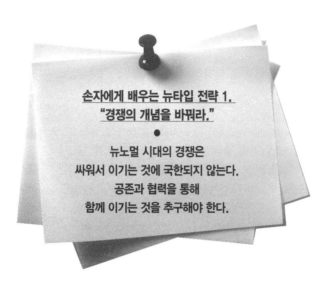

지는 마켓을 말한다. SNS를 통해 물건을 직접 판매하는 개인 판매자들이 증가하는 현상을 표현한 것으로, 세포마켓이라고도 불린다. 세포 단위로 유통시장이 분할되는 모습을 비유한 것이다. 이런 1인 마켓들 역시 인스타그램이라는 플랫폼과 윈윈한다.

1인 마켓은 자신만의 개성과 특성을 담은 새로운 상품들을 만들어 유저들의 관심을 끌고, 유저들은 자신이 평소 관심이 있거나 취향에 맞는 상품들을 추천받는다. 이들이 서로의 필요에 따라 인스타그램을 더 자주 찾는 만큼 인스타그램은 플랫폼으로서 더 강한 경쟁력을 갖게 된다. 이것은 유튜브뿐 아니라 다른 SNS 플랫폼에도 통하는 이야기다.

이런 윈윈 전략 뒤에는 또 하나의 의미가 숨어 있다. 과거엔 오프라인 상점을 보유한 유통대기업이나 유통업자들이 시장을 주도했다면 이제는 온라인 쇼핑 시장이 확대되면서 개개인도 하나의 유통 주체로 활약할 수 있게 되었다는 것이다. 이것은 우리에게 또 하나의 시장이 열려 있음을 뜻한다. 유튜브, 인스타그램 등이 누구에게나 커다란 기회의 '장場'이 되어주고 있다. 오프라인 점포를 가지지 않고 큰 자본 없이 혼자서도 얼마든지 온라인 플랫폼을 통해 자신만의 마켓을 운영할 수 있게 되었기 때문이다. 이제 사람들의 관심을 끌 수 있는 콘텐츠를 만드는 것만으로도 SNS 플랫폼과 윈윈하며 자신도 성공할 수 있는 기회를 잡을 수 있다. 이처럼 서로를 받침대 삼아 더 큰 성공을 이루는 것이 바로 또 하나의 뉴타입 전략이다.

• 윈윈 전략의 좋은 예 •

손자의 '벌모(伐謀)', 즉 윈윈 전략은 우리가 성공적인 인생을 살아가는 데 있어서도 좋은 수단이 된다. 나 역시 손자의 가르침을 되새기며 벌모, 즉 윈윈 전략을 실천하기 위해 많은 노력을 해왔다. 그중 한 에피소드를 소개하겠다.

내가 군에서 대대장 직책을 수행할 때 있었던 일이다. 군대에서는 각 연대마다 네 명의 대대장이 있는데, 이들은 그야말로 치열한 경쟁관계다. 직속 상관인 연대장의 고과 점수에 따라 진급 속도가 달라지기 때문이다. 나 역시 대대장 시절 동료들과 경쟁을 해야 했다. 만약 내가 이 경쟁에서 어떻게든 이기고자 했다면 굉장한 스트레스를 받았을 것이다. 그런데 오래전부터『손자병법』에 푹 빠져 있던 나는 다른 방법을 택했다. 동료들과 상생하는 전략을 구사하기로 한 것이다.

방법은 간단했다. 연대장님을 필두로 모여서 저녁을 먹거나, 부부 동반 모임을 할 때마다 같은 동료 대대장들을 열심히 칭찬한 것이다. 나의 아내는 그런 내 모습을 볼 때마다 의아해했다. 경쟁자들을 칭찬해서 왜 나 자신에게 불리한 행동을 하냐고 묻기도 했다. 그런데 내 생각은 이랬다. 남을 빛낼 수 있는 사람이 빛이 나는 법이고, 더불어 함께 빛날 수 있다고 말이다. 실제로 내가 동료들을 칭찬하자 동료들도 서로를 칭찬하기 시작했다. 칭찬 릴레이가 시작된 것이다. 덕분에 동료들끼리 우애가 깊어지면서 군도 더 강해질 수 있었다. 나중에 알게 된 사실이지만 연대장님도 이런 효과를 느끼셨는지 칭찬 릴레이의 시작점인 나를 높게 평가해주었다. 같은 경쟁자인데도 오히려 동료를 칭찬하는 것을 좋게 보셨던 모양이다. 손자의 벌모를 잘 배워서 실천하니 모두가 잘되고 결국 나한테도 좋은 결과가 따라왔다.

● 주도권을 가져야 쉽게 이긴다 – 밀당의 법칙

신혼부부들에게 흔히 하는 소리가 있다. 결혼 초반에 주도권을 잡아야 앞으로 편히 살 수 있다는 것 말이다. 실제로 신혼 때 서로 주도권을 잡으려고 신경전을 벌이는 부부들이 많다. 그런데 여기서 말하는 주도권이란 무엇일까? 주도권이란 어떤 일을 결정할 때 자신이 유리한 쪽으로 선택하고 결정해나갈 수 있는 힘을 말한다. 쉽게 말해 결정권이라 할 수 있다. 부부사이에도 그런데, 기업 경영이나 국가 간 전쟁에서 주도권을 갖는 것이 얼마나 중요한지 백 번 강조해도 부족하지 않다. 주도권을 빼앗긴다는 것 자체가 불리한 여건에 놓이는 것이기 때문이다. 주도권을 놓치는 것은 곧 패배를 의미한다.

손자 역시 이를 일찌감치 깨닫고 주도권 확보의 중요성을 강조해왔다, 특히 주도권을 갖기 위해서 '치인이불치어인致人而不致於人'이라 했다. 적에 끌려가지 말고 내가 적을 끌고 가야 한다는 뜻인데, 이를 위해서 손자는 네 가지를 강조했다. 먼저 손자는 전장에서 주도권을 행사하기 위해서 전투를 벌일 결정적 장소와 싸우는 시간을 내가 선택해야 한다고 했다. 즉, 내가 어디서 싸울지, 또 언제 싸울지를 선택해야 한다는 것이다. 자신이 어디서 언제 싸울지를 안다면 천 리 밖에서도 전쟁을 지휘할 수 있다고 했다. 둘째, 아전적분我專敵分, 즉 나는 집중하고 적은 분산시키라고 했다. 전투 현장에서 내가 압도적 우세를 발휘해 쉽게 승리하기 위해서 꼭 필요한 것이다. 셋째, 적 부대 간의 상호지원 및 협조를 방해할 수 있어야 한다. 적이 많은 병력을 가졌더라도 쉽게 이기기 위해서다. 마지막으로 적보다 많이 알아야 한다고 했다. 즉, 정보력을 지녀야 한다는 것이다. 전투 현장에 대해 적군보다 더 많은 정보를 가지고 있을 때 보다 효율적으로 주도권을 행사할 수 있다. 적군보다 빠르게 더 유리한 방향으로 움직일 수 있기 때문이다.

전략가 손빈의 주도권 선점 이야기

손자의 주도권 전략을 잘 실천해서 큰 승리를 거둔 역사 속 사례가 있다. 바로 손자의 후손 중 또 한 명의 뛰어난 전략가로 손꼽히는 손빈孫臏의 이야기다. 기원전 341년의 일이다. 제나라 군대를 이끌던 손빈은 위나라의 장수 방연龐涓과 전투를 벌이게 되었다. 방연은 한때 손빈과 동문수학했던 절친이었지만 나중에 원수가 되어버린 인물이다. 자신의 능력이 손빈에 미치지 못한다는 것을 알게 된 방연이 손빈을 모함해 다리를 못 쓰게 만드는 중형을 받게 했기 때문이다. 결국 손빈은 위나라를 떠나 제나라로 가게 되었고, 두 사람은 목숨을 건 전투를 하게 되었다.

항상 병법에서 방연보다 한 수위였던 손빈이 먼저 공격에 나선다. 이를 위해 손빈은 결정적 전투 장소를 계릉桂陵으로 정한 후 방연의 군대를 그쪽으로 유인할 방책을 생각해낸다. 주도권을 먼저 잡고 전투에 나선 것이다. 그 이후의 전략도 미리 세워둔 참이었다. 철수하는 척 뒤로 빠지면서 유인했다가 급습하는 것인데 방법은 간단했다. 당시 군대에선 밥을 해먹는 솥을 아궁이에 걸어두곤 했다. 아궁이 솥의 개수만 세어봐도 적군의 수를 어림짐작으로나마 알 수 있었던 것이다. 이를 잘 알고 있던 손빈은 아궁이에 솥을 적게 걸어두었다. 마치 아군의 병력이 줄어드는 것처럼 보이고자 했던 것이다. 적군이 자신의 군대를 얕보게 만들어 섣불리 공격하도록 만들려는 계략이었다. 이런 전략은 곧 효과를 발휘했다. 방연은 실제로 아궁이 솥의 숫자를 보고 손빈의 군대가 세력이 약해졌다고 확신했고 추격을 서둘렀다. 방연이 제대로 계략에 걸려든 것을 안 손빈은 그때 다시 아궁이 솥의 숫자를 조절한다. 첫날에는 10만 개의 아궁이를 남기고, 다음날에는 아궁이를 5만 개를, 그 다음날에는 단 3만 개만 남겨두었다. 손빈 군대의 아궁이 수가 줄어드는 것을 본 방연은 크게 기뻐했다. 제나라 군사가 절반 넘게 달아났다며 승리를 확신한 것이다. 그리고 방연은 그의 보병들은 남겨둔 채 날쌘 소수 정예부대만을 이끌고 재빨리 손빈의 군대가 있는 마릉馬陵까지 도달한다. 손빈의 군대가 3만 명밖에 되지 않을 거라 판단했기 때문에 일부러 많은 부대를 동원하지 않았던 것이다. 앞서 간 손빈의 군대가 어떤 함정을 만들어두었을지 전혀 의심하지 않고 그저 빠르게 추격하기만 바빴던 것이다. 그 이후엔 어떻게 됐을까? 방연이 마릉까지 추격해갔을 때는 이미 날이 어두워져 있었다. 그런데 마릉은 길이 좁고 험해 결국엔 길이 막혀 더 이상 나갈 수 없게 되었다. 당황한 방연이 앞으로 나가 보니 길 양쪽의 나무들이 모두 쓰러져 있었는데 한 가지 이상한 점을 발견했다. 유독 가장 큰 나무 하나만 그대로 서 있는 것이었다. 가까이 다가가서 보니 누군가 나뭇가지를 벗겨 글을 적어둔 것이 보였다. 횃불을 밝혀 그 글을 읽으니 이런 문장이 나왔다.

"방연은 이 나무 밑에서 죽으리라!"

아연실색한 방연이 급히 퇴각하려고 했지만 이미 사방에서 화살이 쏟아지고 있었다. 또한 엄청난 함성소리와 함께 길 양쪽에서 손빈의 군사가 몰려나오기 시작했다. 손빈은 위나라군이 마릉까지 도착할 시간을 예측해 그곳에 궁수들을 매복시켜두었다. 또 나무 아래에서 불빛이 보이면 그곳에 집중적으로 일제히 활을 쏘라고 명령해놓은 것이다. 그야말로 치밀한 계획이었다. 절망에 빠진 방연은 결국 검을 뽑아 스스로 목숨을 끊었다. 주도권 싸움에서 밀린 방연의 쓸쓸한 최후다. 어디서 언제 싸울 것인지 먼저 정하고 자신이 원하는 대로 전투를 이끌어낸 손빈의 완벽한 승리였다. 이때 만약 방연이 손빈의 계략에 넘어가지 않고 계릉에 가지 않았다면 어떻게 되었을까? 그랬다면 결과는 또 어떻게 달라졌을지 모른다. 주도권 확보 전략에서 가장 중요한 것은 적을 자신이 만든 판으로 끌어들이는 것이기 때문이다. 자신이 짜놓은 유리한 전략대로 적을 마음껏 쥐고 흔들 수 있어야 쉽게 이길 수 있는 것이다.

월마트, 빼앗긴 주도권을 되찾다

기업 경영에서도 주도권 확보는 무엇보다 중요하다. 기업이 시장에서 얼마나 주도권을 갖고 움직이느냐에 따라 그 성과가 크게 달라지기 때문이다. 실제로 시장에서의 주도권을 선점해서 효과적으로 성공한 기업이 있다. 바로 세계 최대의 유통체인 기업 월마트^{Walmart}다. 1960년대, 미국의 K마트가 소매유통시장을 점령해나가고 있을 무렵, 샘 월튼$^{Samuel\ Moore\ Walton}$이라는 인물이 월마트를 세웠다. 샘 월튼은 뉴포트^{Newport}라는 작은 도시의 소매업체에서 아르바이트를 하며 살아가던 평범한 청년이었다. 그런 그가 자신의 아내와 함께 한 잡화점을 인수했다. 이것이 월마트의 시초다. 그런데 한 가지 놀라운 사실은 이런 작은 잡화점에 불구했던 월마트가 1990년 무렵 당시 유통시장의 강자였던 K마트를 누르고 세계 1위의 유통기업으로 우뚝 섰다는 사실이다.

대체 후발 주자였던 월마트는 어떻게 강력한 경쟁자를 따돌리고 유통업계의 최강자가 될 수 있었던 걸까? 가장 큰 비결은 바로 선발 기업인 K마트의 주도권이 미치지 않는 시장을 찾아내 그곳을 집중공략한 것에 있다. 1960년대 당시, 대형 마트가 출점하려면 10만 명 이상의 인구가 필요했다. 하지만 월마트는 업계의 상식을 깨고 다른 경쟁 업체들이 신경쓰지 않는 작은 시골 마을을 공략하기 시작한다. 가장 가까운 큰 도시까지 4시간 정도는 차를 타고 가야 하는 곳에 소규모 점포를 내기로 한 것이다. 소매 할인이라는 비즈니스 모델은 K마트와 똑같았지만 자신에게 유리한 고지를 찾아내 전혀 다른 전략으로 시장의 주도권을 갖기 시작했다. 월마트는 또한 시골 마을의 유일한 할인점이라는 것에 만족하지 않았다. 고객들이 원하는 것을 꾸준히 찾아내고 그에 맞게 혁신을 거듭했다. 그 결과, 월마트는 2018년 기준 약 5,000억 달러의 연매출을 기록하는 세계 최대 소매유통기업으로 성장했다. 현재 월마트가 고용한 사람만 약 230만 명에 달한다니 그 규모가 실로 엄청나다. 또 전 세계에 있는 매장을 다 합치면 그 면적이 뉴욕 맨해튼보다 더 넓다고 하니 그저 놀라울 따름이다.

우리가 이런 월마트의 성공 사례를 통해서 배울 수 있는 것은 무엇일까? 주도권을 이미 빼앗긴 불리한 상황에서도 얼마든지 승부를 볼 수 있다는 것이다. 상대가 주도권을 쥐고 있더라도 자신에게 유리한 시장을 찾으면 얼마든지 주도권을 되찾을 수 있다. 그런데 다른 기업이 선점한 시장에 무턱대고 뛰어들었다간 낭패를 보기 쉽다. 또한 이기게 되더라도 많은 시행착오를 겪어야 하고, 또 그만큼의 기회비용을 잃어야 한다. 그래서 손자가 강조했듯이 자신에게 유리한 시장을 먼저 찾고 그곳에서 주도권을 가져와야 하는 것이다. 이를 위해선 적보다 한 발 앞서 나가는 기동력, 그리고 그에 앞서 실제 적과의 전투에서 밀리지 않는 기본 내공을 갖추는 것이 중요하다.

주도권 빼앗긴 네이버 라인, 일본에서 날다

국내 기업들 중에서도 주도권 전략을 활용해서 큰 성공을 거둔 기업이 있다. 바로 네이버NAVER의 모바일 메신저 라인LINE이다. 네이버는 일명 초록색 창으로 통하는 검색 엔진을 통해서 국내 시장을 빠르게 선점했다. 그리고 여전히 국내 1위 검색 엔진으로서 시장의 주도권을 쥐고 있다. 그런데 이런 네이버에게도 한 가지 뼈아픈 실책이 있었다. 바로 PC와 인터넷 검색 시장의 최강자였음에도 불구하고 모바일 시장의 주도권을 신생기업인 카카오에 내주었다는 것이다.

현재 우리나라를 대표하는 모바일 메신저는 누가 뭐래도 카카오톡이다. 국민 10명 중 9명꼴로 사용하고 있으니 말이다. 이렇게 모바일 메신저 시장의 주도권을 카카오에 내준 네이버는 속이 쓰릴 수밖에 없었다.

그래서 어떻게든 이를 만회해보려 했지만 한번 시장의 주도권을 빼앗긴 이상 다시 되돌리기 힘들었다. 그만큼 카카오의 벽은 높기만 했다. 내가 바꾸고 싶어도 남들이 바꾸지 않으면 새로운 서비스로 옮겨가기 힘든 네트워크 효과 때문이다.

결국 네이버는 더 이상 국내 시장에서 승산이 없음을 인정하고 해외 시장으로 눈을 돌린다. 가장 먼저 눈독을 들인 곳은 일본이다. 네이버는 일찌감치 일본에 진출해 자신들의 주특기인 검색 엔진으로 승부를 내려 했다. 하지만 일본 시장은 좀처럼 열리지 않았다. 이미 일본에는 야후가 검색 시장을 점령하고 있었고 구글이 그 뒤를 바짝 쫓고 있었기 때문이다. 네이버로서는 2위 기업인 구글의 벽을 넘는 것조차 역부족이었다. 그런데 약 10년간 일본 시장에서 겉돌던 네이버가 결정적 한 방을 터뜨리게 된다. 바로 한국 시장에서 카카오에 빼앗겼던 모바일 메신저 시장을 선점하게 된 것이다.

어떻게 이런 일이 가능했을까? 혹시 "라인시테ラインして?"라는 말을 들어본 기억이 있는가? 한국말로 "'라인 해?"라는 뜻이다. 일본의 젊은 청년들이 자주 쓰는 말이라고 한다. 그만큼 네이버 라인이 일본의 모바일 메신저로 확고히 자리 잡았다는 것을 뜻하는 말이다. 라인의 인기는 객관적인 수치로도 확인할 수 있다. 네이버 전체 매출의 35%가 해외에서 발생하는데 이것이 전부 라인을 통해 얻는 수익이다. 실제로 네이버 라인은 일본 메신저 시장에서 점유율 70%를 차지하고 있고 실사용자만 약 7,500만 명에 달한다. 전 세계 월간 활성사용자는 무려 1억 8,600만 명. 실로 대단한 수다.

그런데 어떻게 국내 시장에서 카카오에 주도권을 빼앗긴 네이버가 이런 성공을 거둘 수 있었던 걸까? 네이버는 2009년 6월 네이버재팬의 시험판을 오픈했다. 그 후 국내에서 성공한 지식인 검색 서비스와 같은 '네이버 마토메'를 무기 삼아서 일본의 검색 엔진 시장을 공략했다. 한국에서 네이버 지식인으로 성공의 기틀을 마련했던 것처럼 일본에서도 같은 전략으로 시장을 사로잡으려 했던 것이다. 시장의 반응은 나쁘지 않았다. 특정 주제에 대해 뉴스, 블로그 등 이용자들이 직접 정보를 생산하고 축적해가는 방식, 즉 유저와 '같이 만들어가는 서비스'였던 마토메는 일본 소비자들에게도 매력적으로 다가간 듯했다. 하지만 네이버가 이끌어낸 반응은 딱 거기까지였다. 마토메 같은 일부 서비스만 주목받았을 뿐 검색 엔진으로서의 네이버는 큰 두각을 드러내지 못했기 때문이다.

이때 네이버가 일본 시장의 주도권을 가질 수 있는 결정적 기회가 생긴다. 바로 2011년 3월 11일 동일본 대지진이 그것이다. 대지진이 일어났던 당시 일본에서는 통신두절 사태가 벌어졌다. 일본 내 통신 상태가 좋지 않아서 대부분의 일본인들이 자신의 가족이나 지인들과 연락을 할 수 없는 상황에 놓이게 된 것이다. 국가적 재난 앞에 아끼는 사람들의 생사를 서로 확인할 수 없으니 얼마나 답답했을까. 당시 일본인들이 느낀 충격은 적잖았다. 네이버는 바로 그런 일본 내 현상을 보고 하나의 아이디어를 얻었다. 가뜩이나 지진이 잦은 일본에서 수시로 전화 연결이 끊기는 상황에 주목했고, 위급한 순간에 빠르게 안부를 전할 수 있는 모바일 메신저가 반드시 필요할 거란 확신을 얻은 것이다. 특히 모바일 메신저의 경우 상대가 메시지를 읽었다고 표시되는 것만으로도 서로 안부를 확인할 수 있기 때문에 더욱 요긴하게 쓰일 거라 판단했다. 이에 따라 네이버는 대대적인 전략 수정에 들어간다. 다행히 당시 일본 시장에서는 우리나라의 카카오톡이나 미국의 왓츠앱WhatsApp이 서비스되기 전이었다. 네이버는 바로 이 틈새를 공략했다. 실제로 네이버가 발빠르게 움직인 결과 동일본 대지진이 발생한 지 한 달 반 만에 라인을 개발해 출시하는 데 성공했다. 딱히 눈에 띌 만한 모바일 메신저가 없었던 일본 시장에서 라인은 아주 신선한 서비스로 다가갔다. 네이버는 그동안 여러 번 실패를 반복하면서 서비스 개발에 전념했고, 그 과정에서 쌓은 여러 가지 노하우를 바탕으로 그 어느 때보다 빠르게 라인을 개발해 서비스를 론칭할 수 있었던 것이다.

아니나 다를까, 일본 시장의 반응은 뜨거웠다. 그해 6월 첫 서비스를 시작한 라인은 반년 만에 1,000만 가입자를 확보할 수 있었다. 카카오톡이 1,000만 회원을 끌어모으는 데 1년의 시간이 걸린 것을 고려하면 두 배 이상 빠른 속도로 성장한 셈이다. 실제로 네이버는 지진이 발생한 지 불과 3개월 만에 라인 서비스를 개시하고 단 5년 만에 일본의 '국민 메신저'로 키우는 데 성공할 수 있었다. 네이버는 비록 국내 모바일 메신저 시장에선 카카오에 주도권을 빼앗겼지만 거기서 멈추지 않았다. 국내 대신 더 넓은 일본 시장으로 눈을 돌려 꾸준히 도전했고, 마침내 동일본 대지진이라는 결정적 기회를 맞이했다. 그리고 과감히 모바일 메신저 시장을 향해 주도권 확보의 승부수를 던진 것이다. 이런 성공은 네이버의 단단한 내공이 있었기에 가능한 일이었다. 한 달 반 만에 새로운 서비스를 개발할 수 있는 저력 말이다.

지금도 네이버는 일본 시장에 만족하지 않고 다시 미국과 유럽 시장을 향해 새로운 도전을 해나가고 있다. 그중에 하나가 바로 미국과 유럽 내에 '밴드Band' 서비스를 안착시키는 것이다. '밴드'는 소그룹 멤버들과 함께 자유롭게 소통할 수 있는 서비스다. 코로나19로 인해 언택트untact 문화가 확산되면서 '밴드' 역시 새로운 성장 가능성을 갖게 되었다. '비대면 소모임'을 위한 소통의 도구로 충분한 수요가 있을 거라 판단되기 때문이다. 글로벌 시장에서 사람들이 무엇을 원하는지, 시대적인 상황이 어떤 서비스를 요구하는지 정확히 파악하고, 그 시장의 주도권을 빠르게 갖는 것. 바로 이런 전략과 경쟁력이 있는 한, 네이버는 해외에서 지속적인 성장을 꿈꿀 수 있지 않을까.

주도권을 선점하려면 '배트나'를 확보하라

뉴노멀 시대에는 이런 주도권을 갖는 것이 더욱 중요하다. 안 그래도 위기의 변수가 많은데 나와 직접적으로 경쟁하는 상대마저 변수로 두면 안 된다. 내 방식대로 상대를 끌고 갈 수 있는 판을 만들어야 보다 쉽게 나에게 유리한 판을 만들 수 있다. 특히 양쪽 간의 이해관계가 팽팽하게 대립할 때 누가 먼저 주도권을 갖느냐에 따라서 그 결과는 크게 달라질 수 있다.

구체적인 예를 들면 이런 것이다. 만약 내가 이사를 하기 위해 부동산 중개인과 함께 집을 보러 갔다. 여러 집을 둘러보다가 마음에 드는 집을 하나 발견했는데 가격을 좀 낮추고 싶은 상황이다. 그래서 중개인에게 말을 꺼내려는 순간 그가 먼저 입을 뗀다.

"사실 조금 전에 이 집을 보고 마음에 들어하는 사람이 또 있었어요. 그 분이 계약하러 오실지도 모르겠네요."

이 말을 들은 나는 어떻게 반응하게 될까? 갑자기 마음이 다급해진 탓에 가격을 깎기는커녕 서둘러 계약을 진행하게 될지 모른다. 아마도 많은 이들이 그럴 것이다. 이럴 수밖에 없는 이유는 하나다. 부동산 중개인에게 협상의 주도권을 빼앗겼기 때문이다. 만약 내가 먼저 부동산 중개인에게 "여기 오기 전에 본 집이 있는데 그쪽이 더 마음에 들긴 해서 좀 망설여지네요. 가격을 좀 더 깎을 수 있다면 다시 생각해보겠지만……"이라고 얘길 꺼냈으면 결과는 달라질 수 있다. 어떻게든 계약을 성공시키고 싶은 부동산 중개인은 집의 가격을 좀 더 깎아서라도 나를 붙잡으려 할 것이다. 내가 먼저 계약을 좌지우지할 수 있는 주도권을 가졌기에 그 판을 더 유리하게 끌고 나갈 수 있는 것이다.

이처럼 여러 계약이나 협상에서 주도권을 가져야 할 때 우리가 꼭 기억해야 할 전략의 도구가 하나 있다. 바로 배트나BATNA, Best Alternative To a Negotiated Agreement이다. 배트나는 하버드대의 협상 분야 교수인 로저 피셔 Roger Fisher와 윌리엄 유리William Ury가 제안한 개념으로, 쉽게 말해 협상이 결렬되었을 때 내가 선택할 수 있는 최선의 대안을 뜻한다. 예를 들어, 부동산 중개업자의 입장에선 "내가 아니어도 이 집을 계약하려고 하는 B"가 배트나가 되는 것이고 내 입장에선 "이 집보다 더 싼 집"이 배트나가 되는 것이다. 프로 협상가들은 협상을 하기 전 항상 나의 배트나가 무엇인지 항상 연구를 하는 것으로 알려져 있다. 우리에게도 그런 연습이 필요하다. 나에게 좋은 배트나가 있다면 이를 적극 활용해서 그 판의 주도권을 가져야 한다.

만약 배트나가 없을 경우엔 어떻게 해야 할까? 이 질문에 대한 답을 잘 보여주는 경영 사례가 있다. 미국 텍사스에 휴스턴이라는 전기전력회사가 있다. 휴스턴 전기전력회사는 늘 발전에 필요한 석탄을 대량으로 구입해서 썼다. 그런데 석탄을 회사 발전소까지 운반하려면 반드시 철도를 이용해야만 하는 불편이 있었다. 그런데 회사 발전소까지 오는 철로는 단한 곳, BNSF^{Burlington Northern Santa Fe}라는 회사의 철도뿐이었다. 문제는 석탄의 운반을 독점하다시피 한 이 철도 회사의 횡포가 점점 심해진다는 거였다. 연간 계약료를 점점 올리는가 싶더니 나중엔 무려 1억 9,500만 달러에 이르렀고, 오히려 서비스는 점점 나빠졌다. 휴스턴의 입장에선 이 철도 회사가 마음에 들지 않았지만 계약 파기를 할 수도 없었다. 이 회사와 계약 관계를 끝내면 당장 석탄을 가져올 방법이 없었기 때문이다. 한마디로 마땅한 대안, 즉 배트나가 없었기 때문에 불리한 조건에서 계속계약을 유지해야 했던 것이다.

하지만 그대로 계속 두고 볼 수 없었기에 휴스턴은 결단을 내린다. 어떻게든 BNSF의 경쟁사가 될 만한 곳을 끌어들이기로 한 것이다. 어려운결정이었지만 일단 마음을 먹으니 방법이 없는 것도 아니었다. 북미 철도점유율 1위의 유니온 퍼시픽^{Union Pacific}이라는 회사가 있었기 때문이다. 사실 유니온 퍼시픽의 철도는 휴스턴의 회사 발전소까지 이어져 있지 않았다. 그래서 약 10마일의 선로를 연장해야만 했는데 그 설치 비용만 해도약 2,400만 달러, 한화로 약 285억 원에 달했다. 다른 때 같으면 그냥 포기했겠지만 휴스턴은 과감히 비용을 투자해 선로를 연장했다. 그렇게 유니온 퍼시픽과 계약을 진행한 것이다. 결과는 어떻게 되었을까?

맞다. 협상의 판은 완전히 바뀌고 말았다. 콧대 높게 높은 가격을 부르며 엉망으로 서비스를 하던 BNSF 철도가 오히려 휴스턴 전기전력회사에 계약을 연장해달라고 부탁해야 하는 상황이 되었다. 하지만 이미 버스는 떠났고, 휴스턴은 유니온 퍼시픽과 25%나 할인된 가격으로 계약할 수 있었다. 이로써 계약 첫해에만 1,000만 달러의 비용을 절감할 수 있었는데, 2년 정도 후면 선로를 연장한 비용을 충분히 만회하고도 남은 액수였던 것이다.

우리가 여기서 알 수 있는 것은 무엇일까? 배트나는 저절로 주어지는 것이 아니라, 적극적으로 나서서 만들어내야 한다는 것이다. 지금 현재 상황에선 배트나가 없을 수 있다. 하지만 노력 여부에 따라서 언제든 만들 수 있고 그것을 통해 얼마든지 주도권을 가질 수 있는 것이다. 그리고 주도권을 가진 이상 판은 나에게 유리한 쪽으로 돌아갈 것이다.

리더가 아니어도 판을 주도할 수 있다

주도권을 얘기할 때 우리가 쉽게 빠지는 오류가 하나 있다. 바로 주도권을 가질 수 있는 사람은 오직 권력을 가진 사람 혹은 그 집단의 리더만 가능하다고 생각하는 것이다. 그런데 사실 그렇지 않다. 리더가 아니어도, 권력이 없어도 주도권은 누구나 발휘할 수 있다. 예를 들어, 어떤 프로젝트를 할 때 그 분야에 자신이 전문성을 갖고 있거나 많은 지식과 정보를 갖고 있다면, 적어도 그 프로젝트에서만큼은 내가 주도권을 가질 수 있다. 상사 혹은 그 윗선보다 더 큰 주도권을 발휘할 수도 있다. 그리고 그렇게 팀원들마다 각자 프로젝트에 대해서 주도권을 갖고 일할 때 일의 능률과 성과도 올라가게 되어 있다.

세계 최대의 검색 엔진 구글만 해도 그렇다. 구글은 2012년부터 2016년까지 사내 조직 문화 개선 프로젝트인 '아리스토텔레스 프로젝트Project Aristotle'를 실시했다. 겉보기에는 비슷한 수준의 팀원들이 모였는데 왜 어떤 팀은 다른 팀보다 월등한 성과를 올리는지, 또 반대로 어떤 팀은 왜 다른 팀보다 유독 성과가 떨어지는지에 알아보기 위해서였다. 실제로 구글에서는 다양한 분야의 전문가들이 모여 4년 동안 구글 안에 있는 180여 개 팀에 대해 구체적으로 조사했다. 그 결과, 구글은 무엇을 알아낼 수 있었을까? 바로 일을 더 잘하는 팀의 경우 팀원들에게 발언권을 충분히 주었다는 사실이다. 일개 사원이라도 팀 안에서 자신의 의견을 충분히 피력할 수 있는 기회를 주었던 것이다. 이것은 회의를 할 때, 누가 어떤 의견을 말하더라도 팀장과 팀원들이 이상한 의견이라고 무시하거나, 깔보거나, 우습게 생각하지 않았기에 가능한 일이기도 했다. 실제로 이런 회의 분위기와 시스템이 만들어지면 팀원 누구라도 모두 자신이 주도권을 쥐기 위해서 열심히 발언을 하려고 한다. 그만큼 회의를 더 열심히 준비할 수밖에 없고 일의 능률과 성과 역시 높아질 수 있는 것이다. 이것이 바로 구글 성공신화의 비결 중 하나다.

우리 일상에서도 주도권을 확보하는 방법은 크게 다르지 않다. 가장 결정적인 방법은 부지런함이다. 남들보다 일찍 움직이는 것 말이다. 손자는 일찍 가서 기다리는 사람이 이긴다고 말했다. 예를 들어, 직장인이라면 남들보다 10분 또는 15분 먼저 출근하는 것이다. 밤 사이에 회사 안팎으로 무슨 일이 일어났는지 체크해보고 그날 처리해야 할 업무를 미리 준비해둔다. 그래야 이후 상사와 선후배 동료들이 정시에 출근하면 자신이 미리 파악해놓은 상황을 그들에게 알려줄 수 있다. 한 마디로, 그날 업무의 주도권은 자신이 쥐게 되는 것이다.

그날 회의가 있다면 어떻게 해야 할까? 회의 장소에 남들보다 15분 정도 먼저 가서 오늘 발표할 내용이 무엇인지, 오늘의 발표자는 누구인지 미리 파악해놓는 것도 방법이다. 회의가 어떻게 진행될 것이고, 어떤 내용이 중요하게 다뤄질지 알 수 있기 때문에 남들보다 더 치밀하게 준비할 수 있다. 이런 준비가 다 된 후에 회의가 시작되면 결과는 정직하게 나온다. 준비를 많이 한 사람이 자연스럽게 주도권을 행사할 수 있는 것이다. 업무상 거래처 사람들을 만날 때도 상대방에 대해 미리 파악해놓은 것이 좋다. 그 사람의 성격, 취향, 식성은 어떤지 등을 파악해놓는다면 관계의 주도권을 갖고 거래를 자신에게 유리하게 이끌어낼 수 있으니까 말이다.

하지만 전투를 할 때나 기업을 경영할 때, 그리고 개인이 리더로서 역량을 발휘할 때 주도권을 갖는다는 것은 결코 쉬운 일은 아니다. 개인과 조직 앞에 놓인 불리한 상황을 유리하게 바꾸고, 그 판을 장악할 만한 협상력이 있어야 한다. 그러기 위해선 돌파력과 배짱이 필수다. 주도권을 갖는다는 것은 내가 상대방을 리드하여 일을 자기에게 유리하게 만들기 위한 것이기도 하지만, 내가 상대방에게 끌려가지 않기 위한 것이기도 하

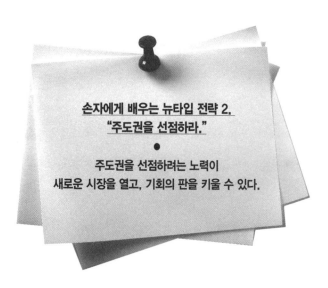

다. 미래에 다가올 경영환경에서는 협상할 일이 더욱 많아질 수밖에 없다. 기업들 간 윈윈을 위해 협력하는 일이 잦아지고, 복잡한 이해관계를 따질 일이 많아지기 때문이다. 이런 협상에서 주도권을 가지면 자신에게 유리한 판을 이끌어갈 수 있을 뿐 아니라, 설사 위기가 오더라도 손쉽게 극복할 수 있다.

● 데이터를 선점하라 - 정보 우위의 법칙

"앞으로 모든 산업에서 데이터가 승자와 패자를 가를 것이다."

　세계 최대 컴퓨터 기업 IBM의 CEO 버지니아 로메티^{Virginia Marie Rometty}
가 한 말이다. 4차 산업혁명이 빠르게 진행되고 있는 지금, 치열한 경쟁
사회를 살아가는 우리들에게 데이터, 즉 '정보'가 얼마나 중요한지 이렇
게 잘 알려주는 말도 없다. 그런데 한 가지 놀라운 사실은 2500년 전의
손자 역시 늘 '정보'를 중요시했다는 것이다. 『손자병법』 하면 단번에 떠
오르는 말 "지피지기면 백전불태知彼知己百戰不殆"가 바로 그것을 말해준다.
"적을 알고 나를 알면 백 번 싸워도 위태롭지 않다." 여기서 나를 알고 적
을 아는 것이 다름 아닌 '정보력'이다. 실제로 손자는 전쟁에서 이기려면
항상 상대보다 정보 우위에 서야 한다고 강조했다. 그 이유가 무엇일까?

　예전부터 새로운 아이디어가 필요할 때 꼭 들르는 곳이 있다. 바로 서
점이다. 서점에 가서 신간 서적들을 살펴보면 사회적으로 어떤 문제들이
이슈가 되고 있는지 한눈에 알 수 있기 때문이다. 코로나19 사태가 막 번
지기 시작했을 때도 마찬가지였다. 난생 처음 경험하는 전염병이 창궐하
면서 사람들은 대체 왜 이런 전염병이 생겨나게 되었는지, 또 어떻게 극
복해나가야 하는지 알고 싶어했다. 하루에도 수없이 쏟아져나오는 뉴스
들을 빠짐없이 챙겨 보고, 관련 유튜브 동영상을 찾아보는 것도 모자라
서점에 나오는 서적들까지 보기에 이르렀다. 전염병의 역사를 다룬 책들

부터 바이러스에 관한 의학서적들까지 코로나와 직간접적으로 연관이 된 책들이 불티나게 팔려나갔다. 이유는 하나다. 지피지기 백전불태여야 하기 때문이다. 사실 코로나 사태 초기만 해도 신종 바이러스에 대한 가짜 정보들이 무분별하게 퍼져나갔다.

황당한 에피소드들도 속출했다. 한 교회에선 코로나 방역에 소금물이 효과가 있다는 말만 믿고 교회 신도들 입 안에 분무기를 넣어 입 안 깊숙이 소금물을 뿌렸다. 결과는 참담했다. 그 교회에서만 수십 명 무더기 확진자가 나왔던 것이다. 신도들 입에 분무된 소금물을 통해 오히려 코로나 바이러스가 더 빠르게 전파되었기 때문이다. 한쪽에선 코로나 바이러스를 소독하겠다며 현금 180만 원어치 지폐를 전자레인지에 넣고 돌리는 일도 생겼다. 실제로 코로나 바이러스가 소독이 되었는지 어떤지 그 사실 여부는 모르겠지만 지폐는 전부 타버리고 말았다. 화재 사고로 이어진 것이다. 해외에서는 더 황당한 일이 생겼다. 코로나 바이러스가 5G를 타고 번진다는 의혹이 생겨난 것이다. 전에 없던 바이러스에 수많은 사람들이 죽어나가는 걸 지켜보며 불안에 떨던 사람들은 마치 기다렸다는 듯이 기지국으로 달려갔고, 거침없이 방화를 저질렀다. 그렇게라도 해서 코로나 사태를 종식시킬 수 있었다면 참 좋았겠지만, 이 역시 가짜 뉴스에 의한 어이없는 해프닝으로 끝났다. 코로나에 대해 잘못된 정보를 가지고 대응했다가 오히려 낭패를 본 경우들이다.

지피지기가 중요한 이유가 바로 여기에 있다. 내가 싸워야 할 적에 대해서 정확히 알고 나에 대해 잘 알아야만 제대로 된 대응을 할 수 있기 때문이다. 그런데 코로나 바이러스로 인해 언제 어떤 위험이 닥칠지 모르는 시대에 과연 지피지기만 중요할까? 아니다. 손자는 지피지기^{知彼知己}뿐 아니라 지천지지^{知天知地}도 중요하다고 강조했다. 여기서 지천지지란 하늘과 땅을 잘 알아야 한다는 뜻이다. 예를 들어, 전쟁을 치르기 전에 기상을 살펴 불확실한 변수는 없는지 확인하고, 전투할 장소의 지형 요소는 어떤지 미리 알아두는 것 등을 의미한다. 현대적인 의미로 해석하면 '주변 환경 평가'라 할 수 있는데, 기업에서 하는 SWOT 분석이 이와 비슷하다. SWOT 분석이란 기업의 내부 환경 요소인 강점과 약점 그리고 외부 환경 요소인 기회와 위협을 파악해 이를 토대로 경영 전략을 수립하는 기법을 말한다. 이때 내부 환경 평가는 지피지기 중 지피이고, 외부 환경 평가는 지천지지라 할 수 있다. 이때 한 가지 놀라운 사실이 있다. 손자는 이미 2500년 전에 지피지기와 지천지지를 통해서 지금의 SWOT 분석보다 더 정교하고 과학적인 방법으로 주변 환경 평가를 했다는 것이다. 손자가 전쟁을 할 때 정보를 얼마나 중요하게 생각했는지 잘 알 수 있는 대목이다. 그런데 내가 적보다 정보 우위에 설 경우 대체 어떤 점이 좋은 걸까? 실전에서 그 효과가 어떤지 다음 사례를 통해 알아보자.

23전 23승을 가능케 한 정보의 힘

우리 역사상 가장 뛰어난 장군으로 손꼽히는 인물, 이순신 장군은 임진왜란 때 전무후무한 대기록을 세웠다. 23전 23승, 그것도 무척 열세한 상황에서 이룬 기록이라 더욱 놀랍다. 이순신 장군이 엄청난 지략가라는 건 잘 알려져 있지만, 어떻게 이런 대기록을 세울 수 있었던 걸까? 그 바탕이 된 힘은 따로 있다. 바로 뛰어난 정보력이다. 구체적인 일화를 하나 살펴보자.

이순신 장군은 임진왜란이 일어나기 1년 전쯤 전라좌수사에 임명되었다. 당시 전라좌수사라는 직책은 지금으로 봤을 때 해군 함대 사령관쯤되는 직책이다. 이렇게 막중한 임무를 맡은 이순신 장군은 가장 먼저 지피지기에 집중했다. 곧 일본과 전쟁을 하게 될 것을 직감하고 전력 비교에 나선 것이다. 특히 왜군과 조선 수군의 강점과 약점을 비교분석한 후일본의 강점을 무력화시키기 위해 온 힘을 쏟았다. 그 결실 중 하나를 손꼽는다면 바로 거북선을 만든 것이다. 당시 일본 수군은 주로 등선육박登船肉薄 전술을 썼다. 등선육박 전술이란 빠른 속도로 적함에 다가가 배를붙인 후 적함으로 건너가서 칼과 창으로 적을 치는 전술을 말한다. 한 마디로 일본 수군은 가까이 다가와 싸우는 근접전에 강했던 것이다. 일본수군의 이런 강점을 파악한 이순신 장군은 어떻게 하면 이를 효과적으로차단할 수 있을지 고민했다. 때마침 이순신 장군의 부하였던 나대용이 하나의 아이디어를 냈다. 바로 판옥선에 지붕을 덮어 적군이 들어오지 못하게 하자는 것이었다. 이순신 장군은 즉시 실행에 옮겼다. 그렇게 만들어진 것이 바로 거북선이다. 실제로 거북선은 판옥선에 지붕을 덮어 창과철심을 박은 형태로 설계되었고, 그로 인해 일본 수군은 더 이상 조선의함대로 올라타지 못했다. 정보의 힘으로 적군의 강점을 완전히 무력화시킨 것이다.

그뿐만이 아니다. 이순신 장군은 새로운 전법을 짜기도 했는데, 그 이름도 유명한 학익진법鶴翼陣法이다. 학익진법은 이름 그대로 학이 날개로 먹이를 감싸고 부리로 쪼아대듯이 적을 포위해 화포로 집중공격하는 것을 말한다. 짧은 순간에 화포로 집중사격을 퍼부어 왜군을 무력화시키는 전술이었다. 이 전법에도 이순신 장군의 지피지기가 담겨 있다. 당시 조선군은 왜군보다 화포 기술 면에서 더 발달되어 있었다. 이순신 장군은 조선군이 가진 화포의 강점을 어떻게든 해상전에 이용하려고 했다. 조선 수군의 경쟁력을 최대한 살리려 한 것이다. 그런 노력은 결국 빛을 발했다. 판옥선들에 화포를 싣고 다니며 적군에 쏠 수 있게 전력을 강화한 것이다. 그만큼 조선 수군은 화포를 이용한 원거리 전투에 있어서 막강한 경쟁력을 가질 수 있었다.

거북선과 학익진법! 이 두 가지만 봐도 이순신 장군이 지피지기를 얼마나 잘 실천했는지 알 수 있다. 조선 수군의 강점은 극대화하고, 일본 수군의 약점은 잘 파고든 것이다.

임진왜란이 일어난 직후에도 이순신 장군의 정보력은 큰 힘을 발휘했다. 먼저 이순신 장군은 왜군의 보급로부터 끊었다. 우리나라의 지형이 험한 탓에 당시 왜군은 해상을 통해 보급물자를 전달받아야만 했다. 이 사실을 알고 있던 이순신 장군은 빠르게 보급로를 차단했다. 남해안을 돌아 서해로 들어오는 왜군의 해상 보급 경로를 파악하고 발 빠르게 막아버린 것이다. 이에 따라 왜군은 전쟁에 필요한 각종 물자들을 해상으로 보급받을 수 없게 되었다. 그 탓에 왜군은 원래 계획대로 작전을 펼칠 수 없었고, 공격속도 역시 늦어졌다. 적의 보급로를 발 빠르게 알아낸 이순신 장군의 정보력이 또 한 번 빛을 발한 것이다.

이런 이유 때문인지 이순신 장군은 적에 관한 정보를 모으는데 많은 공을 들였다. 특히 주변 마을 백성들을 적극 활용했는데, 가장 먼저 쌀과 곡식을 포상금으로 내걸었다. 사람들이 적극적으로 정보를 수집하고 제보하도록 유도하기 위함이었다. 그리고 그 효과는 금방 나타나기 시작했다. 한산도 대첩이 일어나기 얼마 전에 있었던 일이다. 한 사람이 이순신 장군을 찾아왔다. 미륵도에 사는 목동 김천손이라는 사람이었다. 그는 이순신 장군에게 더없이 반가운 소식을 전했다. 왜군이 견내량, 즉 지금의 거제대교 부근에 정박하고 있다는 사실을 알려준 것이다. 애국심이 뛰어났던 그는 왜군의 동향을 알게 되자마자 급히 이순신 장군을 찾아왔던 것인데 포상금까지 걸려 있었으니 먼 길도 마다할 이유가 없었다. 그의 그런 수고 덕분에 이순신 장군은 고급 정보를 얻을 수 있었다. 정찰 비행기나 레이더가 없던 시대에 적의 위치와 병력 규모를 미리 알 수 있게 되었으니 전쟁에 있어서 굉장히 유리해진 것이나 다름없었다.

특히 왜군이 자리한 견내량의 지리적 여건은 특수했다. 견내량은 거제도와 통영 반도가 만들어낸 긴 수로였는데, 그 폭이 약 400m 정도밖에 되지 않았다. 만약 여기서 전투가 일어나면 왜군이 불리해질 때마다 육지로 도망갈 게 뻔했다. 아무래도 왜군을 전멸시키기가 어려운 조건이었다. 이를 고민하던 이순신 장군은 견내량의 협소한 물길보다 한산도 앞 넓은 바다에서 싸워야 한다고 판단했다. 넓은 바다에서는 왜군이 불리해도 도망가기 어렵기 때문이다. 이런 이유로 이순신 장군은 왜군을 넓은 한산도 앞바다로 유인해 전투를 벌였다. 특히 조선 수군은 사전에 치밀하게 준비했던 학익진법으로 왜군을 단숨에 포위해 화포로 집중사격을 퍼부었다. 결과는 당연히 조선 수군의 완승이었다. 이순신 장군이 백성들까지 활용해 정보를 폭넓게 수집함으로써 보다 쉽게 한산도 대첩을 승리로 이끌 수 있었던 것이다. 다양한 정보를 바탕으로 한 치밀한 전략과 전술이야말로 이순신 장군이 가진 최대 경쟁력이었던 것이다. 적과 나의 전력을 알고 주변 여건까지 정확하게 파악하고 있을 때 보다 손쉽게 싸워 이길 수 있는 전략을 가질 수 있다.

가장 강력한 무기, 데이터

최근 기업들 간에도 치열한 정보 싸움이 이뤄지고 있다. 스마트폰이 대중화되면서 소비자들은 전 세계 어느 나라의 제품이든 손쉽게 구매할 수 있게 되었다. 과거엔 해외에 있는 제품 하나를 사려면 직접 다녀오는 것밖에 방법이 없었고 까다로운 절차를 거쳐야 했지만, 지금은 클릭 몇 번만으로도 세계의 제품을 손쉽게 주문할 수 있게 되었기 때문이다. 자신이 원하는 물건을 선택할 수 있는 루트가 넓어진 것이다. 반면 기업들은 더 많은 경쟁자들과 치열한 전투를 벌여야만 한다. 단순히 국내 기업뿐 아니라 전 세계 기업들과 경쟁해야 하기 때문이다.

이런 경영 환경에서 각 기업들은 어떤 무기를 가지고 싸워야 할까? 답은 간단하다. 고객이다. 더 정확히 말하면 바로 고객에 대한 정보다. 고객의 취향을 제대로 알아야만 그들이 원하는 제품을 적시에 개발해낼 수 있기 때문이다. 실제로 기업들은 너나 할 것 없이 고객에 대한 정보를 모으는 데 열을 올리고 있다. 고객을 알아야 경쟁력 있는 제품을 만들 수 있기 때문이다.

그중에서도 전자제품 업계에 신선한 충격을 주고 있는 기업이 있다. 미국의 전자기기 편집샵 베타^{b8ta}다. 베타 매장은 미국의 최신 전자제품을 가장 빨리 만나보고 체험해볼 수 있는 곳이다. 한 가지 특이한 점은 제품을 전시하기만 할 뿐, 판매하지 않는다는 것이다. 놀라운 건 제품을 판매하지 않는데 베타 매장의 수익은 계속 오르고 있다는 사실이다. 어떻게 이런 일이 가능한 걸까? 베타는 매장 안에 다양한 기업의 전자제품을 전시하고 체험할 수 있는 공간을 제공한다. 그리고 그 대가로 각 기업들로부터 입점 비용을 받고 있는 것이다. 제품 하나를 전시하는 데 월 250달러, 한화로 30만 원 정도라는데 기업들은 왜 이런 비용을 내면서까지 베타에 입점하는 걸까?

그 이유는 간단하다. 제품에 대한 고객들의 반응을 '데이터'로 제공받을 수 있기 때문이다. 실제로 베타 매장의 천장에는 수십 개의 카메라가 달려 있다. 카메라들은 고객들이 어떤 제품에 흥미를 느끼고, 얼마 동안 제품을 봤으며, 어떤 반응을 보였는지 전부 촬영을 한다. 베타 테스터^{b8ta} ^{tester}라 불리는 매장 직원들도 고객 반응을 부지런히 기록해 데이터화한다. 이런 정보들이 고스란히 각 기업에 전달되어 시장 전략을 세울 때 중요한 '데이터'로 쓰이는 것이다. 실제로 베타 매장에서 수집된 데이터들은 기업이 제품 개발에서부터 마케팅 전략을 세우는 데까지 폭넓게 사용되고 있다. 고객들이 제품을 보고 어떤 점을 특히 마음에 들어하는지 보다 정확히 알 수 있기 때문에 마케팅 전략을 세울 때나 제품을 보완할 때 보다 효율적인 방법을 찾을 수 있는 것이다.

빅데이터 전략으로 승리한 다이슨

최근 이런 데이터 전략을 통해 큰 성공을 거둔 기업이 있다. 바로 청소기에 이어 드라이어기까지 프리미엄 가전으로 인정받고 있는 다이슨^{Dyson}이다. 다이슨은 먼지봉투 없는 청소기에 이어 날개 없는 선풍기까지 기존 시장에 없던 혁신 제품들로 인기를 끌고 있다. 2015년부터 전년 대비 최소 30% 이상의 매출을 기록하며 고속 성장을 보여왔으니 무서운 상승세를 보인 것이다.

최근에는 40만 원대가 넘는 고성능 헤어드라이어로 또 한 번 시장을 흔들고 있다. 동일한 가전제품을 판매하는데도 턱없이 높은 가격을 고집하는 다이슨. 그럼에도 고객들이 다이슨 제품에 열광하는 이유는 여러 가지다. 탁월한 제품력, 차별화되는 디자인까지 고객을 충분히 만족시키기 때문이다. 그것이 가능했던 것은 바로 다이슨의 숨겨진 '정보력' 덕분이다.

사실 다이슨의 헤어드라이어는 여성을 주 타깃으로 만든 제품이다. 당연히 초창기에는 여성을 대상으로 광고 전략을 펼쳐왔다. 하지만 40만 원이 넘는 고가의 헤어드라이어의 매출은 쉽사리 늘어나지 않았다. 돌파구가 필요했던 다이슨은 시장 분석에 나섰다. 헤어드라이어의 실제 구입 고객층을 빅데이터로 분석해본 것이다. 그랬더니 무척 의외의 결과가 나왔다. 헤어드라이어를 실제로 사는 고객을 보니, 여성 못지않게 남성의 비중이 컸다. 여성이 직접 구매하는 것보다 남성이 여성에게 어필하기 위해서 고가의 헤어드라이어를 선물하는 경우가 많았던 것이다. 이 결과를 통해 다이슨은 헤어드라이어 판매 전략을 전면 수정한다.

다이슨은 실제 사용자인 여성들을 대상으로 한 광고 대신 실구매자인 남성들을 대상으로 광고 전략을 펼치기 시작했다. 그리고 화이트데이를 맞이해 남성들에게 어필할 수 있는 광고를 만들었다. 다이슨의 헤어드라이어가 바로 사랑의 큐피트라는 메시지를 담는 방식이었다. 그 결과는 어땠을까? 역시나 대성공이었다. 고가의 헤어드라이어 매출이 빠르게 늘어났다. 청소기에만 의존했던 다이슨의 주요 제품군을 헤어드라이어까지 확장하는 결실을 얻은 것이다. 다이슨은 빅데이터를 통해 지피지기를 새롭게 함으로써 헤어드라이어 시장의 새로운 주역으로 떠오를 수 있었다. 다이슨의 사례는 정보를 수집하고 그것을 활용하는 것이 얼마나 중요한지를 강조한 손자의 말이 오늘날 기업에도 그대로 적용된다는 것을 잘 보여준다. 그뿐만 아니라 기업은 자신이 왜 존재하는지, 고객은 전에 알던 고객이 맞는지, 잘 안다고 자신했던 고객이 혹시 변하진 않았는지에 대해서 끊임없이 고민해야 한다는 메시지를 전해준다.

돈이 되는 정보 '언박싱'

소비자의 입장에서도 정보는 큰 힘을 발휘한다. 언제 기업이 할인 행사를 하는지 미리 정보를 알고 있다면 같은 상품도 얼마든지 더 싸게 구매할 수 있는 길이 열려 있다. 특히 요즘은 가격 비교 어플만 잘 활용해도 단시간에 최저가 상품을 손에 넣을 수 있게 되었다.

최근에는 유튜브를 통해 '언박싱unboxing' 영상이 인기를 끌고 있다. 언박싱 영상이란 자신이 구매한 제품의 포장지를 뜯어서 직접 사용해보는 모습을 담은 영상을 말한다. 한번 구매하면 오래 써야 하는 전자기기 등을 구매한 사람이 그 제품을 써보고 느낀 점을 실시간으로 솔직하게 보여주는 것이라 할 수 있다. 소비자들은 그 영상을 보며 그 제품에 대한 보다 정확한 정보를 얻을 수 있다. 처음 샀을 때 느낌부터 사용법을 익히는 과정, 실제 사용을 했을 때 어떤 장점이 있고, 또 어떤 불편한 점이 있는지 빠르게 파악할 수 있다. 그렇기 때문에 실제로 자신이 그 물건을 구매하는 데 있어서 실패 확률을 줄일 수 있는 것이다. 하나부터 열까지 영상에 담긴 모든 내용이 소비자들에게 고급 정보가 된다. 특히 제품의 스펙이 비슷한데 어느 것을 골라야 할지 모를 때 좋은 선택을 할 수 있는 길잡이가 되곤 한다. 이처럼 개개인이 다양한 루트를 통해 정보력을 갖추게 되면 소비생활뿐 아니라 일상 속에서도 큰 경쟁력을 발휘할 수 있다.

취업을 하기 위해 면접을 보는 것도 사실 정보력 싸움이다! 내가 새로 취업할 회사가 어떤 곳인지, 또 현재 어떤 인재를 가장 필요로 하는지 잘 알아야만 한다. 그래야 자신이 왜 꼭 그 회사에 입사해야 하는지, 입사할 경우 어떤 일들을 처리할 수 있는지, 자신만의 강점을 최대한 부각시킬 수 있다. 당연히 그만큼 시험에 통과할 확률은 높아진다.

대학 입시에 있어서도 마찬가지다. 요즘은 대학도 많고 학교마다 입시 전형도 천차만별이다. 그래서 내가 어느 과목에서 더 점수를 잘 낼 수 있는지, 또 어떤 특기를 가져야 입시에 더 유리한지 잘 알고 있어야 한다. 같은 성적이라도 각 대학의 입시 전형을 얼마나 잘 알고 있는지, 또 그에 부합하는 입시 전략을 짰느냐에 따라 합격 여부가 달라질 수 있는 것이다. 이것이 바로 손자가 말한 것처럼 바위로 계란을 치듯 경쟁에서 쉽게 이기려면 정보력에서 앞서야 하는 이유라 할 수 있다.

정보 전쟁, 데이터 리터러시로 승부하라

우리는 흔히 데이터를 두고 21세기의 원유라고 말한다. 4차 산업혁명 시대를 살아가는 우리들에게 정보, 즉 데이터는 화폐 이상의 가치를 지니기 때문이다. 그렇다면 우리는 이런 데이터를 얻기 위해 어떤 노력을 해야 할까? 남들보다 정보 우위에 설 수 있는 방법은 무엇일까? 미래학자인 앨빈 토플러Alvin Toffler는 "새로운 사회에선 많이 배우는 것도 중요하지만 정보를 익히는 학습 방법을 배우는 게 필요하다"고 했다.

　여기서 정보를 익히는 학습 방법이란 곧 '데이터 리터러시Data Literacy' 능력을 말한다. 데이터 리터러시는 데이터를 읽고 그 안에 숨겨진 의미를 파악하는 데이터 해독능력을 말한다. 인터넷에 떠도는 수많은 정보들 중에 정말 나에게 필요한 것들만 잘 추려내는 능력이 그것이다. 또한 정보가 정말 정확한 건지 잘 판단해내는 것도 중요하다. 손자가 미신에 의존하지 말고 정보를 수집하라고 했듯이 우리는 가짜 뉴스에 휩쓸리지 않도록 해야 한다. 그러기 위해서 우리는 하나의 정보만 믿지 말고, 내가 수집한 정보가 객관적인 사실인지 확인해보는 과정을 반드시 거쳐야 한다. 다양한 분야의 정보를 발 빠르게 업데이트하고 그 정보가 정보로서 가치가 있는지에 대한 판단력을 키우는 것이야말로 빅데이터 시대의 필수 생존요건이 된다.

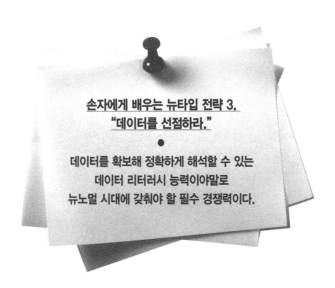

손자에게 배우는 뉴타입 전략 3.
"데이터를 선점하라."

●

데이터를 확보해 정확하게 해석할 수 있는
데이터 리터러시 능력이야말로
뉴노멀 시대에 갖춰야 할 필수 경쟁력이다.

'데이터 리터러시'는 손자가 말한 지피지기 지천지지가 지금 시대 흐름에 맞게 진화한 것이 아닐까. 무한한 정보가 쏟아지는 4차 산업혁명 시대, 손자의 '지피지기와 지천지지'야말로 남들보다 더 빨리 쉽게 성공할 수 있는 방법이 되지 않을까. 우리가 무엇보다 유용하고 가치 있는 정보를 수집하는 능력을 키우는 데 힘써야 하는 이유다.

● 타이밍으로 승부하라 - 졸속의 법칙

한국인에게 가장 두드러지는 특성이라면 누가 뭐래도 속도지향주의일 것이다. 외국인들이 한국이라고 하면 김치, 불고기 다음으로 '빨리빨리'라는 단어를 떠올릴 정도니 두말하면 무엇하랴. 이와 관련해 재미있는 에피소드를 들은 적이 있다. 스페인 여행 코스에 꼭 빠지지 않는 명소가 있다. '가우디 성당'이라 불리는 사그라다 파밀리아Sagrada Familia 성당이다. 천재 건축가 가우디Antoni Gaudi의 대표작인 이 성당은 1882년부터 시작된 공사가 아직도 진행 중이다. 성당 건축에 쓰이는 돌 하나하나를 엄격하게 고르고 대부분 수작업을 거치기 때문이다. 당연히 속도는 더딜 수밖에 없다. 생명력이 긴 건축물을 만들기 위해 속도 대신 완벽을 추구하는 스페인 사람들의 특성을 엿볼 수 있는 대목이다. 전 세계 관광객들은 건축물 하나를 짓기 위해 그 오랜 시간 정성과 노력을 들이는 것에 감탄을 금치 못한다.

그런데 그 많은 관광객들 중에 이 이야기를 들으며 불만을 표하는 관광객들이 있다고 한다. 그들은 대부분 한국인들이다. 한국인, 특히 건축이나 건설업계에 오래 종사한 사람들은 이 성당에 대한 히스토리를 듣고 고개를 절레절레 젓기 일쑤란다. 그리곤 하는 말이 "이 공사 우리한테 맡기면 6개월이면 끝낼 수 있어요. 이걸 뭘 몇 십 년씩 짓고 그래요, 답답하게"라는 얘기까지 덧붙인다고 한다. 한국인들의 성격 급한 면모가 고스란히 드러난다. 그런데 나는 이 얘기를 전해듣고 어느 정도 이해가 갔다. 짧은 시간 내에 엄청난 경제성장을 이뤄온 우리나라의 문화상 건축물 하나에 몇 십 년씩 투자하는 것이 말도 안 되게 여겨졌을 것이다. '빨리빨리' 지어야 '빨리빨리' 성과를 낼 수 있는 것 아닌가. 그런데 속도를 내다보면 당연히 부작용이 따르기 마련이다. 아픈 얘기지만 속도 지향을 추구하던 1970년 우리나라에서 지어진 건물들은 상당수 부실공사임이 드러났다. 각종 사고가 끊이지 않았다. 그때마다 언론에 가장 많이 등장한 단어가 바로 '졸속拙速'이다. 졸속행정, 졸속공사, 졸속처리. 졸속이라는 단어의 사전적 의미는 일을 지나치게 서둘러 처리해서 결과가 어설프다는 것이다.

그런데 2500년 전의 손자는 졸속을 나쁘게만 보지 않았다. 특히 손자는 전쟁만큼은 졸속으로 해야 한다고 강조했다. 어떤 이유에서 손자는 '졸속'을 하나의 전략으로 보았던 것일까? 손자가 말한 졸속 전략의 핵심은 기회의 타이밍을 놓치지 않는 것에 있다. 졸속 전략이란 쉽게 말해 전쟁 중에 준비가 덜 되었더라도 기회가 오면 바로 졸속으로 전투를 개시해야 한다는 걸 뜻한다.) 그 어떤 위기를 맞더라도 기회의 타이밍이 왔을 때 재빨리 선점하는 것을 말한다. 전투를 할 때 고지를 선점하는 일은 굉장히 중요한 일이다. 부대를 방어하는 데 있어서 결정적 역할을 하기 때문이다.

한 보병대대가 어떤 산의 고지를 선점하라는 임무를 부여받았다고 가정해보자. 고지 선점을 위한 전투를 개시하기 전에 식량, 탄약, 장애물, 통신선 등 준비해야 할 것이 많다. 그런데 대대 전체가 완벽하게 준비를 마치려면 엄청난 시간이 소요된다. 만약 그사이에 적군이 1개 소대나 중대를 동원해서라도 먼저 고지를 선점해버리면 어떻게 될까? 그 보병대대는 그때부터 이미 승기를 반쯤 놓쳤다고 할 수 있다. 왜냐하면 적군이 선점한 고지를 공격해서 빼앗아야 하는 부담이 있기 때문이다. 한 마디로 아군에게 불리한 게임으로 판이 바뀐 것이다. 그런데 이때 대대장이 손자가 말한 졸속 개념을 가진 인물이라면 어떻게 할까? 우선, 1개 소대나 중대를 기본적인 준비만 갖추게 해서 먼저 산으로 보낼 것이다. 고지를 선점하기 위해서다. 이후 대대가 모든 준비를 마치면 그때 나머지 대대원을 이끌고 가서 선점한 그 고지를 적으로부터 완벽하게 방어하면 된다. 전쟁에서는 준비가 조금 어설프더라도 적군보다 먼저 고지를 선점하는 것이 최선의 방어책이 된다. 반대로 적이 먼저 고지를 선점하게 되면 전쟁의 판은 우리에게 절대로 불리하게 바뀌게 된다. 결국 전쟁은 속도전이기 때문에 졸속의 개념을 적용해 우리 편에 유리한 판을 먼저 짜는 것이 중요하다.

K방역은 졸속의 승리

이런 졸속이 전쟁이 아닌 우리 삶에서도 긍정적인 효과를 끌어낼 수 있을까? 답은 당연히 예스다. 최근 우리는 졸속의 효과를 제대로 경험했다. '코로나19' 사태 때문이다. 중국 우한武漢에서 처음 시작된 코로나19의 불길은 삽시간에 우리나라를 집어삼켰다. 사태 초반 하루 100명 이상의 확진자가 나오면서 전 국민이 공포에 떨어야 했고, 당시 우리나라는 중국에 이어 두 번째로 코로나 감염자가 많은 나라라는 불명예를 떠안기도 했다.

그런데 사태 초반 위기의 시간은 길지 않았다. 우리나라가 코로나19

바이러스에 빠르게 대응하면서 확진자 수가 크게 줄어들었고, 그로 인해 전 세계적으로 K방역의 우수성이 널리 알려지게 되었다. 그 비결은 다름 아닌 '졸속'에 있었다. 바이러스와의 전쟁은 시간싸움이다. 한 명의 감염자라도 더 생기지 않게 하는 것이 최선의 대응책이기 때문이다. 이를 위해 우리나라는 신속하게 움직였다. 진단 키트에 대한 규제를 빠르게 풀어서 한시라도 빨리 코로나 검사를 진행할 수 있도록 했다. 또, 확진자가 나온 지역과 동선을 빠르고 투명하게 공개해 바이러스의 확산을 효과적으로 막아냈다. 마스크 대란이 일어났을 당시에도 주5일 보급제를 빠르게 도입해 곧 수급 안정을 이뤄낼 수 있었다. 코로나19라는 유례없는 바이러스와 싸우면서 그때그때 가장 빠른 대응책을 찾아 실행에 옮긴 것이다. 코로나 사태에 '졸속'보다 더 효과적인 전략이 또 있었을까. 뉴노멀 시대, 우리는 또 언제 코로나19와 같은 악재를 만날지 예측할 수 없다. 그때 가장 효과적인 대응책은 그때그때 상황에 따라 빠르게 판단을 내리고 실행하는 것이다. 주저하는 사이에 상황은 더 급속히 악화될 수 있기 때문이다. 위기의 시대 졸속이 더욱 강조되는 이유다.

졸속의 경제이론 – 선점 효과

최근 졸속과 같은 맥락에서 주목받고 있는 한 가지 경제이론이 있다. 바로 선점 효과다. 일명 '쿼티 효과QWERTY Effect'라고도 불린다. 쿼티QWERTY란 컴퓨터 키보드의 왼쪽 위 배열이 Q-W-E-R-T-Y 순으로 되어 있는 것을 본 따서 만든 용어다. 현재 스마트폰에서도 이런 자판 배열을 따르고 있다. 그런데 혹시 이 자판 배열에 의문을 가져본 적이 있는가? 왜 우리는 알파벳 순서대로 쓰여진 것이 아니라 이런 쿼티 배열을 따르게 된 것일까? 사실 여기엔 특별한 이유가 없다. 초창기 타자기 자판 배열을 그저 똑같이 따온 것뿐이다. 이에 대해 인체공학적으로 불합리하다는 지적이 제기되었지만, 이미 사용자들이 익숙한 자판 배열을 바꾸기는 매우 어려웠다. 이처럼 불합리한 면이 있어도 널리 퍼져 있어 바꾸기 어려운 현상을 선점 효과, 혹은 쿼티 효과라고 한다. 기업 경영에 있어서 선점 효과는 매우 중요한 성공의 비결이 된다.

오늘날 삼성 스마트폰이 애플과 더불어 세계 모바일 시장을 선점할 수 있었던 비결은 무엇이었을까? 바로 변화하는 시대에 맞춘 신제품을 발빠르게 시장에 선보였기 때문이다. 아날로그 시대에 일본 전자기업은 기술적인 면에서 앞서나갔다. 당시만 해도 한국 기업이 일본 기업을 따라잡는 것은 불가능한 일이라 여겨지던 때였다. 하지만 디지털 시대가 도래하면서 한국 기업이 일본 기업을 앞지를 수 있는 여건이 마련되었다. 한국 기업의 졸속 전략이 빛을 발하는 시대가 왔기 때문이다. 한국 기업은 일본 기업보다 먼저 시장을 선점하며 끊임없이 자기 파괴의 혁신을 이어갔다. 한국 기업은 우선적으로 신상품을 출시 후 문제점이 포착되면 그때 수정하고 보완하는 작업을 반복해나갔다. 일단 시장을 선점한 후 고객들의 피드백을 반영해 그들 마음에 흡족한 제품으로 업그레이드한 것이다. 디지털 시대의 속도에 맞춰나가기 위해 졸속 전략을 쓴 셈이다.

반면 일본 기업은 어땠을까? 일본인 특유의 꼼꼼함이 오히려 독이 되었다. 실제로 많은 일본 기업들은 완벽한 제품을 출시하고 싶어한다. 그래서 제품을 내놓기 전에 수십, 수백 번의 시험을 거듭하고 문제점을 보완하려고 했다. 완벽을 추구하느라 출시 시점은 점점 늦어졌다. 늦어지는 게 당연했다. 그리고 결과는 암울했다. 완벽을 추구하는 사이 시장에서 도태될 수밖에 없었던 것이다.

아이러니하게도 한국인 특유의 '빨리빨리' 문화가 뉴노멀 시대에는 단점이 아닌 강점으로 부각되고 있는 것이다. 요즘 시대에는 많은 외국인들이 한국인의 일처리가 매우 빠르다고 긍정적으로 평가한다. 이러한 우리나라 특유의 민첩성 덕분에 단시간에 눈부신 경제성장을 이룰 수 있었고, 디지털 기술 역시 세계 최고 수준으로 발전할 수 있었다.

카카오는 어떻게 졸속으로 성공했나

최근에도 졸속 전략으로 성공한 대표적인 기업이 있다. 바로 국민 메신저 앱 카카오톡이다. 우리가 매일같이 사용하는 대표적인 앱은 누가 뭐래도 카카오톡일 것이다. 2020년 6월 모바일 빅데이터 플랫폼 기업 아이지에 이웍스IGAWorks가 발표한 "네이버·카카오 사용 현황 분석"에 따르면, 카카오톡은 6월 월간 사용자 수MAU가 3,559만 명으로 같은 기간 3,016만 명인 네이버보다 더 많았다. 또, 카카오톡의 월간 사용 평균 일수는 24.6일에 달한다. 앱 분석 업체 와이즈앱WISEAPP이 발표한 2018년 기준 한국 안드로이드 스마트폰 사용자 모바일 메신저 사용 조사에 따르면, 카카오톡 사용 시간은 주요 10개 메신저의 총 사용 시간 중 94.4%에 달한다. 대한민국 국민 10명 중 9명가량이 카카오톡을 쓴다고 해도 과언이 아닌 것이다. 요즘은 초등학생들도 친구들과 카톡을 주고받고, 대학생 조별 모임이나 회사 부서 팀원들도 카카오톡으로 소통하곤 한다.

비대면 사회로 빠르게 전환되면서 카카오톡의 역할은 더욱 커졌다. 얼굴을 서로 보면서 대화할 수 있는 기능도 무료로 제공되고, 여러 명이 단체로 모여 대화를 나누기도, 정보를 공유하기도 쉽기 때문이다. 그런데 카카오는 어떻게 카카오톡이라는 서비스로 전 국민의 마음을 단숨에 사로잡을 수 있었던 걸까? 수많은 채팅앱들이 쏟아져나오는 가운데 독보적인 1위를 지킬 수 있는 비결을 바로 선점 효과에서 찾을 수 있다.

김범수 현 카카오 의장은 일찌감치 모바일 커뮤니케이션 서비스가 곧 대세가 될 것임을 간파했다. 2009년 11월 아이폰이 한국에 상륙했을 당시, 국민 메신저 앱이 필요해질 것을 직감한 것이다. 그리고 아이폰에 최적화된 모바일 커뮤니케이션 서비스 개발에 집중하기 시작했다. 그는 4명의 팀원에게 두 달 안에 서비스를 만들라는 '4-2법칙'을 지시했다. 다시 생각해도 직원들에겐 너무 가혹한 오더다. 앱 하나를 개발하는 데 들어가는 인력과 시간치고는 너무나 타이트하지 않은가. 그런데 김범수 의장과 팀원들은 이 어려운 것을 해냈다. 스마트폰 상륙 이후 6개월도 되지 않은 2010년 3월 18일 모바일 메신저 카카오톡을 출시하게 된 것이다. 그에 따라온 성과도 놀라웠다. 카카오톡은 서비스 출시 하루 만에 앱스토어에서 1위를 기록하는가 하면, 단 6개월 만에 가입자 100만 명을 돌파했다. 이후 카카오톡이 전 국민의 메신저로 발돋움하기까지 그리 오랜 시간이 걸리지 않았다.

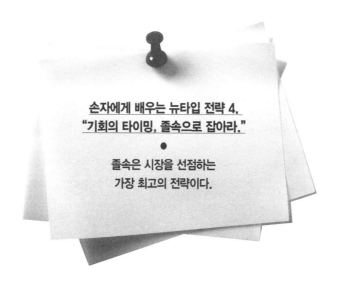

손자에게 배우는 뉴타입 전략 4.
"기회의 타이밍, 졸속으로 잡아라."
●
졸속은 시장을 선점하는
가장 최고의 전략이다.

　　그런데 여기서 정말 중요한 것은 따로 있다. 많은 사람들이 카카오톡을 사용하고 있는 이상 더 좋은 서비스가 나오더라도 갈아타기 힘든 상황이 되었다는 것이다. 많은 사람들이 카카오톡을 쓰면 쓸수록 이탈자가 생기지 못하는 현상이 나타났다. 이것은 네트워크 효과 때문이었다. 네트워크 효과란 특정 상품에 대한 어떤 사람의 수요가 다른 사람들의 수요에 의해 영향을 받는 효과를 말한다. 즉, 카카오톡을 이용해야만 다른 사람들과 쉽게 소통이 되기 때문에 쉽게 다른 메신저로 갈아탈 수 없는 것이다. 다른 사람들이 카카오톡을 쓰는 이상, 그 안에서 모임과 소통이 이뤄지는 경우가 대부분이다 보니 내가 싫다고 해서 다른 메신저로 갈아탈 수 없었다. 이것이 대표적인 졸속, 즉 선점 효과다. 아마 지금 카카오톡보다 훨씬 더 뛰어난 서비스와 디자인을 자랑하는 메신저가 출시된다 해도 그 서비스가 성공하려면 카카오보다 더 많은 노력을 들여야 할 것이다. 이미 시장 선점의 기회를 놓쳤기 때문이다. 전 국민의 메신저를 앞세운 카카오는 지금도 꾸준히 성장세를 보이고 있다. 택시 호출, 대리운전 요청, 미용실 예약, 쇼핑 결제까지 그야말로 다양한 서비스로 우리의 생활 깊숙이 파고들었다. 이처럼 카카오가 막강한 기업으로 성장할 수 있었던 것, 그 원천이 졸속 경영이라는 것을 누구도 부인할 수 없을 것이다.

졸속이라고 해서 다 같은 졸속이 아니다

우리가 졸속 전략을 이해할 때 또 하나 주목해야 할 것이 있다. 바로 준비 과정이 아닌 목표에서의 졸속이다. 목표에서의 졸속은 자신이 목표한 것을 이루었을 때 재빨리 마무리 짓는 것을 말한다. 손자 역시 전쟁을 할 때 어느 정도 목표가 달성되면 졸속으로 마무리해야 한다고 강조했다. 장기전을 피해야 한다고 말한 것이다. 아닌 게 아니라 전쟁은 오래해봐야 좋을 것이 없다. 수많은 국민의 소중한 목숨을 앗아가고, 예산 소모가 극심해 경제적 손실도 매우 커질 수밖에 없다. 건물과 자연이 파괴되어 국토가 초토화된다. 완전한 승리를 하겠다며 지속해서 전쟁을 끌면 어떻게 될까? 피해는 눈덩이처럼 불어나게 되고, 승리를 하더라도 별 의미가 없다. 전쟁에는 이겼어도 그로 인해 큰 타격을 입은 뒤라면, 바로 국가적 위기가 닥칠 수 있기 때문이다. 만약 그렇게 약해진 틈을 타서 제3국이 공격이라도 해온다면 제대로 대응하기 힘들다. 어렵게 얻은 전쟁 승리의 이득이 없어지는 것이니 전쟁은 무조건 졸속으로라도 속전속결로 끝내야 한다. 그런데 막상 전쟁을 일찍 끝내기란 그렇게 쉬운 일이 아니다. 군대의 속성은 전투에 승리하면 또 다른 전투를 원한다. 정치 지도자들은 전쟁에 승리하면 승리감에 도취되어 또 다른 전쟁을 하려는 경향이 있기 때문이다. 하지만 전쟁이 장기화되면 피해는 고스란히 국민에게 돌아간다. 전쟁의 장기화는 곧 나라가 망하는 지름길이나 다름없다.

실제 독일의 사례를 보자. 1939년 9월 제2차 세계대전이 시작되었다. 독일이 폴란드를 침략한 것이 전쟁의 도화선이 되었다. 이후 독일은 덴마크와 노르웨이를 점령했고, 네덜란드와 벨기에, 프랑스까지 정복했다. 이어 북아프리카를 공격하고 소련까지 공격해 들어갔다. 히틀러의 야욕은 독버섯처럼 점점 자라나기만 했고 그의 이상에 제동을 거는 사람은 아무도 없었다. 하지만 히틀러는 끝내 자신의 야욕을 실현시키지 못했다. 전쟁이 장기화되면서 독일의 국력과 군사력이 갈수록 약해졌고, 결국 1945년 연합군에 패배하고 말았다. 히틀러의 삶 역시 권총으로 스스로 목숨을 끊는 비극으로 끝나고 말았다. 만약 히틀러가 전쟁을 조기에 스스로 멈췄다면 독일과 그의 운명은 어떻게 달라졌을까?

이 질문에 대한 답을 찾기 위해서 또 다른 전쟁의 사례를 살펴보자. 바로 1991년에 일어난 걸프전이다. 이라크의 사담 후세인^{Saddam Hussein}이 쿠웨이트를 점령하면서 전쟁이 시작되었다. 국제 사회와 유엔 안보리는 이라크에게 쿠웨이트에서 즉각 철수할 것을 요구했지만, 이라크 사담 후세인은 이를 단칼에 거절한다. 결국 미국을 중심으로 한 총 34개 국가는 1991년 1월 17일부터 2월 28일까지 이라크를 상대로 전쟁에 돌입한다. 그런데 날짜를 보면 알겠지만 전쟁에 걸린 시간이 총 40여 일에 불과했다. 미국 주도의 다국적군은 이라크군을 쿠웨이트에서 축출하고 이라크 중간쯤 갔을 때 과감히 전쟁을 종결했다. 당시 전 세계는 모두 의아해했다. 다국적군이 왜 이라크를 완전히 점령하지 않았는지 궁금했던 것이다. 실제로 다국적군은 쿠웨이트에서 이라크군을 몰아내기만 했을 뿐 완전히 정복하지 않았다. 더 이상 이라크군이 쿠웨이트를 비롯한 중동 지역에 위협이 되지 않을 정도로 무력화시키는 것만으로도 충분했다. 다국적군은 더 이상의 전쟁은 의미가 없다고 판단했고, 이를 즉시 실행에 옮겨 전쟁을 멈췄다. 다 이긴 전쟁이라고 더 많은 욕심을 냈다간 얻는 것보다 잃는 게 더 많다는 것을 잘 알고 있었던 것이다. 그 결과는 긍정적으로 나타났다. 무엇보다 국제 사회와 유가, 그리고 세계 경제가 빨리 안정을 되찾을 수 있었다. 만약 다국적군이 이라크 전역을 완전히 점령하고자 했다면 전쟁은 장기화되었을 확률이 높다. 아마 걸프전도 9·11테러 이후 2003년 다시 발생한 이라크전처럼 10년 이상 걸렸을지도 모른다. 아무리 전쟁에서 이겼다 하더라도 그 후유증이 너무 깊게 남아서 오히려 미국의 방해 요소가 되었을 것이다. 이처럼 독일과 미국의 엇갈린 운명만 봐도 전쟁에서 목표의 졸속이 왜 중요한지 확실히 알 수 있다.

• 졸속으로 성공하는 방법 •

졸속의 지혜는 단순히 전쟁이나 기업 간 경쟁에 국한되지 않는다. 나는 일상 속에서도 종종 졸속의 지혜를 발휘하곤 한다. 특히 나는 평소에 체중관리에 신경을 쓰는 편인데 다이어트를 할 때도 졸속으로 하는 것이 도움이 된다. 만약 운동을 하기 위해 헬스장에 가기로 마음을 먹었다. 이럴 경우 대부분 사람들은 무엇부터 시작하는가? 맞다. 계획부터 세운다. 어느 헬스장을 다녀야 좋을지, 어떤 시간에 할지, 또 어떤 복장으로 운동할 건지 두루두루 고민하게 된다. 그런데 여기에 결정적 함정이 하나 있다. 고민을 거듭하다 보면 어느새 열정이 사라져 다이어트에 대한 의지가 약해진다는 것이다. 아예 헬스장 입구도 가보지 못하고 끝나는 경우가 부지기수다. 이런 실패를 다시 경험하지 않으려면 어떻게 해야 할까?

그렇다. 졸속의 지혜를 발휘하면 된다. 먼저, 헬스장에 가기로 마음먹으면 집이나 회사에서 가까운 헬스장에 무조건 가고 본다. 일단 운동을 시작하면서 내가 어떤 시간에 하는 것이 좋을지를 계획하고, 또 어떤 프로그램이 맞는가를 알아보는 것이 훨씬 더 효율적이기 때문이다. 사람의 열정도 한정적인 자원이다. 완벽한 계획을 세우기 위해 시간을 허비하다가 시작하기도 전에 열정과 에너지를 소진하면 안 된다.

많은 사람들이 즐기는 등산에 있어서도 졸속의 지혜를 발휘할 수 있다. 만일 우리가 친구들과 등산을 하다가 갑자기 기상 상태가 안 좋아져서 소나기가 온다면 어떻게 해야 할까? 이때는 바로 코스를 바꿔야 한다. 계곡으로 갈 예정이었으면 다른 곳으로 목적지를 변경해야 한다. 그렇지 않고 최초의 계획에만 집착하면 낭패를 볼 수 있다. 그런데 우리는 가끔 융통성 없이 원칙만 고집하다가 돌발 상황에 신속하게 대처하지 못해 일을 그르친다.

목표도 마찬가지다. 산을 오를 땐 대부분 정상까지 오르는 것을 목표로 삼는다. 하지만 중간에 변수가 생겨 지체된 경우라면 처음의 목표를 바꾸는 것이 좋다. 처음 계획대로 무리해서 정상에까지 올라가면 하산할 때 어둠을 만날 수도 있다. 또 길을 잃어 곤경에 처할 수도 있다. 이럴 때는 중간까지 갔다가 과감히 내려와야 자신을 온전하게 지킬 수 있다. 내가 온전하면 나중에 다시 올라갈 기회가 생기지만, 한번 위험에 빠지면 그런 기회는 다시 오지 않는다.

학생들이 공부할 때는 어떨까? 어느 대학의 통계자료에 의하면, 박사과정을 수료하고 실제 박사학위를 취득하는 인원은 약 30%밖에 안 된다고 한다. 박사학위를 받기 위해 3년 동안 열심히 공부하고 시간과 돈을 투자하고도 포기하는 것이다. 여기에는 나름의 이유가 있다. 박사학위를 받기 위해서는 박사 논문을 작성하고 패스해야 한다. 그런데 어떤 이들은 박사 논문 작성에 지나치게 부담감을 느낀다. 박사 논문을 대단히 잘 쓰고 싶은 생각에 제목을 정하는 데 몇 개월을, 목차 정하는 데 한 반 년 이상을 허비하는 것이다. 그렇게 자료만 찾으며 중압감에 시달리다가 결국 박사 논문을 완성 못 하는 경우도 생긴다. 하지만 졸속의 지혜를 활용한다면 이야기는 달라진다. 논문 역시 졸속으로 시작하는 것이다. 졸속으로라도 쓰겠다고 마음먹는 순간 자신을 가로막던 불필요한 부담이 사라져 추진력이 생기게 된다. 일단 시작만 하면 진도는 나가게 되어 있다. 논문의 내용이 처음에는 부실하더라도 나중에 얼마든지 수정 보완해나가면 되니 걱정할 것 없다.

직장 생활에서도 마찬가지다. 회사에서 보고서를 작성하라는 지시를 받았을 때 완벽하게 하려고 시간을 오래 끌어봤자 득이 될 게 없다. 물론 완성도를 높인 만큼 상사가 만족해하면 다행스러운 일이지만, 대부분의 경우 그러기 쉽지 않다. 특히 시간이 많이 지난 상태에서 보고서를 가져가면 문제는 커진다. 상사와 의견이 다를 확률이 높은데 이를 수정할 시간이 부족해지기 때문이다. 상사의 질타를 받은 후 수정 작업을 하려면 마음고생과 함께 수고로움은 두 배가 될 수밖에 없다. 그런데 졸속의 지혜를 아는 부하 직원은 이와 다를 수 있다. 먼저, 50% 수준의 보고서 초안을 작성한 뒤 상사에게 50% 진행 상황을 보고한다. 이쯤에서 상사의 조언을 듣고 추가적인 지침을 듣는 것이다. 완벽한 보고서를 가져가진 않았다 하더라도, 상사는 부하 직원이 일하는 과정을 고스란히 보며 얼마나 이 일에 적극성을 갖고 열심히 매달리고 있는지 알게 될 것이다. 그러면 부하 직원은 상사의 지침을 받고 보다 수월하게 완성도 높은 보고서를 작성할 수 있다.

손자가 말한 것처럼, 우리 인생에서도 마음먹은 일을 졸속으로 해나가보자. 완벽을 추구한다는 핑계로 망설이는 것보다 지금 바로 실행에 옮겨나간다면 예상보다 훨씬 좋은 결과를 거둘 수 있을 것이다.

● 심리와 사기를 통제하라 – 가탈기 가탈심의 법칙

세계의 정복자 칭기즈칸^{Chingiz Khan}과 탁월한 전략가 제갈량, 전쟁의 달인으로 손꼽히는 두 인물에겐 한 가지 공통점이 있다. 그게 무엇일까? 바로 '심리전'에 강한 지략가였다는 점이다. 세계에서 가장 큰 영토를 차지한 칭기즈칸은 적의 '공포심'을 자극해서 승리를 얻어내는 데 능했다. 반면 제갈량은 적을 방심하게 만들어서 허를 찌르는 전략을 펼치는 데 탁월했다. 두 인물 모두 적의 '심리'를 잘 활용해서 전쟁에서 쉽게 이겼던 것이다. 손자 역시 전쟁이나 경쟁을 할 때 심리전에 능해야 한다고 늘 강조했다. 그런데 여기서 말하는 '심리'란 무엇일까? 또 우리가 '심리전'에 강해지려면 어떻게 해야 하는 걸까?

"심리전에 강하다!"

"심리전에서 밀리면 안 된다!"

스포츠 경기에서 자주 쓰이는 말이다. 경기 실력만큼 중요한 것이 바로 경기에 임하는 '자세와 정신'이라는 뜻이 담겨 있다. 이와 관련해 손자가 늘 강조한 말이 있다. '가탈기^{可奪氣} 가탈심^{可奪心}'! 즉, 적을 이기려면 적의 사기를 빼앗고 마음을 빼앗아야 한다는 것이다. 여기서 말하는 '사기'란 어떤 일을 하고자 하는 의욕이나 자신감을 말한다. 혹자는 이를 두고 '머리는 도저히 불가능하다고 생각하는 일을 손발은 해내려고 하는 힘'이라 표현하기도 했다. 그만큼 강한 의지와 정신력을 뜻하는 것이다. 이런 '사기'는 크게 두 가지로 구분이 되는데, 그중 하나가 개인의 사기다. 개인의 사기란 의욕과 자신감이 충만해서 무엇이든 해치울 수 있을 것 같은 기세를 말한다. 한 마디로 제2의 체력이라 할 수 있다. 또 하나는 집단의 사기를 말하는데, 이것은 개인을 넘어 조직이 목표를 달성하고자 하는 의욕을 말한다. 이런 집단의 사기야말로 전쟁에서의 승패를 가르는 중요한 요인이 된다. 언제 어디서 위기가 닥칠지 모르는 뉴노멀 시대, 제2의 체력인 '심리'와 성공을 이루고자 하는 '사기'를 잘 다스리는 능력이야말로 최고의 경쟁력이 된다.

사면초가를 탄생시킨 해하 전투

집단의 사기가 얼마나 큰 힘을 갖는지 잘 보여주는 역사 속 전투가 있다. 바로 초한전쟁楚漢戰爭 당시 한나라 유방劉邦과 초나라 항우項羽가 벌인 해하垓下 전투다. 때는 기원전 202년 무렵이었다. 중국의 진나라가 급속히 기울기 시작하자 나라 곳곳에서 반란 세력이 들고 일어났다. 이때 신흥 강자들이 많이 탄생했는데 그중에 가장 두각을 나타냈던 대표적인 두 인물이 바로 초나라 항우와 한나라 유방이었다. 두 사람은 초한전쟁 당시 서로 치열하게 싸운 맞수로도 유명하다. 실제로 항우와 유방은 약 5년에 걸쳐 전쟁을 벌였다. 전쟁 초기엔 초나라의 항우가 절대적으로 우세했다. 강한 전력을 앞세워 한나라 유방의 군대를 상대로 연전연승을 이어갔다. 하지만 오랜 기간 전쟁이 지속되면서 전세가 한나라 유방 쪽으로 기울기 시작했다. 항우는 반복되는 승리에 도취되어 전쟁에 소홀했던 반면 한나라 유방은 패배를 거듭하면서도 끝까지 열심히 싸우고자 했기 때문이다.

또한 한나라 유방에게는 주변에 뛰어난 인재가 많았는데, 그중 대표적인 인물이 천하의 명장 한신韓信이었다. 한나라는 한신의 활약 덕분에 초나라 항우보다 열세한 병력임에도 불구하고 전쟁의 주도권을 가질 수 있었다. 결국 초나라 항우의 군대는 급격히 쇠퇴하기 시작했고 급기야 항우가 한나라 한신에게 쫓기는 신세가 되고 말았다. 마침내 항우는 중국 해하 근처에서 한나라 군대에 포위되고 말았는데, 이미 약해질 대로 약해진 항우의 군대는 한나라 군대의 포위망을 뚫지 못했다. 그저 적들에 둘러싸인 채 방어에 급급한 신세가 된 것이다. 수세에 몰린 항우는 끝까지 항복하지 않고 버티려 했지만 단숨에 무너지고 만다. 한신 장군이 초나라 군대에 결정적 한방을 날렸기 때문이다.

과연 그 전략은 무엇이었을까? 한신은 항우의 군대가 궁지에 몰리면서 심리적으로 무너지고 있다는 걸 알고 이를 적극 이용했다. 날이 어두워져 자정 무렵이 되었을 때 인질로 잡고 있던 초나라의 포로들에게 고향 노래를 부르게 한 것이다. 지칠 대로 지쳐 있던 초나라 병사들은 그리운 고향의 노랫소리를 듣고 그대로 무너져버렸다. 노랫소리를 듣자마자 자신의 나라가 완전히 망했다고 생각한 것이다. 한나라 군대에 잡혀 있는 동료 병사들이 나라를 빼앗긴 슬픔을 이기지 못해 노래를 부른다고 생각했기 때문이다. 안 그래도 수세에 몰려 있던 초나라 병사들은 사기가 완전히 꺾였고 너도나도 탈영하기 시작했다. 결국 항우마저 한나라 군대의 포위망을 탈출해 달아나기 시작했다. 이후 그는 한신에게 붙잡힐 처지가 되자 스스로 목숨을 끊고 말았다. 한나라에 포위된 후 심리전에 밀려 제대로 한 번 싸워보지도 못한 채 스스로 무너져버린 것이다.

이 상황을 한 마디로 표현한 사자성어가 있다. 바로 '사면초가四面楚歌'다. 직역하면 "사방에서 들리는 초나라의 노래"라는 뜻이다. 적에게 둘러싸인 상태나 누구의 도움도 받을 수 없는 고립 상태에 빠진 것을 말하는데, 그 속뜻을 살펴보면 전쟁을 하는 데 있어서 사기, 즉 싸워서 이기고자 하는 마음이 얼마나 중요한지 잘 알려주는 말이다. 손자의 가탈기 가탈심의 법칙은 현재 우리 군에도 잘 적용되고 있다. "군대의 강약은 사기에 좌우된다"는 말이 있을 정도. 병사들이 전의를 잃은 상태에선 그 어떤 전투에서도 이길 수 없고, 적과 대치했을 때 병사들이 두려움을 먼저 느끼는 이상 제대로 싸울 수 없다는 것을 그대로 반영한 것이다.

그렇다면 장병들의 사기가 꺾이지 않도록 하려면 어떤 노력이 필요할까? 손자는 장병들의 사기가 육체적인 것과 연관이 깊다고 말했다. 그래서 무엇보다 병사들의 컨디션 관리를 잘 해야 한다고 강조했다. 병사들이 오랜 시간 행군을 해서 고단하거나 몸이 아프지 않게, 그리고 또 밥을 굶지 않도록 적극적으로 조치해야 한다고 했다. 병사들의 육체적 컨디션이 곧 정신력의 바탕이 되기 때문이다.

또 하나 중요한 것은 바로 병사들을 이끄는 지휘관들의 심리다. 전투를 할 땐 적군을 컨트롤하는 지휘관의 마음을 먼저 흔들어놔야 쉽게 이길 수 있다. 이를 위해 손자는 보이는 것에 신경을 많이 써야 한다고 강조했다. 예를 들어, 아군 진영의 깃발이 아주 꼿꼿하게 정돈이 잘 되어 있는 모습, 우리 병사들의 군기가 엄정한 모습 등을 보여야 적군의 지휘관이 만만하게 여기지 않는다는 것이다.

제갈량, 거문고 한 대로 15만 대군을 물리치다

심리를 이용해 전쟁의 승리를 거머쥔 역사 속 사례가 있다. 『삼국지
三國志』의 여러 등장인물 중 최고의 전략가로 손꼽히는 제갈량은 거문
고 한 대로 15만 대군을 단숨에 물리쳤다. 그는 어떻게 이런 기적 같
은 일을 이뤄낸 것일까? 서기 228년 무렵, 촉나라의 제갈량은 위나
라를 치기 위해 1차 북벌에 나섰다. 막강한 힘을 지녔던 촉나라 군대
는 위나라를 빠르게 점령해갔는데 기세등등했던 것도 잠시 곧 제동
이 걸리고 만다. 바로 위나라와 가정街亭 지역을 놓고 다투다 크게 패
한 것이다. 당시 제갈량은 평소 아끼던 장수 마속馬謖에게 가정 전투
를 이끌도록 기회를 줬다. 그런데 전투 경험이 부족했던 마속이 제갈
량의 라이벌이었던 사마의司馬懿의 전략에 넘어가 참패를 당하고 말았다.

그 결과 제갈량은 마속을 처형하고 곧바로 후퇴하는데 이 과정에서 제
갈량은 절체절명의 위기를 마주하게 된다. 변변한 장수 한 명 없이 '서성
西城'에 고립된 채 사마의와 맞붙어야 하는 상황에 놓인 것이다. 성 안에는
병들고 약한 소수의 병사들만 남아 있었다. 사마의의 수십만 병력이 밀려
오는데 휘하에는 병약한 몇 천 병력밖에 없었으니 큰일 날 노릇이었다.
실제로 당시 제갈량 곁에 있던 군사는 단 2,500여 명의 수비병뿐이었다.
사마의의 15만 대군과 맞서기엔 턱없이 열세한 상황이었다. 이미 사마의
의 군사는 코앞까지 다가왔다는 소식이 들려왔다. 성을 지키고 있던 군사
들은 하나같이 겁에 질린 상태가 되었다. 사마의의 군사가 쳐들어오면 꼼
짝없이 당하고 말 상황이었다.

그런데 어찌 된 일일까? 제갈량은 사마의가 쳐들어온다는 걸 알면서도 조금도 동요하지 않았다. 그리고 군사들에게 차분히 명령을 내렸다. 먼저 성문 4개를 활짝 열어두라고 했다. 그리고 각 문마다 병사 20명씩을 배치해 마당을 쓸라고도 했다. 그런데 이때 병사들에겐 군복이 아닌 일반 백성들이 입는 일상복을 입으라는 지침이 내려졌다. 이후 제갈량 자신은 학창의鶴氅衣로 갈아 입었다. 학창의란 신선이 입는 옷이라 할 만큼 화려함이 극에 달하는 옷이다. 마치 신선처럼 화려하게 차려입고서 성 위 망루에 올라선 제갈량. 궁지에 몰린 제갈량은 대체 무슨 생각으로 이런 행동을 보였던 걸까? 그 이유는 간단했다. 사마의와 심리전을 벌이기 위한 것이었다.

실제로 오직 제갈량을 생포하기 위해 며칠을 달려 서성에 도착한 사마의는 세 번 놀라게 된다. 먼저 마치 자신들을 반겨주듯 성의 문이 활짝 열려 있다는 사실에 놀랐다. 백성들조차 아무 일 없다는 듯이 태연하게 문 앞을 쓸고 있는 모습에 두 번 놀랐다. 병사들에게 평상복을 입힌 것을 보고 일반 백성들이 평온하게 하루 아침 일상을 시작하는 것으로 착각했던 것이다. 마지막으로 놀라웠던 것은 다름 아닌 제갈량의 모습이었다. 자신들이 쳐들어올 것을 뻔히 알고 있는 제갈량이 망루 위에 올라 태연히 거문고를 켜고 있는 것이었다. 그것도 너무나 평온한 모습으로 말이다. 그 순간 사마의는 큰 혼란에 빠질 수밖에 없었다. 계속 공격을 해야 할지, 아니면 후퇴해야 할지 판단이 서지 않았기 때문이다.

하지만 이내 포기하고 만다. 사마의는 "제갈량은 평생에 위험한 모험을 절대로 하지 않았다. 그가 이렇게 성문을 활짝 열어놓은 것은 반드시 매

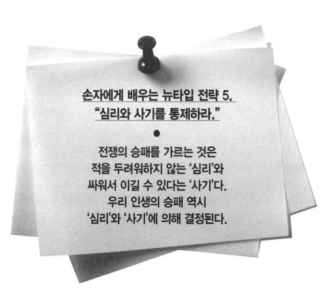

복이 있는 것이다. 우리 군마가 만일 성안으로 공격해 들어갔다가는 반드시 또 그의 계교에 빠질 것이니 속히 물러나느니만 못하다"라는 판단을 내린 것이다. 평소 조심스럽고 신중한 성격을 지닌 제갈량이 너무나 태연한 걸 보고 당연히 다른 계책이 있을 거라 겁을 먹었던 것이다. 사마의는 제갈량의 계략에 속지 않으려고 신중하게 행동했다. 그리하여 사마의는 15만 대군을 이끌고도 제갈량을 눈 앞에서 뻔히 놓치고 말았다. 제갈량은 위병이 물러가는 것을 보고 이렇게 말했다.

"사마의는 내가 평생 위험한 모험은 하지 않은 것을 안 까닭에 이와 같은 상황을 보고 복병이 있지 않을까 의심하여 물러간 것이다. 내가 이번에는 부득이하여 시도해본 것이다. 나도 큰 위험을 안고 공성계를 써본 것이다. 만일 상대가 사마의가 아니었다면 성공하기 어려웠을 것이다. 그러니 함부로 계교란 쓸 일은 아닌 것이다."

실제로 우리는 이 계략을 일컬어 공성계空城計라 부른다. 제갈량도 나름의 큰 모험을 한 것이다. 하지만 심리전을 잘 활용한 덕분에 제갈량은 피한 방울 흘리지 않고 손쉽게 15만 대군을 물리칠 수 있었다. 적군이 섣불리 공격해오지 못하도록 강한 모습을 보인 것이 제갈량의 신의 한 수가된 것이다. 우리 군의 심리적 통제만 잘 해도 적군을 쉽게 물리칠 수 있다는 것을 잘 보여준 사례라 할 수 있다.

기업인수전은 곧 심리전이다

심리전은 단지 국가 간 전쟁뿐만 아니라 기업들 간 경쟁에서도 치열하게 벌어지곤 한다. 특히 각 기업들은 인수합병전에서 고도의 심리전을 벌이기 마련이다. 이때 CEO들은 심리싸움을 전략적으로 잘 해야만 기업의 이득을 높일 수 있다. 국내 기업들 중에선 SK텔레콤이 인수합병에 나설 때마다 심리전에 강한 면모를 보여왔다.

　하나의 사례를 들여다보자. SK텔레콤이 최근 가장 주목하고 있는 분야는 바로 보안 시장이다. 데이터가 중요해진 4차 산업혁명 시대에 보안 시장이야말로 성장 가능성이 크다고 판단하기 때문이다. 그래서 SK텔레콤은 이미 3년 전부터 세계적인 보안 업체들을 적극적으로 인수해왔다. 가장 먼저 인수한 기업은 세계 1위 양자암호통신 기업 IDQ다. 아닌 게 아니라 SK텔레콤은 2011년에 이미 사내에 양자기술연구소를 설립하고 양자암호통신을 미래 먹거리 사업으로 점찍은 바 있다. 양자암호통신은 '현존하는 최고 보안기술'로 꼽힌다. 그리고 IDQ를 인수하면서 양자암호통신 사업에 박차를 가한 SK텔레콤은 그로부터 3개월 후 다시 세계 2위 업체인 'ADT 캡스'를 인수했다. ADT 캡스는 보안전문업체로 우리가 사는 집에 설치하는 홈 도어가드 등을 만드는 업체다. 사물인터넷으로 집 안의 보안을 지켜야 하는 시대인만큼 ADT 캡스도 성장 잠재력이 크다고 볼 수 있다. 그만큼 많은 기업들이 이 기업에 눈독을 들였고 SK텔레콤도 그 중 하나였다. 실제로 당시 ADT 캡스의 인수 규모는 약 3조 원으로 평가되었다. 그런데 SK텔레콤이 이 회사를 인수하는 데 실질적으로 투자한 인수 대금은 약 7,000억 원에 불과했다. 4분의 1 가격밖에 안 되는 셈이다.

SK텔레콤은 어떻게 이렇게 낮은 가격에 보안 시장의 핫한 기업을 삼킬 수 있었던 걸까? 사실 당시 업계에선 이미 SK텔레콤이 ADT 캡스를 인수할 거란 소문이 파다했다. 그래서 당시 ADT 캡스의 대주주였던 기업 칼라일^{Carlyle}은 고민하기 시작했다. 조금이라도 더 비싸게 팔기 위해서다. 아니나 다를까, 칼라일은 여러 인수 후보자들 중에서 SK텔레콤만 홀대하기 시작했다. 매각 절차에 들어가면서 정작 SK텔레콤에게는 투자안내서조차 보내지 않았을 정도였다. SK텔레콤의 애를 태움으로써 협상의 주도권을 잡으려 한 것이다. 이에 대해 SK텔레콤은 어떤 반응을 보였을까? 안절부절하며 서둘러 인수전에 참여했을까? 아니다. 초지일관 무대응으로 일관했다. 심지어 본격적인 매각 절차인 예비입찰과 본입찰에도 모습을 드러내지 않았다. 칼라일 쪽에서 오히려 애가 타게끔 만들어버린 것이다. 결과는 매우 흡족했다. SK텔레콤이 끝까지 인수전에 나서지 않자 ADT 캡스의 매각 자체가 무산될 위기에 처했다. 그때서야 SK텔레콤은 못 이기는 척 인수전에 참여했고 3조 원대로 평가받던 ADT 캡스의 경영권을 단 7,000억 원에 확보할 수 있었다. 그야말로 제대로 남는 장사를 할 수 있었던 것이다.

　그런데 사실 SK텔레콤의 무대응 전략은 단순히 일단 버티고 보자는 차원의 배짱이 아니었다. 겉으론 여유 있어 보였지만 SK텔레콤도 애가 탔다. 어떻게든 ADT 캡스를 인수하고 싶었기 때문이다. 그래서 SK텔레콤은 발 빠르게 정보를 모았다. 인수가 진행되기 전부터 ADT 캡스에 대한 실사를 치밀하게 진행한 것이다. 그리고 그 결과 자신들이 아니면 ADT 캡스를 살 기업이 없을 거라 판단했고 배짱 있게 버티기 전략을 취할 수 있었던 것이다. 시장의 판도를 치밀하게 읽은 후 그에 따라 고도의 심리전을 펼친 것이다. 어찌 보면 칼라일보다 SK텔레콤이 밀당에 있어서 한 수 위였던 것이라 할 수 있다. 기업 간 경쟁에서도 심리전에서 먼저 우위에 설 때 보다 쉽게 성과를 낼 수 있다는 것을 잘 보여준 것이다.

조직원들의 심리를 살펴라 – 조직 문화의 힘

이처럼 기업들은 외부적으로 다른 경쟁 기업들과의 심리전에서 주도권을 잡기 위해 많은 노력을 하고 있다. 그런데 이와 동시에 내부적으로도 신경 쓰는 것이 있다. 바로 기업 구성원들의 심리다. 직원들의 사기를 높이고 조직의 응집력을 탄탄히 다지기 위해서 기업 구성원들의 심리를 보살피는 데 많은 힘을 쏟고 있는 것이다. 그렇게 집단 사기를 높일 때 구성원들 모두 기업에 애착을 가지고 기업의 비전과 목표를 향해 하나로 나아갈 수 있기 때문이다. 직원들의 사기가 곧 기업 경쟁력이라는 건 여러 번 강조해도 모자라지 않다.

직원 한 사람 한 사람이 기업을 위해 발로 뛰고자 하는 마음과 의지가 있을 때 기업도 좋은 성과를 낼 수 있다는 것을 보여주는 기업 사례들이 있다. 그중 대표적인 기업이 바로 넷플릭스Netflix다. 요즘 TV 대신 넷플릭스로 영화나 드라마 보는 사람들을 흔히 볼 수 있다. 넷플릭스는 한 달에 1만 원만 내면 내가 좋아하는 영상 콘텐츠들을 마음껏 볼 수 있고, 또 내 취향에 맞는 콘텐츠들을 알아서 추천해주는 서비스다. TV 볼 시간이 별로 없는 젊은 사람들은 특히 넷플릭스를 선호한다. 이렇게 인기를 끌고 있는 넷플릭스는 전 세계에서 가장 인기 있는 최대 동영상 스트리밍 서비스 업체로 승승장구하고 있다. 넷플릭스의 기업 가치는 80조 원을 넘어선 지 오래다.

넷플릭스가 이렇게 성공가도를 달릴 수 있는 비결은 무엇일까? 바로 직원들의 사기를 높여주는 조직 문화 덕분이다. 넷플릭스는 먼저 직원들에게 업계 최고 수준의 급여를 준다. 또 자기가 원할 때 언제든지 원하는 만큼 휴가를 갈 수 있게 해준다. 무제한 유급 휴가제를 갖추고 있기 때문이다. 예산을 짤 때도 별다른 제약이 없고 복잡한 서류를 통해 거쳐야 하는 행정 절차들도 최대한 없앴다. 그야말로 직원들에겐 '꿈의 직장'이라 할 수 있다. 여기서 정말 중요한 것은 무제한 휴가도, 높은 급여도 아니다. 넷플릭스가 구성원들 한 명 한 명을 절대적으로 신뢰하고 있다는 것이 중요하다. 구성원들이 그만큼 심리적 안정감을 느끼게 되고 좋은 성과를 내야겠다는 의욕을 갖게 한다.

또 하나, 넷플릭스의 조직 문화를 말할 때 빼놓을 수 없는 것이 있다. 넷플릭스가 마치 명문 스포츠 팀을 이끌 듯 조직을 운영하고 있다는 것이다. 각 업무의 담당자들을 업계에서 가장 인정받고 있는 'A급' 선수들로 채워 '최고의 팀'을 만들어준 것이다. 자신의 직원들에게 최고의 동료들과 일할 수 있는 기회를 주는 것이야말로 최고의 복지이자, 최고의 보상이라 생각한 것이다. 실제로 넷플릭스의 직원들은 최고의 팀원들과 함께 일하는 것에 굉장한 자부심을 느끼며 일하고 있다. 또한 자신에게 주어진 자율을 최대한 누리며 일하는 만큼 최대한의 성과를 내기 위해 노력하고 있다. 놀랍게도 이것은 실제 성과로 이어졌다. 컨설팅회사 베인앤컴퍼니Bain & Company에 따르면, 넷플릭스는 업계 평균보다 생산성이 40% 높으며 수익률도 30~50% 높은 것으로 나타났다. 손자가 전쟁할 때 병사의 사기와 심리를 잘 관리해야 손쉽게 이길 수 있다고 강조한 것처럼 기업들은 조직원들의 사기를 높임으로써 좋은 성과를 얻어낼 수 있었던 것이다.

넷플릭스가 이렇게 승승장구하면서 국내에서도 조직 문화에 신경쓰는 기업들이 늘어났다. 특히 수평적인 조직 문화를 만들기 위한 다양한 시도들이 이뤄졌다. 서로 영어 이름을 부른다든지, 회사 내 직급을 없애는 등의 방식이었다. 하지만 하루가 다르게 시시각각 변화가 일어나는 뉴노멀 시대에는 조직 문화에 있어서 보다 근원적으로 접근해야 할 이유가 있다. 이런 변화에 즉각적으로 대응하고 심지어 이 변화를 주도해나가기 위해서는 조직의 민첩성을 갖춰야 하기 때문이다. 조직의 민첩성이란 변화에 빠르게 대응하면서도 경직되지 않고 유연하게 대응할 수 있는 역량을 말한다. 조직이 이렇게 민첩하게 움직이려면 질서를 중시하고 수직적인 통제가 가능한 전통적인 경영 방식에서 벗어나 수평적인 조직 문화를 통해 조직을 움직이고 조직이 아닌 개개인의 자율성을 보장하는 노력이 필요하다. 왜 우리 기업은 더 성장하지 못하는가? 이를 고민하는 경영자라면 가장 먼저 조직 문화부터 살펴야 한다. 직원들이 창의적이고 생산적으로 일할 수 있는 분위기가 조성되어 있는지, 또 어떻게 하면 구성원들의 심리적 사기를 높여줄 수 있는지를 우선적으로 살필 때 기업의 경쟁력도 높아질 수 있기 때문이다.

탐욕과 공포, 두 가지 함정

국가와 기업이 아닌 우리 개인들은 어떻게 '심리'와 사기를 통제해야 할까? 주식 투자를 예로 들어보자. 저금리 시대다 보니 누구나 한 번쯤 주식 투자를 통한 대박을 꿈꾸기 마련이다. 그런데 사실 성공률은 그다지 높지 않다. 주식 투자에 있어서 두 가지 심리적 함정, 바로 탐욕과 공포에 빠지기 쉬운 탓이다. 탐욕은 말 그대로 지나친 욕심이다. 처음엔 적은 돈이라도 꾸준히 투자해서 수익을 내는 것을 목표로 한다. 하지만 옆에서 누가 주식으로 대박을 낸 걸 보면 누구라도 더 큰 욕심이 나기 마련이다. 바로 이때가 가장 위험한 순간이다. 탐욕에 눈이 멀어 고수익, 고위험 전략에 빠질 확률이 높아지는 탓이다.

　주식 투자할 때 빠지기 쉬운 또 하나의 함정은 바로 공포다. 투자했을 때 괜히 큰 손실을 입을까봐 두려운 마음을 갖게 되는 것이다. 이렇게 한 번 공포심을 느끼기 시작하면 투자에 성공하기 힘들어진다. 주식 시장이 어떻게 돌아가는지 객관적인 상황을 보고 투자에 대한 판단을 해야 하는

데, 그것이 힘들어지기 때문이다. 만약 우리가 연못가에서 얼굴을 비춰본다고 가정을 해보자. 물이 고요하고 평온한 상태라면 얼굴이 정상적으로 잘 보일 것이다. 그런데 바람이 세게 불어서 물이 일렁일 때 얼굴을 비춰보면 어떨까? 얼굴이 여느 때와 달리 일그러져 보일 것이 분명하다. 우리 마음도 마찬가지다. 어떤 일을 판단할 때 마음이 평온해야 상황을 올바르게 보고 최선의 선택을 내릴 수 있다. 공포감을 갖게 되면 승산이 있는 종목에조차 제대로 투자를 할 수 없게 된다. 이렇듯 우리는 어떤 일을 할 때 스스로 심리적 통제를 잘 할 수 있는 방법을 터득해야 한다. 그래야 올바른 심리 판단을 할 수 있고, 실패의 위험을 줄일 수 있는 것이다.

그렇다면 개인의 '사기'는 어떻게 높일 수 있을까? 흔히 우리는 실패가 성공의 어머니라고 한다. 하지만 나는 그게 전부는 다가 아니라고 생각한다. 오히려 성공이 성공의 어머니일 수 있다. 즉, 작은 성공이 큰 성공의 어머니라고 생각하는 것이다. 여기엔 그만한 이유가 있다. 야구선수들만 해도 삼진 아웃을 당했을 때보다 안타나 홈런을 쳤을 때 실력이 더 빨리 는다고 한다. 안타나 홈런을 친 그 순간의 감을 기억해서 여러 번 연습하다 보면 똑같이 성공할 수 있는 확률이 높아지기 때문이다. 자신감 또한 높아져서 실전에 더 강해질 수 있다. 반면에 삼진 아웃을 당하면 어떨까? 어떻게 쳐야 공이 잘 맞는 건지 자꾸만 헷갈리게 될 것이다. 그리고 공이 빗나갈 때마다 자신감이 없어지고 결국 슬럼프에 빠질 확률이 크다. 어떤가? 이것만 봐도 성공이 또 다른 성공을 부른다는 것을 잘 알 수 있지 않는가. 작은 성공이 큰 성공을 부르는 것, 그것이 결국 손자가 말한 '심리'와 '사기'의 힘이다.

• 심리적 사기를 높여야 성공이 따라온다 •

나도 작은 성공을 통해 심리적 사기를 높여서 큰 성공을 이룬 적이 있다. 원래 나는 달리기를 잘하지 못했다. 군 생활 할 때 구보를 자주 했는데 대부분 10km 이하였다. 10km 정도는 자주 뛰었지만 그 이상은 뛰어본 일이 없었다. 그런데 내가 대대장으로 근무하던 중령 시절, 사단에서 체육대회가 열렸다. 1개 사단은 총 4개 연대로 이뤄지는데 이 연대들끼리 서로 체육경기를 통해 맞붙게 된 것이다. 그중 한 종목이 바로 하프 마라톤이었다. 연대별로 계급마다 한 명 이상 대표로 출전해야 했다. 우리 연대에는 중령 계급이 몇 명 없었던 터라 할 수 없이 내가 마라톤을 뛰어야만 했다. 등 떠밀려 나가게 된 경기였기 때문에 부담이 컸던 나는 어떻게든 완주를 해야겠다는 일념 하에 몇 주간 마라톤 연습을 했다. 하지만 10km 이상 뛰어본 일이 없는 내가 하루아침에 21km를 뛰는 능력을 갖추는 것이 쉽지는 않았다. 그래도 노력한 덕분인지 경기 날 완주의 기쁨을 누릴 수 있었다.

그런데 사람 마음이 참 요상한 것 같다. 그렇게 달리기가 싫었는데 21km 완주에 성공을 하고 나니까 또 다른 마라톤 대회에 도전하고 싶어졌다. 무언가를 해냈다는 성취감이 나를 또 다른 도전으로 이끈 것이다.

다음엔 부대를 벗어나 외부에서 열리는 정식 마라톤 대회에 참가했다. 처음엔 21km 코스부터 도전을 했는데 이미 뛰어본 경험이 있어서인지 쉽게 완주할 수 있었다. 나는 거기서 멈추지 않고 다시 새로운 목표를 세웠다. 42.195km! 바로 인간 한계에 도전하는 마라톤 풀코스에 도전하기로 한 것이다. 도전을 하면서도 나 스스로 미심쩍은 부분이 많았다. 그래도 스스로가 이것을 해낼 수 있을지 그 한계를 시험해보고 싶었다.

그런데 결국 성공했다. 두 달간 열심히 마라톤 연습을 한 결과 풀코스 완주를 해낸 것이다. 그 이후에도 여러 번 풀코스에 도전해서 완주의 기쁨을 누릴 수 있었다. 그런데 진짜 놀라운 것은 마라톤을 열심히 하다 보니 자연스럽게 체력이 좋아지고 열정이 샘솟듯 솟아났다는 것이다. 그만큼 업무 능력도 눈에 띄게 향상되었다. 더 열정적으로 일을 하게 됨으로써 성공의 발판을 더욱 탄탄히 다지게 된 것이다.

 살다 보면 지치고 힘든 순간이 자주 찾아온다. 특히 위기 상황에 놓이면 앞으로 어떻게 헤쳐나가야 할지 답이 보이지 않아서 포기하고 싶은 순간도 찾아오기 마련이다. 그럴 때 가장 중요한 것은 바로 스스로 무너지려는 '심리'를 통제하는 것, 그리고 스스로를 일으켜세울 수 있는 '사기'다. 말로는 어렵게 느껴질 수 있지만 사실 간단하다. 스스로 작은 성공의 기회를 마련해줌으로써 '사기'를 불어넣어주는 것, 그리고 그 '사기'를 통해 다시 앞으로 나아갈 수 있다는 희망을 갖는 것이다. 이것만 우리가 장착하고 있다면 어떤 위기든 기회로 바꿀 수 있다.

CHAPTER 4

손자에게 배우는 '뉴타입' 전략 2

내가 『손자병법』을 특히 좋아하는 이유 중 하나는 인생의 노성비를 높일 수 있는 방법을 배울 수 있기 때문이다. 최소 노력으로 최대 성과를 얻는 것, 어찌 보면 이것이 『손자병법』 전략의 핵심이라 할 수 있다. 최소한의 피해로 최대 승리를 얻고자 하는 전승 사상과 맞닿아 있기 때문이다. 특히 이런 노성비는 뉴노멀, 뉴타입, 뉴드림을 일구는 데 있어서 효율적인 전략을 짜는 '키워드'가 된다. 새로운 시대는 무조건 노력만 한다고 이길 수 있는 시대가 아니다. 노력 대비 성과를 높여야 보다 큰 꿈을 꿀 수 있고, 자신이 원하는 진짜 성공에 가까워질 수 있다. '노성비'를 높인다는 것은 새로운 시대가 요구하는 기준에 따라, 새 시대에 맞는 경쟁력을 갖출 때 비로소 가능한 일이기 때문이다. 그렇다면 우리는 어떻게 해야 노력 대비 성과를 높일 수 있을까?

● 우리는 언제부턴가 가성비라는 말을 자주 쓴다. 가성비란 가격대비 성능을 말하는데, 물건 값을 지불한 것에 비해 높은 가치를 얻었을 때의 만족감을 표현하는 단어라 할 수 있다. 요즘은 가심비라고 해서 가격대비 심리적 만족감을 얼마나 얻을 수 있는지를 표현하는 말까지 등장했다. 그런데 가성비는 단지 물건을 살 때만 적용되는 것은 아니다. 우리가 인생을 살아가면서 어떤 일을 할 때도 가성비를 따질 수 있다. 엄연히 말하면 가성비가 아니라 노성비쯤 되겠다. 노력 대비 성과 말이다. 뉴노멀 시대에는 노성비가 특히 중요하다. 100의 노력을 들여서 100의 결실을 거두는 것은 이론상으로는 당연한 것처럼 보인다. 하지만 현실은 그렇지 못할 때가 더 많다.

그런데 뉴노멀 시대엔 얘기가 달라진다. 노력 대비 성과를 높일 수 있는 도구들이 많아졌다. 4차 산업혁명이 이뤄지면서 우리가 활용할 수 있는 첨단 기술들이 많아졌기 때문이다. 큰 노력을 들이지 않고도 이런 기술들을 잘 조합해 운용하는 것만으로도 큰 결실을 거둘 수 있는 방법들이 생겨난 것이다. 그런데 이를 잘 활용하기 위해서 우리에게 필요한 것은 무엇일까? 정답은 바로 전략이다. 무조건 열심히 하는 것이 아니라 효율적인 노력을 할 수 있는 전략을 가져야 한다. 내가 『손자병법』을 특히 좋아하는 이유 중 하나는 인생의 노성비를 높일 수 있는 방법을 배울 수 있기 때문이다. 최소 노력으로 최대 성과를 얻는 것, 어찌 보면 이것이 『손자병법』 전략의 핵심이라 할 수 있다. 최소한의 피해로 최대 승리를 얻고자 하는 전승全勝 사상과 맞닿아 있기 때문이다. 특히 이런 노성비는 뉴노멀, 뉴타입, 뉴드림을 일구는 데 있어서 효율적인 전략을 짜는 '키워드'가 된다. 새로운 시대는 무조건 노력만 한다고 이길 수 있는 시대가 아니다. 노력 대비 성과를 높여야 보다 큰 꿈을 꿀 수 있고, 자신이 원하는 진짜 성공에 가까워질 수 있다. '노성비'를 높인다는 것은 새로운 시대가 요구하는 기준에 따라, 새 시대에 맞는 경쟁력을 갖출 때 비로소 가능한 일이기 때문이다. 그렇다면 우리는 어떻게 해야 노력 대비 성과를 높일 수 있을까? 여기선 최소 노력으로 최대 성과를 일구어내는 방법들을 하나씩 배워보고자 한다.

● 나에게 유리한 판을 짜라 - 14궤의 법칙

손자가 전쟁에 임하는 태도에 있어서 무엇보다 강조한 것이 있다. 바로 전쟁 전 유리한 여건을 조성해야 한다는 것이다. 내가 상대보다 강할 때 조차 유리한 여건을 조성해두는 것이 중요하다고 했다. 그래야만 바위로 계란을 치듯 쉽게 이길 수 있기 때문이다. 하물며 내가 불리할 때에는 어떻겠는가. 나의 약점을 감추고 상대의 강점을 무너뜨릴 수 있는 여건을 조성하는 것이 중요하다. 위기 때도 마찬가지다. 위기를 벗어나 기회로 만들 수 있는 여건을 조성해야 한다.

손자는 대표적인 여건 조성 방법으로 14궤를 제시했다. 14궤에서 궤의 한자는 속일 궤詭이다. 적을 속여서 자신에게 유리한 판을 만들라는 것이다. 여기서 속인다는 것은 적에게 혼란을 줄 수 있는 묘책을 말한다. 그것은 곧 적을 흔들기 위한 전략이다. 대치되고 고정된 상태에서는 유리한 여건이 만들어지지 않기 때문에 상대를 흔들어야 한다는 뜻이다. 상대가 있는 운동 경기를 생각해보자. 운동선수들은 상대편을 흔들어놓기 위해 속이는 동작인 페인트 모션feint motion을 끊임없이 사용한다. 유도를 할 때에도 마찬가지다. 우리는 힘을 써서 상대의 힘을 역이용해 상대방을 넘어뜨린다. 그런데 양쪽이 서로 붙잡은 상태로 버티고 있으면 어디에도 허점이 나오지 않는다. 그래서 유도선수들은 이리저리 움직이기도 하고 상대를 끌면서 상대의 균형을 흐트러뜨리기 위해 애쓴다. 그러다 상대가 균형이 흔들리면 순식간에 상대의 힘을 역이용하는 동시에 나의 힘을 합해서 넘어뜨리는 것이다. 축구를 할 때에도 선수들은 상대 수비수를 따돌리기 위해 페인트 모션을 사용한다. 유명한 공격수가 현란한 페인트 모션으로 상대 선수들을 젖히고 드리블해갈 때 관중들은 그의 돌파력에 열광한다. 골키퍼를 상대할 때도 페인트 모션을 써가며 공을 찬다. 골 왼쪽을 찰 것처럼 하면서 공을 오른쪽으로 차기도 하고, 드리블을 하는 척하며 골대를 향해 공을 찬다. 유명한 스타 플레이어들은 어쩌면 페인트 모션의 달인인 것이다.

전쟁에서도 마찬가지다. 상대가 있는 전쟁에선 운동경기에서처럼 상대를 속이고 흔드는 페인트 모션을 사용한다. 정적인 상태에서는 유리한 여건을 조성하기 힘들기 때문에 끊임없이 상대를 자극해 균형을 잃게 만들어야 한다. 적이 흔들리면 그 순간 허점이 나온다. 그 순간 허점을 향해 바로 공격해야 하는 것이다. 상대가 허점을 보이도록 만드는 것, 그것이 곧 나에게 유리한 판을 만드는 것이고 쉽게 이길 수 있는 방법이다.

인천상륙작전, 유리한 판의 전략

손자의 14궤는 인천상륙작전의 사례를 통해서 잘 드러난다. 6·25전쟁 당시 유엔군 사령관 맥아더Douglas MacArthur 장군은 인천상륙작전을 구상했다. 거침없이 진격해오는 북한군을 저지하기 위한 최선의 방책으로 상륙작전을 떠올린 것이다. 문제는 장소였다. 북한군을 치는 데 가장 효과적인 지역이 어디일지 쉽게 감이 잡히지 않았다. 결국 맥아더 장군이 선택한 곳은 인천이었다. 사실 인천의 바다는 조수 간만의 차가 매우 심하기 때문에 상륙작전을 펼치기에 제약이 많은 장소다. 그럼에도 불구하고 맥아더 장군이 인천을 선택한 이유는 무엇이었을까? 이유는 하나, 북한군을 속이기 쉬웠기 때문이다. 인천의 지역적 특색을 잘 알고 있던 북한군은 우리 측이 인천을 통해 상륙작전을 펼치리라곤 예상하지 못했다.

맥아더 장군은 바로 그 점을 노리고 기만 활동을 펼치기 시작했다. 그 시작은 바로 북한군에게 거짓 정보를 흘리는 것이었다. 일부러 북한군이 듣게 하려고 무전으로 군산, 원산, 해주, 포항 등의 지역을 거짓으로 언급하는가 하면, 실제로 해당 지역에서 가짜 상륙작전을 펼치기도 했다. 이름하여 학도병을 이용한 장사상륙작전이다.

장사상륙작전은 1950년 9월, 경상북도 영덕군 남정면 장사리에서 벌어진 상륙작전을 말한다. 작전명 174라고도 하는데, 대한민국군의 학도병으로 구성된 772명이 문산호를 타고 장사에 상륙하여 국도 제7호선을 봉쇄한 후, 조선인민군의 보급로를 차단하는 데 성공하고 철수한 작전이다. 원래는 8군에 떨어진 명령이었으나 인민군 복장을 입고 특수 작전을 해야 하는 사정상 북한군과 외모가 비슷한 학생들인 학도병들을 동원하게 되었다. 이로써 772명의 학도병과 지원 요원 56명은 변변찮은 식량을 싣고 국가를 위한 마음으로 장사리에서 상륙작전을 벌인다. 인천상륙작전을 벌이기 전 북한군의 주의를 분산시키고 북한군의 보급로를 차단하기 위해서였다. 알려진 바로는 당시 투입된 학도병들은 2주간의 짧은 훈련 기간을 거친 14~17세의 어린 학생들이었다. 당시 학도병들은 3일간 상륙한 뒤 귀환할 예정이었다. 총기 등의 물자가 3일치만 지급된 것은 바로 이 때문이다. 하지만 안타깝게도 문산호는 태풍에 떠밀려 상륙하기 전 좌초되었고, 고립된 학도병들은 총알과 식량이 부족한 상황에서도 7번 국도를 차단하기 위해 끝까지 싸워야만 했다.

결과는 참혹했다. 139명이 전사하고 92명이 부상을 입었으며, 이들을 제외한 나머지는 모두 행방불명 상태가 된 것이다. 하지만 이렇게 많은 학도병들의 희생은 헛되지 않았다. 가짜 상륙작전 덕분에 북한의 관심은 단숨에 영덕 쪽으로 쏠렸고, 인천에 대한 방어가 소홀해졌다. 결과적으로 인천상륙작전은 무리 없이 성공하게 된다. 맥아더 장군이 장사상륙작전을 통해 자신에게 유리한 여건을 미리 만들었기 때문이다. 사전에 유리한 여건을 조성함으로써 인천상륙작전의 실패 확률과 피해율을 낮출 수 있었다. 또 인천을 획득하고 전쟁의 판세를 바꾸는 데 성공할 수 있었다.

뉴노멀 시대! 새판 짜기를 시도하라

그렇다면 지금과 같은 뉴노멀 시대에 사전 여건을 조성한다는 것은 무슨 뜻일까? 아마 누구라도 개미와 베짱이라는 이솝우화에 대해 들어봤을 것이다. 뜨거운 여름 내내 열심히 일을 한 개미, 그리고 매일같이 게으름만 피우고 놀던 베짱이 이야기다. 다들 알다시피 이 이야기의 결론은 분명하다. 열심히 일한 개미는 겨울이 되어도 잘 먹고 잘살지만 게으른 베짱이는 먹을 것이 없어서 굶주림에 시달리게 된다. 그러다 결국 베짱이는 개미에게 빌어먹는 처지가 된다. 그리고 여름 내내 놀기만 했던 자신의 게으름을 뉘우치는 것으로 이야기는 끝난다. 우리는 개미와 베짱이를 통해서 근면과 성실함이 삶을 지탱해주는 가장 중요한 가치라는 것을 배웠다. 그런데 만약 오늘날 개미와 베짱이의 이야기가 쓰여진다면 어떨까? 똑같이 근면, 성실함이 가장 선한 가치로 그려질까? 글쎄. 내 생각엔 사뭇 다른 이야기로 전개될 것 같다. 예를 들면 이렇다.

햇볕이 쨍쨍 내리쬐는 여름날 개미는 땀을 뻘뻘 흘리며 일하고 있었다. 그런데 어디선가 가슴이 뻥 뚫리는 노랫소리가 들려왔다. 시원한 나무그늘 밑에서 베짱이가 부르는 노랫소리였다.

"개미야, 더운 날 내 노랫소리를 듣고 힘을 내렴."

일밖에 몰랐던 개미들은 지칠 때마다 나무 그늘에 앉아 베짱이가 부르는 노랫소리에 힘을 얻는다.

"저런 아름다운 목소리를 들을 수 있다니 행복해."

매일 노래를 부르는 베짱이의 가창 실력은 일취월장했고, 숲속에서 베짱이를 모르는 개미들은 없게 되었다.

온 세상이 하얀 눈으로 뒤덮였다. 이윽고 겨울이 온 것이다.

이제까지 놀며 노래를 부르기만 한 베짱이의 집에는 먹을 것이 없었다.

그에 반해 개미들의 집 안에는 먹을 것이 가득 차 있었다.

하지만 할 일이 없는 개미들은 무료해졌다.

베짱이는 이런 개미들을 위해 음악 콘서트를 열었다.

베짱이의 음악 콘서트를 듣기 위해 많은 개미들이 먹을 것을 들고 몰려왔다.

베짱이 집 현관 앞에는 베짱이의 팬이 된 개미들이 선물한 음식들이 차곡차곡 쌓였다.

그리고 베짱이는 더 많은 개미 팬들을 위해 월드 투어 콘서트를 떠났다.

어떤가? 지금 이 시대에 더 잘 어울리는 스토리가 아닌가. 원래 개미와 베짱이 이야기는 개미처럼 자신에게 주어진 일을 열심히 하고 노력하면 그만큼의 결실을 얻을 수 있다는 교훈을 주기 위한 우화다. 이것은 생산 중심적인 농업화·산업화 시대에는 잘 통하는 얘기였지만, 4차 산업혁명 시대인 오늘날에는 반드시 맞는 얘기라고 할 수는 없다. 시대가 변화함에 따라 경제사회가 요구하는 능력이 바뀌고 있기 때문이다. 농업화 시대와 산업화 시대에는 개미처럼 땀 흘려 열심히 일해 많이 생산해내는 근로자가 사람들로부터 인정을 받았다면, 4차 산업혁명 시대에는 베짱이처럼 예술적 재능을 가진 창조적 근로자들도 충분히 인정을 받을 수 있게 되었다. 예를 들어, 베짱이는 여름에 힘들게 일하는 개미들을 위해 노래를 부르는 것으로 위로와 즐거움을 줄 수 있다. 단순히 무언가를 생산해내지 않아도 '노래를 부르는 재능' 자체만으로 문화적 가치를 인정받을 수 있는 시대가 된 것이다. 겨울이 되면 어떻겠는가? 개미는 먹을 것이 많아도 일이 없어 무료할 것이다. 이때 베짱이는 노래교실을 열어 개미들에게 노래를 가르쳐줄 수도 있고, 콘서트를 개최해 개미 관객들에게 큰 만족과 기쁨을 줄 수 있다. 베짱이는 더 이상 개미한테 먹을 것을 구걸하는 것이 아니라 자신의 재능을 펼치며 개미와 서로 윈윈하는 삶을 살아갈 수 있다. 이처럼 4차 산업혁명 시대에는 자신의 장점을 최대한 살림으로써 얼마든지 자신에게 유리한 판을 만들 수 있다. 자신의 강점을 살려 기존에 불리했던 판을 자신에게 유리하게 만들어가는 것, 이것이 바로 사전 여건을 조성하는 것이다.

'오뚜기'는 어떻게 '갓뚜기'가 되었나

국내 기업들 중에 사전 여건 조성을 잘 해서 승승장구하고 있는 기업이 있다. 바로 갓뚜기라는 애칭으로 불리는 오뚜기다. '갓'이라는 수식어가 말해주듯 오뚜기는 다른 경쟁사와 비교 불가의 경쟁력을 갖는다. 일단 오뚜기가 파는 제품이라면 믿고 산다는 고객들이 많다. 어떻게 오뚜기는 이토록 유리하게 사전 여건을 조성할 수 있었던 것일까?

오뚜기가 '갓'뚜기가 된 결정적 계기가 있었다. 바로 2017년의 일이다. 고^故 함태호 명예회장이 타계한 후 그의 아들인 함영준 회장이 경영권을 상속받게 되었는데 무려 1,500억 원의 상속세를 완납하기로 했다는 사실이 알려졌다. 상속세를 내는 것은 당연한 일이지만 이 일은 우리 사회에서 엄청난 화제가 되었다. 그동안 다른 기업들이 상속세를 내지 않기 위해 온갖 편법을 써온 것과 비교하면 오뚜기의 이런 행보는 확실히 차별화되었기 때문이다.

또한 이 일을 계기로 오뚜기가 그동안 남모르게 해온 선행들이 언론을 통해 알려지기 시작했다. 1992년부터 선천성 심장병 어린이들의 수술비를 지원해왔고, 2012년부터는 밀알복지재단의 굿윌스토어와 손을 잡고 장애인 재활지원사업을 펼쳐왔다는 것 등이다.

그중엔 물론 경영에 관련된 것도 있었다. 가장 대표적인 것이 2008년에 단 한 번 라면 가격을 100원 인상한 것 말고는 상품 가격을 동결해왔다는 것, 그리고 전체 직원 중 비정규직자의 비율이 1%대에 불과하다는 것 등이다. 대부분의 기업이 물가 인상을 핑계로 제품 가격을 올리고, 직원들을 비정규직으로 채용하는 것이 일상화된 시대에 오뚜기가 보여준 이런 선행들은 고객들의 마음을 사로잡기에 충분했다. 비록 오뚜기가 한 선행이란 것이 지극히 당연한 일이었을지라도 다른 기업들과 비교했을 때 착한 기업이라는 평가를 받기에 부족함이 없었던 것이다.

이후 오뚜기의 기업 가치는 단순히 돈으로 환산할 수 없을 만큼 높이 뛰었다. 경쟁 기업들과 라면 가격을 두고 신경전을 벌일 필요가 없어졌다. 조금이라도 이윤을 더 남기기 위해 라면 가격을 인상하지 않아도 될 만큼 스스로 유리한 여건을 조성해놓았기 때문이다. 오뚜기 아니 갓뚜기의 눈에 띄는 행보를 접한 고객들은 라면을 구매할 때 맛 혹은 가격만큼이나 오뚜기의 착한 영향력을 고려하기 시작했다. "이왕이면 오뚜기 라면을 먹겠다"는 소비자가 눈에 띄게 늘기 시작했고, 그것은 당연히 매출과 이어졌다. 부동의 1위 자리를 지켜온 라이벌 기업을 위협하기에 충분한 경쟁력을 갖게 된 것이다.

혹시 위코노미WEconomy라는 말을 들어본 적이 있는가? 밀레니얼 경제의 첫 번째 공식으로 손꼽히는 위코노미는 말 그대로 위WE와 이코노미economy의 합성어다. 우리의 경제, 환경, 사회복지가 서로 연결되어 있기 때문에 기업이 성공하기 위해서 사회적 대의를 추구해야 한다는 개념이다. 새로운 소비 주체로 떠오르고 있는 밀레니얼 세대나 Z세대들에게서 이런 성향이 두드러진다. 이들은 단순히 제품과 서비스만 보고 소비하는 것이 아니라, 기업의 존재 목적과 기업이 이윤을 추구하는 방식까지 고려한다.

이와 관련해 흥미로운 조사 결과가 하나 있다. 최근 리서치 업체 '콘 커뮤니케이션Cone Communications'에서 연구한 것이다. 요즘 소비자의 84%는 사회적 책임 의식이 있는 제품을 꾸준히 찾고 있으며, 90%는 기만적 행위를 하는 기업 브랜드는 거부할 것이라고 답했다는 것이다. 요컨대 오늘날 사람들은 단순히 소비 자체에 그치지 않고 그 소비 행위를 가치 있는 사회적 대의나 운동과 관련짓고 싶어한다. 사람들의 소비 가치관이 바뀌고 있는 것이다. 대부분의 사람들은 경제적으로 성공하려는 욕구뿐 아니라 선행에 대한 욕구도 함께 느끼기 때문이다. 착한 일을 하고 세상을 더 좋은 방향으로 만드는 대의를 실천하는 기업과 소비자를 우롱하고 눈앞에 놓인 돈벌이에만 치중한 기업을 명확하게 구별하고 선택할 것이다. 어떤 기업이건 "우리는 ~하므로, 더 나은 세상을 만들고 있다"는 목적을 추구하지 않는다면 치열한 경쟁의 장에 발도 딛지 못할 것이다. 이런 추세를 고려했을 때 오뚜기는 이미 자사에게 유리한 사전 여건을 조성해놓은 것이 된다. 사람들이 소비하는 데 있어서 기업의 윤리와 선한 영향력을 우선순위에 두게 된 만큼 오뚜기는 유리한 상황이 된 것이다.

코로나19 사태 속에서도 이렇게 착한 경영을 시도한 기업 여럿이 빛을 발했다. 그중 우리나라를 대표하는 기업이 삼성과 LG전자다. 최근 코로나19 사태를 겪으면서 미국, 영국, 인도, 남아공, 중남미와 같은 취약 지역을 중심으로 물품 기부를 이어가고 있다. 세계 선진국들도 코로나19 확산 여파로 다른 국가에 도움을 줄 여력이 없는 상황에서, 상대적으로 조기에 사태가 완화된 한국 기업들의 적극적인 기부와 지원은 '코리아 브랜드' 이미지에 긍정적으로 작용할 것임이 자명하다. 기업들의 지원 규모가 크지 않더라도 도움을 받은 지역사회에서는 이것을 오랫동안 기억할 것이다. 어떤 대가를 바라고 한 일이 아니지만, 이러한 사례가 누적되면 결과적으로 기업 선호도와 제품 판매 증대에 큰 영향을 미칠 수 있다.

뉴노멀 시대의 기업은 단지 라이벌 회사를 이기기 위해 수단과 방법을 가리지 않는 식의 작전으론 고객들의 마음을 얻을 수 없다. 오히려 이러한 방식의 작전은 기업의 이미지만 훼손시키는 요인으로 작용한다. 기업의 최종 목적은 고객의 선택을 받는 것이다. 그렇기 때문에 기업은 고객들과의 신뢰를 유지하고 공고히 다져가는 과정 속에서 자신에게 유리한 여건을 조성해야 한다. 오뚜기가 보여준 행보가 바로 그 좋은 예가 될 수 있다. 한 발 더 먼 미래를 준비하며 고객을 위한 경영을 펼치는 것이 곧 기업이 경영환경에서 스스로 유리한 여건을 만들어가는 전략 중 하나라 할 수 있다.

● 최소의 노력으로 쉽게 이긴다 – 기정 전략

"강한 자가 살아남는 것이 아니라 살아남는 자가 강한 것이다"라는 말이 있다. 치열한 경쟁사회를 살고 있는 우리는 어떻게 하면 수많은 경쟁에서 도태되지 않고 끝까지 살아남을 수 있을지 고민하게 된다. 이것은 곧 수많은 위기를 슬기롭게 이겨낼 수 있는 지혜를 찾는 것과 같다. 바로 여기에 손자는 하나의 명쾌한 답을 제시해주었다. 바로 이정합 이기승以正合以奇勝이다. 전쟁을 할 때는 정공법을 기반으로 하되 기책으로서 이겨야 한다는 말이다. 한 마디로 '기정奇正 전략'이라 할 수 있다. 여기서 정공법이란 나와 적군이 주병력으로 대치하는 것을 뜻하고, 기책은 기습병력이나 소수 정예화된 병력으로 적의 허점을 찌르는 전략을 말한다. 이해하기 쉽게 예를 하나 들어보겠다. 세계 전쟁 역사상 가장 유명한 기정 전략으로 첫 손에 꼽히는 것이 있다. 바로 6·25전쟁 중에 있었던 인천상륙작전이다. 그 속엔 어떤 기정 전략이 담겨 있을까?

적은 병력, 큰 승리! 인천상륙작전

우리나라 역사상 절대 잊을 수 없는 날이 바로 1950년 6월 25일일 것이다. 북한군은 대한민국을 공산화하기 위해서 중국과 소련의 지원을 등에 업고 기습적으로 대한민국을 공격해왔다. 당시 북한군의 수는 약 20여 만 명에 달했는데 국군의 수는 그 절반도 되지 않았다. 수적으로 이미 매우 열세한 상황에 놓여 있던 것이다. 게다가 북한군은 막강한 무기들을 갖추고 있었다. 소련제 T-34 전차를 무려 450대나 앞세워 공격해오기 시작했다. 반면 국군은 전차 한 대 가지고 있지 않았다. 적의 전차 한 대를 폭파하려면 군인들이 직접 수류탄과 화염병을 들고 뛰어들어 목숨과 맞바꿔야 했다. 더구나 당시 우리 군은 북한의 전략적 평화공세에 깜박 속아 넘어간 상태였다. 그런 북한군이 기습적으로 남침을 해올 거라곤 꿈에도 생각지 못했다. 북한군들이 공격해올 때 국군은 대책없이 앉아서 고스란히 당할 수밖에 없었던 것이다. 결국 우리 국군은 수도 서울을 3일 만에 내줬고, 남으로 남으로 후퇴하는 지경에 이르렀다. 급기야 8월 초에는 낙동강 전선까지 밀려나게 되었다. 대한민국에 남은 지역이라곤 겨우 부산과 영천, 대구, 마산 일대밖에 없었다. 유엔 안보리는 서둘러 미군 태평양 서남부 최고사령관이었던 맥아더 장군을 그 수장으로 임명했다

맥아더 장군은 잘 알다시피 진주만을 공습한 일본군을 항복시킨 제2차 세계대전의 영웅이었다. 그런데 상황이 워낙 심각했다. 아무리 출중한 맥아더 장군이라 하더라도 당시 우리 국군의 상황을 파악하고 굉장히 난감해했다. 이미 진 것이나 다름없을 정도로 수세에 몰려 있다 보니까, 이 전황을 어떻게 타개해야 할지 쉽게 전략을 짜내지 못했다. 또 어디로 반격해야 할지 깊은 고민에 빠질 수밖에 없었다. 미군과 유엔군은 참전 후 후퇴를 거듭하며 대책 수립에 골몰하다가 낙동강 방어선을 최후의 보루로 삼아 반격하기로 결정했다. 그런데 맥아더 장군은 역시 남달랐다. 맥아더 장군은 고심 끝에 하나의 전략을 세우게 되는데, 그것이 바로 손자가 말한 정공법과 기책을 동시에 사용하는 '기정 전략'이었다. 맥아더 장군은 전략이 세워지자마자 곧 실행에 나섰다. 당시 낙동강 지역은 북한군

과 국군, 그리고 유엔군의 주력 부대가 대치하고 있는 상황이었다. 맥아더 장군은 이곳에서 일단 적극적으로 공격하기보다 방어에만 주력하기로 결정했다. 유엔군이 낙동강을 통해 적을 제압해나가기엔 시간도 오래 걸릴뿐더러 엄청난 희생이 따를 거라 판단했기 때문이다. 하지만 그대로 당하고 있을 수는 없는 상황이었기에 다른 한편으론 기책을 사용하기로 했다. 그것이 바로 인천상륙작전이었다.

사실 인천은 조수간만의 차이가 크고 바다 수로가 협소해서 상륙작전을 하기에 아주 어려운 지역이었다. 밀물 후 썰물이 되면 약 4km의 뻘이 드러나는데, 자칫하면 이로 인해 인천 지역에 상륙한 병력과 전차, 장갑차, 화포 등의 장비들이 그대로 뻘에 처박히는 상황이 벌어질 수 있었다. 만약 그때 적들이 포격이라도 하면 어떻게 될까? 그야말로 속수무책, 엄청난 타격을 입을 수밖에 없었다. 또한 수로 자체가 협소했기 때문에 많은 군함들이 수로를 따라 이동하기 힘든 상황이 생길 게 뻔했다. 만약 적들이 그곳에 해상기뢰라도 설치해놓았다면 우리 군함들이 폭파되는 건 시간문제일 터였다.

이런 이유 때문에 맥아더 장군이 인천을 통해 상륙작전을 펼친다고 결심했을 때 미합동참모본부와 미국 군사지도자들은 극렬하게 반대했다. 그들이 보기엔 너무 위험한 도박이었기 때문이다. 그러나 맥아더 장군은 자신의 뜻을 굽히지 않았다. 이유는 분명했다. 북한군 역시 같은 논리로 인천을 통한 상륙작전이 어려울 거라 판단해 방심하고 있을 것이라는 논리였다. 오히려 이런 점을 이용해 역공하기 좋다고 판단했던 것이다. 무엇보다 인천으로 진격하면 수도인 서울을 쉽게 되찾아 국민과 군인들의 사기를 높일 수 있을 거라 생각했다. 또 낙동강 전선에까지 진출해 있는 북한군의 식량 및 탄약 보급선을 차단하기도 쉬워질 것 같았다. 이것은 북한군이 다시 북쪽으로 후퇴하는 길을 차단해 완전히 격멸시킬 수 있는 방법이기도 했다.

결국 맥아더 장군은 9월 15일 인천상륙작전에 돌입했고 정확히 14일 만에 서울을 탈환하는 데 성공했다. 맥아더가 예상한 대로 인천의 적 방비 태세는 엉성하기 짝이 없었다. 정공법으로 들어오는 공격에만 신경을 썼지, 기책을 이용한 또 다른 공격이 있을 거라 전혀 예상하지 못한 탓이다. 그로써 9월 15일 새벽부터 개시한 상륙작전에서 유엔군은 약 2,000명밖에 되지 않은 적을 쉽게 제압하고 인천을 탈환하는 데 성공했다. 약 3일 후부터 유엔군은 김포와 영등포 두 방향으로 진출해 서울을 포위하기 시작했고, 9월 28일에는 서울을 완전히 탈환하는 데 성공할 수 있었다. 맥아더 장군의 기정 전략이 잘 맞아떨어진 결과라 할 수 있다. 낙동강 전선에서는 정공법으로 방어하면서 적이 예상하지 못한 후방지역으로 돌아가 인천을 통해 공격하는 기책을 쓴 것이 주효했던 것이다.

그런데 여기에는 하나의 아주 중요한 전제조건이 깔려 있다. 정공법이 탄탄했기 때문에 기책이 성공할 수 있었다는 사실이다. 만약 유엔군이 인천으로 상륙하기 위해 이동하는 사이에 낙동강 전선의 방어선이 무너졌다면 어떻게 되었을까? 유엔군의 인천상륙작전은 실패하고 말았을 것이다. 다행히 정공법이 잘 받쳐줬기 때문에 기책 역시 성공을 거둘 수 있었고 수세에 몰렸던 판을 한 방에 뒤집을 수 있었다. 최소한의 노력으로 최대 성과를 거둔 것이다.

콜라가 아니어도 괜찮아! 펩시의 기정 전략

이런 기정 전략은 기업 경영에 그대로 적용된다. 우리가 잘 아는 기업들 중에서도 '기정 전략'으로 성공한 대표적인 사례가 있다. 바로 콜라 업계의 만년 2위, 펩시^{Pepsi}다. 펩시는 콜라 업계 부동의 1위인 코카콜라$^{Coca-Cola}$를 상대로 100여 년간 치열한 전쟁을 벌여왔다. 그 오랜 시간 동안, 코카콜라와 '콜라'라는 주 종목에서 정공법으로 경쟁해왔던 셈이다. 하지만 펩시는 한 번도 코카콜라를 이길 수가 없었다. 콜라 하면 코카콜라가 대명사처럼 여겨질 정도로 콜라 시장에서 코카콜라의 입지는 단단했다.

그런데 2005년, 드디어 기적과 같은 일이 일어났다. 기업의 가치를 한눈에 알 수 있는 시가총액에서 펩시가 코카콜라를 앞서기 시작한 것이다. 어떻게 이런 일이 가능했던 걸까? 비결은 간단했다. 펩시가 단순히 콜라 생산업체가 아닌 종합 식음료 회사로의 변신을 꾀한 것이다. 그 무렵 비만이 하나의 심각한 사회 문제로 떠오르기 시작하면서 웰빙을 추구하는 사람들이 점점 콜라를 기피하는 현상이 생겨나기 시작했다. 가뜩이나 업계 2위인데 전체 시장의 파이마저 줄어드는 추세에 접어든 것이다. 펩시로서는 콜라를 대신할 수 있는 새로운 상품군의 개발이 필요했다. 이런 고민 끝에 펩시는 과감한 체질 개선에 들어간다. 탄산음료 매출에만 의존하지 않고 종합식품음료 회사로 거듭나기로 한 것이다. 사실상 탄산음료만으로는 기업을 운영해나갈 수 없을 거라 판단했기 때문이다. 펩시는 그 후 빠르게 사업을 정리하기 시작했다. 우선적으로 탄산음료 매출의 바탕이 되었던 피자헛$^{Pizza\,Hut}$과 KFC, 타코벨$^{Taco\,Bell}$ 등 패스트푸드 업체를 정

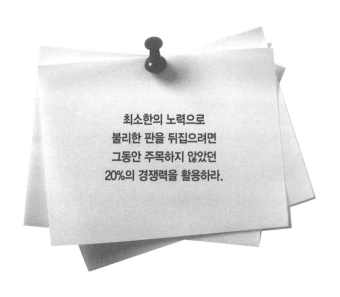

최소한의 노력으로
불리한 판을 뒤집으려면
그동안 주목하지 않았던
20%의 경쟁력을 활용하라.

리했다. 한편 1998년에는 주스 제조업체인 트로피카나^{Tropicana}를 인수했고, 2001년에는 스포츠 음료 게토레이^{Gatorade}를 보유한 퀘이커 오츠^{Quaker Oats}를 인수하게 된다. 보다 다양한 음료 상품군을 확보하기 위한 전략이었다. 이것은 곧 손자의 기정 전략을 실행에 옮긴 것이라 할 수 있다. 정공법인 콜라와 기책이라고 할 수 있는 건강음료 제품군으로 영역을 확장함으로써 매출 신장의 발판을 마련한 것이다. 이때 펩시는 기책뿐 아니라 정공법인 음료에 충실했다. 기업의 핵심 역량을 식음료에 집중시키고 이와 관련이 적은 레스토랑은 과감히 분리 매각한 것이다. 이렇게 만들어진 재원은 다시 비탄산음료에 투자할 수 있었다.

기정 전략을 적극적으로 펼친 덕분에 부수적인 효과도 거두기 시작했다. 이전까지는 맥도날드^{McDonald's}나 버거킹^{Burger King} 등 외식업체들이 펩시의 레스토랑을 경쟁상대로 생각해 음료 구매를 꺼려오던 추세였다. 하지만 펩시가 외식업에서 손을 떼자 해당 업체들의 반감이 줄어들었고, 펩시의 음료를 기꺼이 구매해서 쓰기 시작했다. 레스토랑을 포기한 것이 오히려 식음료의 판로 확대로 이어진 것이다. 결국 2005년 12월, 펩시는 112년 만에 시가총액에서 코카콜라를 따라잡고 연간 10억 달러 이상 판매되는 메가 브랜드^{mega brand}를 18개 이상 보유한 세계적인 종합식음료회사로 거듭날 수 있었다. 정공법인 콜라로는 아무리 노력해도 이길 수 없었던 판을 기책을 활용해 손쉽게 뒤집은 것이다. 또한 콜라 사업 분야에서 맞은 위기를 종합식음료회사로 거듭나는 기회로 바꾼 것이기도 하다.

스타벅스, 기책으로 성공을 키우다

기정 전략으로 성공한 또 하나의 기업이 있다. 바로 과열된 레드오션^{Red Ocean} 시장에서 기정 전략으로 승기를 잡은 스타벅스^{Starbucks}다. 스타벅스는 부동산 시장에서 '스세권'이란 신조어까지 만들어낼 정도로 그 인기가 대단하다. 여기서 스세권이란 스타벅스와 역세권을 합한 말로, 스타벅스가 가까운 곳에 있어서 사람들이 선호하는 지역을 말한다. 스타벅스가 들어선 지역은 그야말로 부동산 가치가 높아진다는 것인데, 그 비결은 무엇일까?

스타벅스는 단순히 커피만 팔지 않는다. 커피는 정공이고, 문화 공간을 제공하는 것이 기책이다. 스타벅스의 고객들은 그 공간 안에서의 체류 시간이 짧지 않다. 편안한 의자와 은은한 조명, 그리고 커피 향이 가득 차 있는 곳에서 공부를 하거나 책을 읽으며 자신만의 시간을 즐긴다. 카공족, 즉 카페에서 공부하는 사람들을 뜻하는 신조어가 생긴 것도 스타벅스의 힘이라 할 수 있다.

스타벅스는 그런 고객들을 위해 최적의 공간을 꾸몄다. 장시간 공부하거나 업무를 보는 사람들을 위해 전 매장에 콘센트와 와이파이를 설치하는가 하면 안락하고 자연스러운 인테리어 등을 제공한 것이다. 특히 아무리 오래 머무른다 한들, 그 누구의 눈치도 볼 필요가 없다는 것이 큰 매력이 되었다. 물론 커피가 맛있어야 한다는 정공법에도 소홀히 하지 않았기 때문에 기책의 매력이 더욱 크게 강조될 수 있었던 것 같다. 이것은 또한 다른 커피 전문점보다 가격이 비싼 편인데도 불구하고 사람들이 즐겨 찾는 이유이기도 하다.

그 결과, 스타벅스는 연 매출 약 1조 5,000억 원을 달성하며 한국 커피 시장을 주름잡고 있다. 그리고 부동산 시장을 좌우할 정도의 브랜드 파워도 갖게 되었다. 최근에는 드라이브스루drive-through 매장을 빠르게 늘리면서 또 다른 고객 편의를 제공하고 있다. 스타벅스의 공간을 즐길 여유가 없는 사람들은 차 안에서 곧바로 스타벅스의 커피를 즐길 수 있게 되어 더욱 만족하고 있다. 스타벅스가 계속해서 자신들의 기책을 업그레이드하는 한 그 인기는 앞으로도 한동안 계속될 것 같다.

펩시와 스타벅스, 기정 전략으로 성공한 두 기업을 보면 한 가지 공통점이 있다. 바로 기책에 신경을 쓰더라도 정공법에 소홀히 하지 않았다는 것이다. 스타벅스의 커피 맛, 펩시의 콜라 맛은 변하지 않았다. 그것을 기본 바탕에 깔고 또 다른 차별화된 포인트를 만든 것이다. 기본에 충실해야 나머지도 잘된다는 것은 불변의 진리다. 실제로 음식점 매출은 상당 부분이 주업인 음식이 아니라 기책인 술이나 음료에서 나온다. 하지만 분명한 것은 음식이 맛있는 집이어야 술도 음료도 더 팔린다는 것이다. 호텔의 경우도 마찬가지다. 주업은 숙박이지만 매출을 들여다보면 호텔 건물의 웨딩홀, 레스토랑 같은 부대시설에서 매출의 상당 부분이 발생한다. 정공법을 바탕으로 한 기책이 수익을 높이는 역할을 하는 것이다. 그래서 호텔을 경영할 때는 많은 이익을 내기 위해서 정공법인 숙박시설을 좋게 하는 것뿐 아니라 기책이라고 할 수 있는 부대시설을 어떻게 좋게 만들지 신경을 쓴다. 그래야 더 많은 이익을 낼 수 있기 때문이다.

기정 전략, 20:80 균형감각을 유지하라

기업에서 기책을 쓸 때에는 두 가지 주의해야 할 점이 있다. 하나는 경쟁사가 예상치 못한 방법이어야 한다는 것, 또 하나는 회사가 가지고 있는 기본적인 핵심 역량을 잘 발휘할 수 있는 분야로 나아가야 한다는 것이다. 주업에 더해 차별화되는 전략을 조화롭게 사용해야 이익이 극대화될 수 있기 때문이다. 맥도날드의 경우 초기에는 햄버거를 판매해서 얻는 이익보다 좋은 입지에 맥도날드 가게를 개장하는 데 더 많은 신경을 썼다. 햄버거를 아무리 잘 팔아봤자 부동산으로 인한 수익을 따라잡을 수 없었기 때문이다. 최근에는 주업인 햄버거에 저가의 커피를 추가하는 전략을 쓰고 있다. 그렇게 매장 손님을 늘린 후 커피로 상당한 수익을 내고 있다. 맥도날드의 햄버거가 정공법이라면 부동산 이익이나 커피 이익은 기책이라고 할 수 있다. 이 두 가지를 잘 조화롭게 사용해야 기업이 추구하는 이익을 극대화할 수 있는 것이다.

그런데 막상 기정 전략을 일상에 적용해보려고 하면 쉽지 않다. 어느 정도를 정공법으로 하고 어느 정도를 기책으로 해야 하는지 고민이 많아지기 때문이다. 이때 우리가 생각해봐야 할 것이 바로 파레토 법칙^{Pareto} ^{Principle}이다. 이 법칙은 전체 결과의 80%가 전체 원인의 20%에서 일어나는 현상을 가리킨다. 기업의 경우 총이익의 80%가 의외의 20%의 부분에서 나올 수 있다. 때로는 정공법보다 기책이 더 많은 성과를 내는 것이다. 이는 개인의 경우도 비슷하다. 성과의 80%는 근무시간 중 집중력을 발휘한 20%의 시간에 이뤄진다고 한다. 또 상위 20%의 축구선수가 80%의 골을 넣기 마련이다. 파레토 법칙은 80%가 꼭 필요하고, 20%가 결정적 효과를 내는 것이 기정 전략과 닮았다. 이때 80%가 없으면 20%라는 수치가 존립할 수 없다. 80%의 노력은 우리에게 평상시 주어진 업무나 과제, 즉 정공 분야에 발휘하되 20%의 노력은 자신만이 갖고 있는 독특한 매력이나 캐릭터, 재능으로 남들과는 다르게 승부해볼 필요가 있는 것이다. 정^正을 정^正으로 이기는 것이 불가능할 때 기^奇로써 이기는 방법을 찾고, 또 기와 정, 정과 기를 유연하게 전환할 줄 알아야 비로소 그것이 경쟁력이 된다. 다양한 무기를 갖추고 있으면 당연히 경쟁력이 높아진다. 하지만 하나의 무기를 갈고 닦기에도 얼마나 많은 시간이 드는가. 이때 무기마다 100%의 노력을 쏟을 필요가 없다. 80:20의 균형감각을 유지하면 보다 수월하게 다양한 무기를 갖출 수 있다. 혹은 70:10:10:10도 좋다. 노력의 격차를 두며 다양한 기책을 갖출수록 경쟁력은 높아진다. 뉴노멀 시대, 적은 노력으로 큰 성과를 내고 싶다면 기정 전략부터 하나씩 실행에 옮겨보자.

• 역사 공부로 기책을 마련하다 •

내가 포병여단 작전과장으로 일할 때의 이야기다. 당시 나는 근무하던 곳의 지명 유래부터 전쟁 역사까지 관련 역사적 지식이 풍부했다. 지역 역사와 전쟁사를 연구하고 공부하는 것을 유독 좋아해 이를 취미로 즐겼기 때문이다. 틈나는 대로 여러 지역을 답사했고, 관련 서적도 즐겨 읽었다. 좋아서 하는 일은 잘 지치지도 않으니 날로 지식이 늘어가는 게 당연했다.

이런 나의 취미 생활이 기책이 되어 유용하게 쓰이게 되었다. 평균 월 1회 이상 작전지역의 주요 고지에 올라 그 지역에서 어떻게 작전을 짤지에 대한 전술토의를 벌였는데, 작전을 잘 짜기 위해선 지형에 대한 지식을 갖추는 것이 무엇보다 중요하기 때문이다. 본격적인 전술토의에 앞서 진행자가 지형을 설명하고 시작하는 경우가 많았는데, 그 역할을 내가 맡게 되었다. 나는 지형 설명에 추가해서 지명의 유래, 지역의 전쟁사를 설명했다. 내가 알고 있는 것들을 신이 나서 설명하다 보니 듣는 사람들도 쉽게 이해했고, 전술토의는 늘 원활하게 진행되었다. 모두들 나의 전술적 식견을 인정해주었다. 또 나는 전쟁사를 많이 알고 있었던 덕분에 전략가로서의 나의 능력을 어필할 수 있었다.

그런데 한 가지 아이러니한 것이 있었다. 평소 야근을 해가며 열심히 근무를 해도 그것만으로는 크게 두각을 나타내기 힘들었는데, 현지 전술토의로 많은 사람들에 인정을 받았다는 사실이다. 나로서는 좋아하는 일을 열심히 한 덕분에 상당히 좋은 기회를 얻게 된 셈이다. 열심히 근무한 것이 정공법이라면, 전술토의에서 지명의 유래와 지역 전쟁사를 설명해줄 수 있는 차별화된 지식과 전술적 식견은 나를 돋보이게 한 기책이었다. 이처럼 남들이 가지지 않는 것, 남들이 공들이지 않는 어떤 것에 관심을 갖고 그것을 나만의 것으로 만드는 노력이 필요하다. 그런 기책이 바로 치열한 경쟁 사회를 쉽게 헤쳐나갈 수 있는 무기가 되기 때문이다.

● 상대의 약점을 노려 쉽게 이긴다 - 허실 전략

한 어른과 아이가 싸우려고 한다. 누가 이길까? 답이 너무 뻔한 것 같지만 사실 그렇지 않다. 십중팔구 어른이 이기는 것이 당연하게 생각되지만 『손자병법』을 통해 전략을 배운 아이라면 얘기는 얼마든지 달라질 수 있다. 예를 들어, 어른이 잘 때까지 기다렸다가 공격하면 얼마든지 어린아이도 어른을 이길 수 있다. 바로 이것! 어른이 무방비일 때 공격하는 것과 같은 것을 손자는 허실虛實 전략이라 했다.

허실이란 단어는 우리 일상생활에서도 많이 사용되고 있다. 흔히 운동경기를 할 때 "상대편의 허점을 노려라"라고 흔히 말하곤 하는데, 이때 허점이 바로 허虛다. 건강할 때는 몸이 실하다고 표현하고 아프면 몸이 허하다고 말하기도 한다. 몸이 건강하여 실할 때는 자신이 가진 장점을 잘 발휘할 수 있다. 하지만 몸이 아파 허할 때는 장점이 잘 발휘되기는커녕 외부 요소에 취약해지기 쉽다.

이와 관련해서 손자가 강조한 것이 있다. 손자는 적을 쉽게 이길 수 있는 가장 효과적인 방법으로 허실 전략을 꼽았다. 즉, 적의 허실을 파악해 공격하는 것이다. 또한 "피고이추하 피실이격허避高而趨下 避實而擊虛"를 해야 한다고 했다. 여기서 피고이추하避高而趨下는 물이 높은 곳에서 낮은 곳으로 끊임없이 흐른다는 의미고, 피실이격허避實而擊虛는 물이 높은 곳을 피해 낮은 곳으로 가듯 병력을 운용할 때에도 적의 실한 곳을 피하고 허한 곳을 공격해야 한다는 뜻이다. 그래야 쉽게 이길 수 있다. 물의 성질은 항상 높은 곳에서 낮은 지형을 따라 끊임없이 흐른다. 굳이 높은 곳을 거슬러 오르지 않는다. 이와 같이 병력도 적이 실한 곳, 즉 적이 이미 우리가 올 것을 예상하고 대비하고 있는 곳은 피해야 한다. 대신 허한 곳, 즉 적이 우리가 올 것을 예상 못 해 대비하고 있지 않은 곳으로 나아가야 한다. 당연한 얘기지만 적의 실한 쪽으로 가서 싸우면 피해가 크고 이기기도 어렵다. 군사학적인 관점에서도 마찬가지다. 실實은 경쟁자가 싸울 준비가 되어 있고 강점이 그대로 발휘 가능한 상태를 말한다. 허虛는 경쟁자가 가진 장점이 잘 발휘되지 못하고 허점이나 약점이 노출된 취약한 상태를 의미한다.

그런데 만약 상대가 허점이 없다면 어떻게 해야 할까? 답은 간단하다. 실한 적을 허하게 만들어야 한다. 실한 적을 허하게 만드는 방법은 꽤 여러 가지가 있다. 현대전에서는 야간에 적의 주둔지나 진지에 불규칙적으로 포를 쏜다. 이것을 요란사격搖亂射擊이라 하는데, 이러면 적은 자다가 떨어지는 포탄을 피해 대피하느라 잠을 제대로 잘 수 없게 된다. 그렇게 적군이 며칠씩 잠을 못 자면 전쟁 중에도 졸게 된다. 바로 허한 상태가 되는 것이다. 바로 이때 공격하면 그 효과는 두세 배 높아질 수 있다. 적의 보급로나 식수를 끊어버리는 것도 적을 허하게 만드는 방법 중 하나다. 또한 적의 심신이 안정되어 있으면 다양한 심리전을 통해 적을 불안에 떨게 하고 동요하게 만들기도 한다. 적의 무기 공장을 파괴하거나 탄약고를 공격하는 방법도 있다. 적군이 아무리 병력이 세고 좋은 무기를 가지고 있다 하더라도 탄약이 떨어지면 무용지물이 되는 법. 그때 공격하면 쉽게 이길 수 있다.

그런데 여기서 헷갈리기 쉬운 것이 있다. 바로 허실과 강약점의 차이다. 둘은 비슷해 보이지만 엄연히 다르다. 사람들은 흔히 약점은 보완하고 강점은 더 강화하라고 한다. 하지만 강점을 강화하고 약점을 보완하는 데는 오랜 시간이 걸린다. 예를 들어보자. 아이가 어른을 이기기 위해 힘이 강해지려면 적어도 10년은 걸릴 것이다. 하지만 '당장' 적과 싸워야 하거나 경쟁자와 대결을 해야 한다면 어떻게 해야 할까? 지금 당장 상대의 허실을 따져봐야 한다. 이처럼 허실은 현재 상대가 지닌 '상태'다. 몸에 비유하자면 정면은 늘 강하지만 눈이 없는 뒤통수는 대개 대비가 허술하다. 그래서 앞보다는 뒤에서 공격하는 것이 효과적인 것과 같다. 그래서 우리는 항상 상대의 상태를 살피고 실한 곳이 어디인지 파악한 뒤 '돌아가는 지혜'가 필요하다. 그리고 허한 곳을 발견했다면 빠르게 공격하는 기민한 자세를 익혀둬야 한다.

마지노선은 마지노선이 아니다

허실 전략을 통해 역사적으로 크게 승리한 전쟁이 있다. 바로 제2차 세계대전 때 일어난 독일과 프랑스의 전쟁이다. 제1차 세계대전 이후 독일은 큰 후폭풍을 맞아야 했다. 전범국가로 낙인 찍힌 채 베르사유 조약Treaty of Versailles을 맺어야 했기 때문이다. 이로써 독일은 비스마르크 제국 영토의 약 8분의 1을 잃었고 전쟁을 일으킨 것에 대한 막대한 보상금도 지불해야 했다. 설상가상으로 1929년에는 세계에 불어닥친 대공황으로 인해 독일 경제가 극도로 어려워졌다. 그 결과, 1919년부터 1933년까지 유지되어왔던 독일의 바이마르 공화국은 무너질 수밖에 없었다. 그런데 바로 이 틈을 타서 독일 정권을 손에 쥔 인물이 있다. 바로 독재의 상징 히틀러 Adolf Hitler다. 독일을 손에 넣은 히틀러는 전쟁 후유증을 극복하기 위해서 다시 전쟁을 계획한다. 그렇게 또 한 번의 세계대전의 불씨가 자라고 있었다. 그런데 그 무렵 프랑스 역시 제1차 세계대전의 후유증을 크게 앓고 있었다. 제1차 세계대전 당시 '참호전'으로 인해 어마어마한 인명피해를 겪은 뒤였기 때문이다. 실제로 프랑스 인구의 10분의 1이 전쟁으로 인해 부상을 입거나 소실되면서 심각한 인구 부족 문제를 겪고 있었다. 그리고 이것은 일종의 사회적 트라우마로 남았다. 프랑스 국민들은 또다시 전쟁이 나서 수많은 인명피해를 입게 될 경우 나라가 멸망할지도 모른다는 두려움에 휩싸여 있었던 것이다. 이로 인해 프랑스는 전 국민이 '방어제 일주의'에 빠져들게 되었다. 제1차 세계대전에서 그랬듯 참호를 깊게 파고 방어전만 잘 해도 인명피해를 줄일 수 있고, 또 어떻게든 전쟁에서 이길 수 있다고 생각했다. 이런 이유로 프랑스는 독일과 맞닿은 국경에 약 350km의 거대한 요새, 즉 마지노선Maginot Line을 건설하기 시작한다. 당대 최고의 축성 기술을 총동원해서 거대한 지하벙커를 만든 것인데, 여기에 쏟아부은 예산만 무려 160억 프랑, 한화로 약 20조 원에 달했다.

반면 독일은 프랑스와 전혀 다른 길을 걷고 있었다. 독일은 제1차 세계대전 후 공격 전술인 '전격전Blitzkrieg'을 발전시킨다. 전격전이란 항공기의 지원을 받아 전차로 적진을 빠르게 돌파하는 전술이다. 제1차 세계대전 당시, 프랑스와의 참호전으로 인해 엄청난 피해를 입은 후 전차를 집단적으로 운용하는 전술을 개발했다. 한 가지 문제는 프랑스의 마지노선이었다. 마지노선은 어찌나 튼튼하게 지어졌는지 그곳을 공격해 들어가는 것은 곧 호랑이굴 속으로 들어가는 것이나 다름없었다. 허실로 따지면 완전한 실에 속하는 거였다. 사실 독일로서는 마지노선을 피해갈 수 있는 선택지가 별로 없었다. 프랑스 북쪽에 위치한 벨기에를 통해 진격하는 방법이 가능하다고 여겨졌다. 그러나 이마저도 프랑스와 연합군이 미리 예측해서 방어막을 쳐두었을 게 뻔했다. 프랑스를 공격하기로 마음 먹었지만 쉽게 뚫을 수 있는 길이 없었던 것이다.

하지만 독일은 포기하지 않았다. 그리고 결국 손자가 강조한 허, 즉 가장 약한 부분을 찾아내는 데 성공한다. 그 뒤에는 전략과 전술에 매우 뛰어났던 프리츠 에리히 폰 만슈타인Fritz Erich von Manstein 장군이 있었다. 독일의 유명한 지략가였던 그는 역시나 모두의 예상을 뛰어넘는 전략을 생각해낸다. 바로 아르덴Ardennes 고원 쪽으로 프랑스를 공격하자고 한 것이다. 아르덴 고원은 서부 유럽의 삼림으로 우거진 고원 지대로 아르덴숲으로 잘 알려진 곳이다. 그 면적만 1만 km²에 달하는 빽빽한 삼림 지대다. 그렇다. 전차를 주축으로 한 기갑부대가 쉽게 들어갈 수 없는 지역이라는 뜻이다. 당연히 프랑스의 경계가 가장 느슨한 곳이기도 했다. 굳이 일부러 따로 방어를 하지 않아도 빽빽한 삼림이 방패막이가 되어줄 거라 생각했기 때문이다. 바로 그 점을 고려한 독일은 아르덴 고원이 프랑스의 유일한 허라고 생각하고 그쪽을 공격하기로 한다.

그리하여 1940년 5월 10일, 독일은 아르덴 삼림 지역을 주공략지로 삼아 프랑스 침공을 개시한다. 이때, 독일은 군을 3개로 나눠서 공격을 실시했다. 먼저 1개 집단군이 네덜란드와 벨기에로 들어갔다. 마치 자신들이 주력부대인 양 연합군을 속인 것이다. 150만의 프랑스-영국 연합군

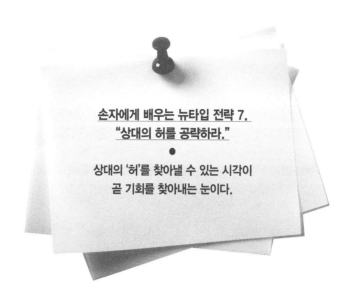

손자에게 배우는 뉴타입 전략 7.
"상대의 허를 공략하라."
●
상대의 '허'를 찾아낼 수 있는 시각이
곧 기회를 찾아내는 눈이다.

은 제대로 걸려들었다. 이 기만세력을 독일군 주력으로 완전히 착각하고 벨기에 쪽으로 이동했다. 이로써 프랑스 후방은 고스란히 노출되었다. 독일의 주력부대는 이 틈을 타서 빠르게 아르덴 삼림 지대를 통과해 연합군을 뒤에서 완전히 포위해버린다. 그사이 독일에 남아 있던 1개 군이 마지노선에 있는 병력을 잡아두는 역할을 했기에 가능한 전략이었다.

프랑스-영국 연합군은 초기에 약간 저항하는 듯한 모습을 보였다. 하지만 그조차 오래가지 못했다. 프랑스-영국 연합군은 이내 대혼란을 겪으며 붕괴되었다. 결국 독일군은 한 달여 만에 프랑스 파리를 점령했고, 이후 3일 만에 프랑스의 항복을 받아내는 데 성공했다. 군사강국이었던 프랑스가 단 5주 만에 독일에 함락되는 믿을 수 없는 일이 벌어진 것이다. 이것은 독일이 프랑스의 실, 즉 마지노선과 벨기에 북부 지역을 피하고 그 대신 허, 즉 아무도 생각하지 못한 아르덴 삼림 지대를 택했기 때문에 가능한 일이었다. 손자가 강조했던 허실 전략을 실전에 가장 잘 적용한 사례라 할 수 있다.

태양의 서커스와 옐로우 테일의 성공 법칙

기업 경영에 있어서도 허실 전략과 유사한 전략이 있다. 바로 블루오션 Blue Ocean 전략이다. 블루오션은 수많은 경쟁자가 치열하게 싸우는 레드오션과 상반되는 개념이다. 한 마디로, 경쟁자들이 없는 무경쟁 시장을 말한다. 혹은 경쟁자들이 전혀 생각지 못한 시장을 새로 개척하는 것이 바로 블루오션 전략인 셈이다. 이것은 적의 허한 부분을 공격해서 쉽게 이기는 손자의 허실 전략과 일맥상통한다. 그렇다면 이런 블루오션 전략으로 성공을 거둔 기업으로는 어떤 곳이 있을까?

전 세계적으로 유명한 엔터테인먼트 기업 태양의 서커스Cirque du Soleil다. 태양의 서커스는 2018년 공연 〈쿠자Kooza〉를 앞두고 선예매로만 100억 원이 넘는 티켓을 판매해 세상을 놀라게 했다. 엄청난 티켓 파워를 지닌 태양의 서커스는 그 시작부터 남달랐다. 당시 미국의 서커스 산업은 그야말로 내리막길을 걷고 있었다. 공연들이 대부분 동물 조련쇼 아니면 스타 곡예사가 등장하는 뻔한 내용 일색이라 관람객들의 외면을 받았던 것이다. 바로 그때, 거리의 곡예사로 활동하던 '기 랄리베르테Guy Laliberte'가 새로운 시도를 한다. 1984년 '태양의 서커스'를 창단해 전혀 새로운 형식의 서커스를 선보이기 시작한 것이다. 먼저 그는 각본가를 고용해 탄탄한 스토리를 만들었다. 그리고 연기자들에게 발레와 현대무용, 기계체조를 익히도록 했다. 그때까지 어디에서도 볼 수 없었던 예술성이 높은 무대를 선보이기 위함이었다. 공연 사상 처음으로 물을 소재로 한 수중 서커스 〈O〉부터 '18세 이상 입장가'인 성인 버전의 에로틱한 서커스 〈주매니티 Zumanity〉, 스토리 구조를 가진 유일한 작품인 〈카KA〉, 비틀스의 히트곡을 엮어 만든 최신작 〈러브Love〉까지.

태양의 서커스는 다른 공연단들과 달리 '복제판' 공연을 만들지 않았다. 공연들 하나하나 단독 프로젝트로 제작해 남들이 보여주지 않은 진짜 공연을 보여준 것이다. 물론, 공연의 퀄리티를 높인 만큼 관람료도 올렸다. 그럼에도 불구하고 객석은 늘 꽉꽉 들어찼다. 라스베이거스Las Vegas를 찾는 하루 관광객의 10% 이상이 '태양의 서커스'를 볼 정도였다. 그 결과 지금까지 공연을 본 누적 관객만 1억 명이 넘는다. 아이들이나 보는 광대 놀이에 머물렀던 서커스를 성인들이 즐기는 문화 콘텐츠로 완벽히 재탄생시키며 새로운 시장을 개척한 것이다. 비슷한 공연 일색이었던 공연 업계의 허를 찔러 성공의 발판을 마련한 것이다

호주의 와인업체 카셀라 와인즈Casella Wines 역시 허실 전략, 즉 블루오션을 개척해 성공을 거뒀다. 카셀라 와인즈가 와인 시장에 뛰어들 당시 미국 와인 시장은 프리미엄 시장과 저가 시장으로 나누어져 있었다. 미국인들은 오크나무 배럴에서 나오는 바닐라향 맛을 좋아했지만 그 값이 비쌌다. 숙성 과정이 긴 탓에 보통 9~10달러 정도 많은 비용이 들었기 때문이다. 저가 와인은 5달러 이하였지만 그 독특한 맛이 나지 않았다. 또 하나 숨겨진 사실은 대다수 미국인들은 와인의 고급 이미지를 부담스러워했다. 가격도 비쌌지만 맛과 향, 숙성도에 따라 와인이 세분화되어 있어

전문가가 아니면 구별하기 힘들다는 편견이 심했다.

카셀라 와인즈는 바로 이 점을 간파했다. 대다수 미국인들이 와인을 즐기려 해도 맛이 너무 복잡해 와인을 거부한다는 것 말이다. 그런데도 와인 제조업체들은 어떻게든 숙성 정도나 숙성 기술이 더 뛰어난 제품을 만들기 급급했다. 소비자가 원하는 와인은 대중적이고 가볍게 마실 수 있는 것이었는데, 와인의 고급스러운 이미지만 고수한 것이다. 그런데 카셀라 와인즈의 옐로 테일Yellow Tail은 달랐다. 30년산, 10년산 등 숙성 정도나 숙성 기술에 신경 쓰지 않고 미국인들이 좋아하는 와인, 즉 과일향이 나는 와인을 만드는 데 집중했다. 그 결과, 오크나무 배럴의 맛과 향이 나지만, 그 가격은 5~7달러밖에 안 되는 저렴한 와인을 만든 것이다. 또한 고객들이 쉽게 선택할 수 있도록 백포도주는 샤르도네Chardonnay로, 적포도주는 쉬라즈Shiraz로 품종을 단순화시켰다. 무엇보다 옐로 테일은 맛이 부드러워 맥주나 칵테일처럼 마시기 쉬웠으며 향이 뛰어났다. 와인의 달콤한 과일향은 사람들의 입맛을 더욱 상쾌하게 만들어 주저 없이 한 잔 더 마시게 만들었다. 그 결과는 어땠을까? 호주의 와인 업체인 카셀라 와인즈는 미국 와인 시장에서 프랑스산, 이탈리아산 와인을 제치고 단 2년 만에 수입 와인 판매 1위를 차지했다. 고객들이 어떤 와인을 원하는지 정확히 꿰뚫어보고 다른 업체들은 가지 않는 길을 선택했기 때문에 가능한 일이었다.

사실 대부분의 기업들은 태양의 서커스나 카셀라 와인즈와 다른 선택을 한다. 그저 비슷한 디자인, 비슷한 성능, 비슷한 가격으로 경쟁하기 바

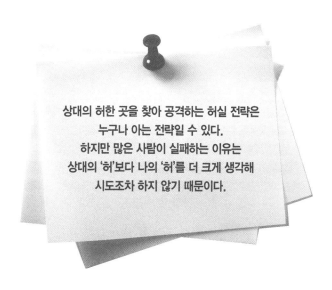

상대의 허한 곳을 찾아 공격하는 허실 전략은
누구나 아는 전략일 수 있다.
하지만 많은 사람이 실패하는 이유는
상대의 '허'보다 나의 '허'를 더 크게 생각해
시도조차 하지 않기 때문이다.

쁘다. 남들이 하지 않는 것, 새로운 무언가를 먼저 시작하는 건 그만큼 리스크를 감당해야 하기 때문이다. 조금은 쉽고 편한 것, 남들이 다 하고 있고 어느 정도의 성공이 보장되는 것에 안주하는 이유다. 하지만 사실 생각해보면 블루오션을 찾는 것보다 레드오션에서 살아남기가 더 힘들다. 수많은 경쟁 기업들과 하나의 파이를 두고 치열한 각축전을 벌여야 하기 때문이다. 남들이 주목하지 않는 것, 남들이 기피하는 서비스 같은 틈새를 잘 파고들면 새로운 블루오션으로 옮겨갈 수 있다. 더구나 지금은 뉴노멀 시대가 아닌가. 일상의 새로운 기준이 새로 생겨나고 많은 것들이 바뀌어갈 때, 경쟁자들이 우르르 몰려 있는 시장을 쫓기보다 다양성으로 승부하는 것이 훨씬 노력 대비 성과가 좋을 것이다. 이것이 새로운 사업, 새로운 직업을 찾는 사람들이 시장의 허한 곳부터 찾아야 하는 이유다.

냉장고의 허를 찌른 김치냉장고

국내에서도 이런 블루오션 전략으로 성공한 기업이 있다. 바로 1995년, 김치 냉장고라는 신문물을 탄생시키며 우리나라 가전업계의 판도를 뒤흔든 '위니아 만도'다. 위니아 만도가 김치냉장고 '딤채'를 출시하기 전까지 가전업체들은 1조 원대의 냉장고 시장을 놓고 치열하게 경쟁해야 했다. 그런데 위니아 만도는 이런 업체들과 전혀 다른 길을 걸었다. 다른 기업들이 시장점유율을 높이겠다고 냉장고 기능을 향상시키는 데만 열을 올릴 때 위니아 만도는 '김치냉장고'라는 완전히 새로운 시장을 만들어낸 것이다.

어떻게 이런 접근이 가능했던 걸까? 위니아 만도는 우리나라 사람들이 김치와 같은 발효식품을 즐겨 먹지만 이런 음식들을 보관할 장소가 마땅치 않다는 사실에 다시 한 번 주목했다. 그리고 김장독의 원리를 냉장고에 덧입히기로 한다. 김치를 잘 발효시키기 위해 공기 접촉을 최소화하고 일정 온도를 오랫동안 유지시키는 기술을 개발한 것이다. 이 같은 혁신은 차량용 공조 기술, 즉 에어컨이나 히터를 만드는 기술을 냉장고에 접목시킴으로써 가능해졌다. 그 덕분에 위니아 만도는 막대한 연구개발 비용을 투입하지 않고도 1조 4,000억 원대의 새 시장을 만들어낼 수 있었고, 기존에 있던 쟁쟁한 가전업체들과의 경쟁을 피하면서 매년 200% 이상의 폭발적인 성장을 거둘 수 있었다.

위니아 만도는 경쟁 업체들이 놓치고 있던 기존 시장의 허를 찔렀다. 이때 가장 강력한 무기가 된 것은 새로운 개념과 기발한 아이디어였다.

고객을 위해 이제까지 누구도 시도하지 않았던 전혀 새로운 가치를 창조한 것이 결국 승리의 비결이 된 것이다. 어쩌면 손자가 그토록 강조했던 허실 전략은 결국 지금 이 시대 기업들에게 주어진 숙명과도 같은 '혁신'의 다른 이름이 아닐까.

● 때로는 멀리 돌아가는 것이 정답이다 - 간접접근 전략

우리가 흔히 하는 말 중에 "바쁠수록 돌아가라"라는 말이 있다. 일이 크게 꼬이거나 잘 안 풀릴 때 막무가내식으로 정면돌파를 하기보다 오히려 한 템포 멈추고 돌아가는 것, 즉 우회돌파를 하는 것이 더 효과적이라는 뜻이다. 이런 이치는 자연에서도 쉽게 발견할 수 있다. 매가 사냥하는 모습을 본 적이 있는가? 신기하게도 매는 먹잇감을 사냥할 때 곧바로 달려드는 법이 없다. 먹잇감으로 달려들 때 곡선을 그리며 하강해서 공격한다. 먹잇감을 향해 직선으로 곧장 하강하면 금방 사냥을 끝낼 수 있을 텐데 왜 일부러 시간을 버리는 걸까? 사실 매에겐 마땅히 그래야만 하는 이유가 있다. 사냥을 잘하려면 강한 힘을 가져야 하기 때문이다. 그래서 매는 먹이를 발견하면 바로 달려들지 않고 밑으로 급강하하면서 지구의 중력 에너지를 모은다. 그렇게 모아진 힘을 바탕으로 수평으로 이동해서 먹잇감을 잘 낚아채는 것이다. 우리 눈엔 돌아가는 것처럼 보이지만 오히려 목표 지점에 더 빨리, 더 강한 힘으로 도달하는 것이다.

공을 위에서 아래로 굴릴 때도 마찬가지다. 공은 직선 경사보다 오히려 둥글게 파인 나선형 경사에서 더 빨리 굴러간다. 곡선 경사로 굴러 내려갈 때 더 큰 힘을 받기 때문이다. 이를 '우회축적의 원리'라고 한다. 사실 우리는 이미 일상 속에서 우회축적의 원리를 경험하고 있다. 운전할 때 차가 막히면 마냥 기다리는 것보다 교통 상황이 원활한 쪽으로 돌아가는 것이 빠르다. 특히 요즘엔 내비게이션이 실시간으로 교통량을 반영해서 가장 빠른 길을 알려주기 때문에 돌아가는 걸 겁낼 필요가 없게 되었다.

그런데 2500년 전에 살았던 손자 역시 이런 이치를 잘 알고 있던 모양이다. 『손자병법』을 보면 '이우위직以迂爲直', 즉 돌아가는 것이 빠르다고 적혀 있다. 적이 강하게 맞서고 있는 정면이 아니라 적이 예상치 못한 곳으로 돌아갈 때 쉽게 이길 수 있다는 것을 강조한 것이다. 이러한 이우위직은 흔히 돌아가는 전략, 즉 '우직지계迂直之計'라고도 표현한다 쉽게 예를 들어보겠다. 형제가 많은 집에선 늘 다툼이 끊이지 않기 마련이다. 그런데 동생의 입장에선 부모님이 없을 때 형과 싸우면 어떨까? 나에게 지극히 불리하다. 아무래도 체격이나 힘에서 밀리기 때문이다. 이럴 땐 어떻게 해야 할까? 형과 직접 부딪쳐서 싸우기보단 부모님이 올 때까지 참고 기다리는 것이 유리하다. 부모님을 통해서 형을 혼내주는 게 더 효과적이기 때문이다. 이런 손자의 우직지계 사례들은 옛 고서인 사마천司馬遷의 『사기史記』에도 많이 나와 있다.

전쟁에서의 우직지계 전략

전쟁에서도 우직지계의 전략은 매우 중요하다. 직접 접근하는 식의 전투는 승패를 떠나 피해가 막심해질 수 있기 때문이다. 과거 전쟁에서는 성을 직접 공격할 때 가장 피해가 컸다. 제1차 세계대전 때는 참호선에서 치열한 전투가 이뤄져 수많은 인명피해가 나기도 했었다. 여기서 참호란 야전에서 몸을 숨기면서 적과 싸우기 위해 방어선을 따라 판 구덩이를 말한다. 그리고 참호 앞에는 적이 접근하기 어렵도록 철조망, 지뢰, 부비트랩과 같은 장애물을 많이 설치해놓는다. 적이 이런 참호를 파고 방어선을 구축하면 아무리 강한 군이라도 이를 뚫기가 어려웠다. 그런데 제1차 세계대전 당시 대부분의 군대는 적의 참호선을 향해 무모하게 정면돌파를 시도하다가 수천만 명의 인명피해가 발생했다. 승자도 패자도 엄청난 피해를 입은 대재앙이었다.

이를 막기 위해선 현대전에서도 손자의 우직지계를 적용할 필요가 있었다. 실제로 그 역할을 한 인물이 바로 영국의 대전략가 리델 하트^{Basil} Henry Liddell Hart다. 리델 하트는 『손자병법』의 우직지계에서 영감을 받아 전략을 세웠는데, 그것이 바로 간접접근 전략이다. 리델 하트는 먼저 역대 전쟁들을 분석했다. 고대 페르시아 전쟁에서부터 1948년의 제1차 중동전까지 무려 30개 전장, 280개 전투를 살펴봤다. 그 결과 단 6개 전투를 제외한 274개 전투에서 손자가 이야기한 우직지계, 즉 간접접근 방식으로 승리한 사실을 알 수 있었다. 10개 중 9개 전투가 간접접근 전략으로 승리한 것이니 그 승률이 엄청났다.

20세기 최고의 명장으로 꼽히는 베트남의 보응우옌잡^{Vo Nguyên Giap} 장군의 사례가 대표적이다. 그는 프랑스군과 벌인 디엔비엔푸 전투^{Battle of Dien Bien Phu}를 승리로 이끎으로써 길고 긴 프랑스 식민통치에 종지부를 찍었다. 이는 식민통치를 받는 약소국이 선진 종구국과 싸워 승리한 첫 케이스다. 이 전투에서 보응우옌잡 장군은 접근하기 쉬운 길이 아니라 정글을 통과하는 우회로를 통해 프랑스군을 포위했다. 프랑스군은 이를 전혀 눈치채지 못했다. 단지 접근로에 지뢰, 철조망 등을 이중, 삼중으로 설치해놓았을 뿐이다. 자신들이 전투에 불리할 때 도망을 가려고 해도 불가능할 정도였다. 보응우옌잡 장군이 만약 정면공격을 시도했다면 계란으로 바위를 치는 격이었을 것이다. 하지만 정면돌파 대신 우회기동을 선택해서 제대로 판세를 뒤집은 것이다.

이와 같은 우회 전략에 대해서 군사학자인 리델 하트는 『전략론^{Strategy}』이라는 저서를 통해 간접접근 전략을 체계적으로 이론화했다. 적을 공격할 때는 적의 대응 준비가 가장 미진한 '최소 저항선', 적이 예상하지 않은 '최소 예상선'을 선택해 돌아가야 한다고 강조한 것이다. 리델 하트의 간접접근 전략은 현대전에 많은 영향을 끼쳤다. 지금도 간접접근 전략은 우리 군과 미군뿐 아니라 많은 나라의 군사교리에 반영되어 있다.

오티스, 엘리베이터의 성공신화

손자의 우직지계는 기업 경영에 있어서도 좋은 전략이 된다. 이를 잘 보여주는 기업 사례가 하나 있다. 바로 글로벌 엘리베이터 기업인 오티스^{Otis}다. 오티스는 1850년대 미국에서 고층 빌딩 건축 붐이 일어났을 당시 획기적인 상품을 개발하는 데 성공했다. 세계 최초로 안전장치가 부착된 엘리베이터를 개발한 것이다. 당시로서는 굉장히 혁신적인 제품이 탄생한 것이었지만, 한 가지 문제가 있었다. 바로 엘리베이터의 속도가 느려서 이용객들의 불평불만이 끊이지 않았던 것이다. 오티스는 이 속도 문제를 해결하기 위해 여러 가지 기술적인 방법들을 모색했다. 하지만 그 당시 기술력으로는 엘리베이터의 속도를 더 이상 높이는 것이 불가능했다. 오티스로서는 새 제품 판매에 있어서 큰 난관에 봉착한 것이다.

그런데 이때 한 직원이 아이디어를 냈다. 바로 엘리베이터에 거울을 설치하자는 것이었다. 언뜻 생각하기에 '엘리베이터 속도를 높이는 것과 거울이 무슨 연관이 있는 걸까'라는 의문이 들 수도 있었지만, 거기엔 나름의 이유가 있었다. 엘리베이터에 거울을 달면 승객들이 거울만 쳐다보기 바빠서 엘리베이터 속도에 둔감해질 거라고 생각한 것이다. 실제로 이를 실행에 옮긴 결과는 어땠을까? 예상은 맞아떨어졌다. 엘리베이터에 거울을 설치한 후 이용객들은 더 이상 속도에 대해 불평불만을 하지 않게 되었다. 속도를 높이는 직접적인 방법 대신 거울이라는 간접적인 방법으로 사람들의 심리를 변화시켜 위기를 쉽게 극복한 것이다.

기업 마케팅에서의 간접접근 전략

기업 마케팅에서도 이런 간접접근 전략은 큰 효과를 발휘한다. 특히 단 15초 안에 고객의 마음을 사로잡아야 하는 TV광고에서도 간접접근 전략은 종종 활용되고 있다. 사실 사람들은 기본적으로 TV광고에 대한 거부감을 가지기 마련이다. 한참 내가 좋아하는 드라마나 영화를 보고 있는데 도중에 TV광고가 나오면 순간적으로 반감을 갖게 되기 때문이다. 이럴 때에는 아무리 제품의 우수성과 특성을 홍보한들 고객층에 별다른 감흥을 줄 수 없다.

이런 사실을 아는 기업들은 광고를 만들 때 한 발 물러선 전략을 쓴다. 제품을 전면에 내세우기보다 고객이 좋아할 만한 내용을 10초 이상 우선적으로 보여주는 전략을 쓰는 것이다. 해외 유명 스포츠 브랜드인 나이키 Nike의 광고를 한번 떠올려보자. 영상에는 세계 최고의 운동선수들이 출연한다. 그리고 열심히 운동하는 모습을 보여준다. 제품의 기능성이나 우수성을 어필하는 내용은 단 한 마디도 나오지 않는다. 단지, 마지막에 브랜드 로고와 함께 "JUST DO IT"이라는 단 한 줄의 기업 슬로건이 노출될 뿐이다. 소비자들은 이 광고를 보고 어떤 생각을 하게 될까? 유명 스포츠 선수가 열심히 훈련하는 장면 등을 보면서 동경하게 되고, "나도 저렇게 멋지게 운동해보고 싶다"는 열망을 느끼게 될 것이다. 바로 그때 브랜드의 로고와 슬로건을 접하게 되면 자연스럽게 그 브랜드에 호감을 가질 수 있다. 이것이 바로 우리 상품이 좋다고 직접적으로 말하지 않고도 브랜드 가치를 높일 수 있는 간접 전략인 것이다.

우리가 흔히 드라마나 영화를 통해서 자연스럽게 상품을 접하게 되는 협찬, 즉 PPL 방식도 여기에 포함이 된다. PPL 방식은 간접광고로 널리 사용되고 있다. 드라마나 영화 출연자가 살고 있는 집의 가구나 전자제품 등을 시청자가 보고 따라서 구매하게 되는 것이다. 또한 주인공이 입는 옷이나 악세서리가 유행하기도 한다.

내가 아는 곳 중에 유명한 중소기업 가구회사가 있다. 그런데 이 가구회사는 고급 브랜드로 이미지를 만드는 데 성공했다. 어떻게 작은 중소기업이 고급 브랜드 가구로 자리매김할 수 있었을까? 이 회사는 PPL 방식, 즉 간접광고를 적극적으로 활용했다. TV 드라마나 영화 세트장에 자신들이 만든 가구를 무료로 배치했던 것이다. 부자나 재벌집 주인공의 집에 집중적으로 가구를 배치했다. 시청자들은 주인공이 멋져 보이니까 주인공이 쓰는 가구에도 관심을 갖게 되었다. 그래서 그 가구회사는 PPL이라는 간접적인 방식으로 이미지 고급화에 성공하고 매출을 올릴 수 있었던

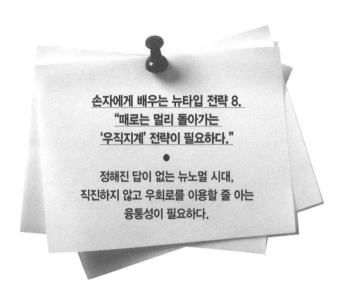

것이다.

최근에는 이런 우회 전략이 새로운 마케팅 전략으로 쓰이고 있다. 이른바 바이럴 마케팅viral marketing이다. 바이럴 마케팅은 '컴퓨터 바이러스처럼 널리 퍼진다'는 의미를 품고 있다. 네티즌들이 블로그나 SNS 등을 통해 자발적으로 제품을 홍보하는 마케팅 기법을 말한다. 기업이 아니라 소비자들이 직접 블로그나 온라인 카페, SNS 등을 통해서 자연스럽게 "이 제품이 좋다"고 입소문을 내는 방식이다. 소비자 입장에선 제품을 판매하는 기업이 아닌 제품을 직접 써본 또 다른 고객이 하는 말에 더 신뢰를 가질 수 있다. 그래서 일부 기업들은 이렇게 소비자가 자신의 SNS나 블로그를 통해 제품을 홍보해주면 보상을 해주는 인센티브 접근법을 쓰기도 한다. 최근에 많은 유튜버들이 뒷광고 논란에 휩싸인 것도 이런 효과를 노리려고 꼼수를 부리다 문제가 된 것이라 할 수 있다. 이런 인센티브 접근법이 바이럴 마케팅의 힘을 약화시키기도 한다. 고객이 바이럴 마케팅을 선호하는 것은 신뢰와 진정성 때문인데, 이 가치가 떨어질 경우 더 이상 효력이 없다. 이것은 곧 뉴노멀 시대의 기업이 추구해야 하는 방향을 말해준다. 멀리 돌아가더라도 제품과 서비스의 진정성을 잃지 않는 것, 이것이 가장 최우선이어야 마케팅 전략도 그 효과를 제대로 발휘할 수 있다.

• 일상 속 우직지계의 힘 •

개인의 일상에서도 간접접근 전략은 좋은 성공의 도구가 된다. 그 모범적인 예를 하나 살펴보자. 공중화장실에 가면 휴지를 함부로 쓰는 사람들이 적지 않다. 아무리 휴지를 아껴 쓰라고 강조해도 대부분의 사람들은 그냥 흘려듣기 일쑤다. 그런데 이를 해결하기 위해서 세계적인 환경보호단체, WWF가 좋은 아이디어를 하나 냈다. 화장지 케이스에 숲 모양의 지도를 그려넣고 그 모양대로 구멍을 뚫어놓은 것이다. 화장지를 한 장씩 쓸 때마다 푸르게 우거졌던 숲이 점점 사라져가는 형상을 시각적으로 보여준 것이다. 결과는 어땠을까? 화장지 사용량이 급격히 줄어드는 효과가 나타났다. 휴지를 아껴쓰라는 직접적인 메시지 대신 숲이 사라지는 간접적인 시각적 자극을 통해 사람들의 행동 변화를 이끌어낸 것이다.

길에 쓰레기를 함부로 버리는 사람들에게도 이런 간접 전략이 통했다. 미국의 한 지역에서 휴지통 모양을 농구 골대 모양으로 바꿔놓은 것이다. 그러자 아주 재미있는 일이 일어났다. 사람들이 마치 농구 골대에 공을 넣듯이 쓰레기를 쓰레기통 안에 정확히 넣으려고 노력하기 시작한 것이다. 아닌 게 아니라 그 이후 이 지역의 쓰레기 무단 투기는 눈에 띄게 줄었고 거리가 저절로 깨끗해졌다고 한다.

이것을 보고 우리는 한 가지를 깨달을 수 있다. 사람들의 심리는 복잡해서 아무리 옳은 일이라 해도 자신이 훈계나 가르침의 대상이 되는 것을 반기지 않는다. 그래서 직접적으로 무엇을 해라, 하지 말아라 하면 반발심을 갖게 된다. 이럴 때 어떤 이벤트나 재미있는 형식을 가지고 간접적으로 메시지를 전달하면 자연스럽게, 거부감 없이 받아들이는 경향이 있다. 사람을 설득하고 변화시킬 때 직접적인 말이나 행동보다 그 사람이 스스로 변화할 수 있는 계기를 만들어주는 것이 훨씬 효과적일 수 있다.

사실 정면을 향해 직진으로 나아가는 것, 그리고 빠르게 일을 처리하고 싶은 마음은 우리의 본능이다. 또한 당연히 갖춰야 할 기본기이기도 하다. 하지만 인생을 살다 보면 여러 가지 경우의 수를 살펴야 할 때가 많다. 어떤 위기에 닥치거나 수세에 몰렸을 때 기본적인 원칙만 고집하기보다 잠시 인내하며 돌아가는 것이 더 효과적인 방법일 수 있기 때문이다. 특히 요즘처럼 변화무쌍한 시대를 살아가는 우리들에겐 우직지계의 지혜가 더 필요하지 않을까 싶다.

CHAPTER 5

뉴드림의
성공 키워드

지금까지 『손자병법』의 지혜를 빌려 뉴타입 전략을 짜는 방법부터 최소의 노력으로 최대의 성과를 이
룰 수 있는 방법들을 정리해보았다. 그런데 이런 전략을 실행에 옮길 때 강한 추진력을 발휘하기 위해
선 무엇이 필요할까? 우리는 이미 머리로 알고 있지만 실행에 옮기지 못해서 실패한 경험들을 갖고 있
다. 전략은 있지만 미리 포기하거나 시도조차 하지 않기 때문에 생기는 일이다. 이것은 뉴노멀 시대를
살아가는 데 결정적 약점이 된다. 당연히 꿈과 성공의 크기를 키울 수 없다. 꿈은 꾸는 것만으로 이뤄
지지 않는다. 꿈을 향해 달리는 힘이 필요하다. 지금부터는 우리가 뉴노멀 시대에 뉴드림을 이루는 데
있어서 추동력이 되어줄 성공의 키워드들을 살펴보겠다.

● 지금까지 우리는 뉴노멀 시대를 살아갈 때 꼭 갖춰야 할 새로운 성공 방식에 대해서 알아봤다. 2500년 전『손자병법』의 지혜를 빌려 뉴타입 전략을 짜는 방법부터 최소의 노력으로 최대의 성과를 이룰 수 있는 방법들을 정리해본 것이다.

그런데 이런 전략을 실행에 옮길 때 강한 추진력을 발휘하기 위해선 무엇이 필요할까? 우리는 이미 머리로 알고 있지만 실행에 옮기지 못해서 실패한 경험들을 갖고 있다. 전략은 있지만 미리 포기하거나 시도조차 하지 않기 때문에 생기는 일이다. 이것은 뉴노멀 시대를 살아가는 데 결정적 약점이 된다. 당연히 꿈과 성공의 크기를 키울 수 없다. 꿈은 꾸는 것만으로 이뤄지지 않는다. 꿈을 향해 달리는 힘이 필요하다. 지금부터는 우리가 뉴노멀 시대에 뉴드림을 이루는 데 있어서 추동력이 되어줄 성공의 키워드들을 알아보자.

코로나 사태를 겪으며 우리는 초연결사회를 경험했다. 그리고 각자의 삶이 얼마나 촘촘하게 연결되어 있고 나의 삶이 누군가에게, 또 누군가의 삶이 나에게 얼마나 지대한 영향을 끼칠 수 있는지 알게 되었다. 나의 문제가 나만의 문제로 끝나는 것이 아니라 다른 사람의 인생을 바꿔놓을 수 있으며, 또 그로 인해 우리는 각자 더 많은 위험을 감수해야 하는 상황에 놓였음을 인지하게 되었다. 특히 이런 초연결사회에 정치적·경제적·사회적·종교적 입장이 다른 사람들이 서로 갈등을 빚게 될 경우 그 위험성은 수십 배 커질 수 있다는 것도 경험할 수 있었다. 일부 종교단체를 통한 코로나 재확산이 그 대표적인 사례다. 이런 갈등이 심화될 때, 도저히 해결의 실마리가 풀리지 않을 때, 그로 인해 더 큰 위기감이 느껴질 때 우리는 무엇을 할 수 있을까?

뉴노멀의 가장 큰 특징 중 하나인 초연결사회를 살아가면서 가장 큰 위기로 다가온 것은 사회의 '갈등'이다. 이를 풀어내기 위해서 필요한 해법에 대해 『손자병법』은 '도道'를 제시한다. 손자는 일찍이 국력을 키우는 다섯 가지 요소에 대해 언급했는데, 그것이 바로 도道, 천天, 지地, 장將, 법法이다. 그중 첫째 요소인 도는 무엇을 말하는 걸까? 사실 도라는 단어는 우리 일상생활에서도 많이 쓰이고 있다. 우리는 흔히 "정도를 걸어라"고 말하기도 하고, "도를 넘지 말라"고도 한다. 인문학에서도 도는 사람이 마땅히 지켜야 할 이치로 보고 "도가 아니면 가지 말라"고 말한다. 운동경기인 검도, 유도, 태권도 등에서도 '도' 자를 쓴다. 무도마다 지향하는 정신과 지켜야 할 예법이 있기 때문이다.

손자가 말한 도는 곧 비전이다. 국민을 하나로 뭉치게 만드는 비전을 의미한다. 요즘 식으로 말하면 정치 지도자의 비전 아래 국민이 하나로 단결하는 것을 말한다. 1997년 IMF 외환위기라는 경제적 위기 상황에 직면했을 때, 우리 국민이 보여준 금 모으기 운동은 이러한 도의 좋은 예가 된다. 정치 지도자부터 온 국민이 너나 할 것 없이 외환위기를 극복하겠다는 뜻 아래 단결한 것이다. 국민들은 집에 귀중하게 간직하고 있던 결혼반지나 아이의 돌반지까지도 기꺼이 내놓았다. 이러한 우리 국민의 단합된 모습은 세계를 놀라게 했고, 결국 우리나라는 놀랄 만큼 빨리 외환위기를 벗어날 수 있었다. 도가 위기 극복의 힘이 된 것이다.

그 이후로도 우리는 위기 때마다 이런 '도'의 힘을 발휘해왔다. 코로나 사태 초기에도 우리는 국민들의 하나 된 마음으로 일찍 위기에서 벗어날 수 있었다. 정부와 질병관리본부가 감염병에 대한 정보를 투명하게 공개해서 국민들의 동참을 유도했다. 또 드라이브 스루 같은 새로운 방역 시스템을 신속히 도입했고, 의료진과 방역 관계자들은 목숨을 건 헌신을 이어가고 있다. 마지막은 국민이다. 국민들은 각자 힘든 상황 속에서도 마스크를 쓰고 기꺼이 사회적 거리두기에 적극 동참하고 있다. 일부 국민들의 이기심이 분열을 일으키고 감염병의 위기를 키운 순간도 있었지만 국민들이 하나된 마음을 놓지 않는다면 언제든 위기 요소를 소멸시킬 수 있다.

베트남전에 없고, 걸프전에 있었던 것

'도'를 통해 위기를 극복한 사례는 지난 역사 속에서도 흔히 찾아볼 수 있다. 특히 국가의 위기가 가장 극대화되는 전쟁의 역사를 보면 '도'의 중요성은 더욱 강조된다. 전쟁에서의 도는 전쟁의 대의명분 아래 하나로 뭉치게 하는 것을 말한다. 대의명분이 제대로 안 서면 국민을 하나로 단결하게 할 수 없다. 이를 극명하게 보여주는 두 2개의 전쟁이 있다. 바로 미국이 치른 베트남전과 걸프전이다. 베트남전 때 미국은 압도적인 군사력을 가졌음에도 불구하고 승리를 거두지 못하고 철수했다. 당시 '종이호랑이'라는 조롱까지 받았다. 하지만 미국은 1991년 걸프전에선 대승을 거두며 명실상부 세계 최강 국가임을 입증하게 된다. 어떻게 동일한 국가가 치른 전쟁의 결과가 이렇게 다를 수 있었던 걸까? 그 이유를 알아보기 위해 먼저 베트남전부터 살펴보겠다.

1960년 당시, 베트남의 상황은 한반도와 비슷했다. 자유민주주의 국가인 남베트남과 공산주의 국가인 북베트남으로 갈라져 있던 상황이었기 때문이다. 북베트남의 초대 대통령이자 공산주의자였던 호찌민胡志明은 남베트남을 공산화시키기 위해 호시탐탐 공격을 해왔다. 그런데 당시 남베트남에는 베트콩이라는 게릴라 세력이 존재했다. 자체적으로 남베트남을 무너뜨리고 공산화시키려는 세력이었는데, 호찌민은 이러한 베트콩 세력을 적극 지원했다. 베트콩들은 남베트남에 많은 혼란을 일으키곤 했다. 당시 미국은 이런 남베트남의 상황을 크게 우려하고 있었다. 북베트남이 원하는 대로 남베트남이 공산화되어버리면 그야말로 도미노처럼 동남아시아의 국가들이 차례로 공산화될까 걱정되었기 때문이다.

결국 미국은 고심 끝에 베트남전을 벌이게 된다. 압도적인 군사력을 앞세운 미국은 우리나라를 비롯해 뉴질랜드, 태국, 필리핀까지 여러 나라들과 합세해 공산주의 세력과 싸웠다. 미국은 전쟁 초반에는 우세했지만, 그 기세가 오래가진 못했다. 북베트남의 정규군과 남베트남의 베트콩, 양쪽 모두를 상대로 전쟁을 해야 했기 때문이다. 무엇보다 베트콩이 위협적이었다. 왜냐하면 베트콩은 낮에는 일반 주민과 똑같이 생활하다가 밤에 기습적으로 공격을 해왔기 때문에 그 피해가 컸던 것이다. 또 베트콩은 일반 주민과 구분이 잘 안 되어서 축출해내기도 상당히 어려웠다.

그런데 미군이 베트남전에서 패하게 된 가장 결정적인 사건은 따로 있었다. 1968년 1월 30일, 베트남의 최대 명절인 구정 때 일어난 일이다. 당시 남베트남의 주민들은 물론 군인들도 휴가를 떠난 상황이었고 미군들 역시 긴장을 놓고 있었는데 바로 이때를 노리고 북베트남군과 베트콩이 대대적인 공격을 벌인 것이었다. 북베트남군과 남베트남의 베트콩은 동시다발적으로 남베트남을 공격했다. 특히 남베트남의 수도인 사이공Saigon에 위치한 미대사관 영내까지 침범해 공격했는데, 그날 미군들이 죽어가고 성조기가 불타는 장면이 그대로 언론에 보도되면서 그야말로 미국 사회는 큰 충격에 휩싸였다. 무엇보다 미국 국민들은 많은 예산과 미군 병력을 투입했는데도 미대사관까지 공격받는 모습을 보고 분노를 감추지 못했다. 이런 상황에서 어차피 질 게임이라면 당장 베트남전에서 미군을 철수시켜야 한다는 목소리만 점점 커져갔다. 이처럼 미국 내 반전 여론이 들끓기 시작하면서 미군은 더 이상 베트남전에 필요한 지원을 받지 못하게 되었고, 결국 1973년 완전히 철수해야 했다.

그렇다면 걸프전의 상황은 어땠을까? 1990년 8월, 중동에서의 맹주를 꿈꾸던 이라크의 사담 후세인Saddam Hussein이 쿠웨이트를 하루 만에 완전히 점령했다. 이후 유엔 안보리는 이라크를 침략국으로 간주하고 즉각 쿠웨이트에서 철수하라고 경고했지만, 후세인은 이를 거절했다. 이를 본 국제 사회는 일제히 분노하고 말았다. 후세인이 중동의 산유국을 마음대로 조정하는 상황을 두고 볼 수 없었기 때문이다. 이에 미국은 국제적인 여론을 조성해 다국적 34개국과 함께 이라크를 상대로 전쟁을 벌였다. 미국을 중심으로 한 다국적군은 1,000시간, 그러니까 약 36일 동안 기동전을 하지 않고 화력으로만 이라크 중심부와 군사시설을 타격하기 시작했다. 결과는 어땠을까? 이라크군은 거의 마비되었고, 다국적국은 지상군을 투입한 지 4일 만에 압도적으로 승리하게 된다. 이라크를 쿠웨이트로부터 축출하는 데 성공한 것이다.

여기서 우리가 주목해야 하는 것이 있다. 바로 베트남전에선 무기력한 모습을 보였던 미국이 속전속결로 걸프전을 종식시킬 수 있었던 이유 말이다. 바로 손자가 말한 '도'를 잘 이뤘기 때문이다. 중동의 석유를 지켜야 한다는 전쟁에 대한 대의명분이 확고했기 때문에 미국 내에서 90% 이상의 국민적 지지가 있었고 국제적으로도 압도적인 지지를 받았다. 사우디나 중동의 여러 나라도 미국의 걸프전을 지지했기 때문에 전쟁을 위해서 미군이 중동 지역에 군사기지를 만드는 데 도움까지 줬다.

하지만 베트남전은 달랐다. 자유주의 진영 국가들조차 미국의 참전 요구를 거절할 만큼 국제 사회의 지지가 부족했다. 또, 베트남전이 장기화되면서 미국 국민들마저 미군에 등을 돌리고 말았다. 결국 국민들의 뜻이 분열되면서 '도'를 이루지 못한 것이 전쟁에 승리하지 못한 요인이 된 것이다. 이처럼 전쟁이라는 위기를 극복하는 데 있어서 도, 즉 하나의 목표 아래 모두가 뭉쳐 단결하는 것은 가장 기본적인 전투 조건이 된다. 뉴노멀 시대 갈등이라는 위기를 극복하기 위해서 우리도 도를 이뤄야 한다. 그런데 어떻게? 지금 중요한 것은 그 '도'를 이룰 수 있는 우리만의 방법을 찾는 것이 아닐까.

16년 만의 1위 탈환, 마이크로소프트

마이크로소프트Microsoft는 도를 이루는 방법을 찾은 기업 중 하나다. 애플Apple과 아마존Amazon, 그리고 구글Google까지 내로라하는 글로벌 기업들과 함께 현재 미국 주식시장의 강자로 군림하고 있는 기업, 바로 마이크로소프트다. 마이크로소프트는 PC 시대에 MS-DOS와 윈도우, 오피스와 같은 무기를 앞세워 전성기를 누렸던 기업이다. 마이크로소프트를 창업한 빌 게이츠Bill Gates와 폴 앨런Paul Allen은 처음 창업하면서 이런 비전을 세웠다.

"모든 가정과 책상에 컴퓨터를 공급하겠다."

이와 같은 미션이 마이크로소프트가 존재해야 하는 이유가 되었고, 이를 이루기 위해 열심히 매진한 끝에 큰 성공을 거둘 수 있었다. 하지만

PC 시대를 지나 인터넷과 모바일 시대에 접어들면서 MS는 더 이상 혁신하지 못한 채 뒤처지기 시작했다. 애플의 스마트폰, 구글의 검색엔진에 밀려나 끝이 보이지 않는 쇠락의 길을 걷게 된 것이다. 그런데 작년 말 MS는 2002년 이후 16년 만에 글로벌 전쟁에서 승기를 잡고 다시 세계 시가총액 1위 기업의 자리를 되찾았다.

빠르게 또 치열하게 변화하는 글로벌 경영 환경에서 마이크로소프트는 어떻게 지는 해에서 뜨는 해가 될 수 있었던 걸까? 많은 전문가들은 마이크로소프트가 부활할 수 있었던 것에 대해 CEO 사티아 나델라^{Satya} ^{Narayana Nadella}의 능력이 탁월했기 때문이라고 분석한다. 나델라가 2014년 MS의 경영권을 잡은 후 대대적인 혁신을 이뤘기 때문이다. 그가 무엇보다 가장 공들인 것은 조직 구성원들에게 하나의 미션을 심어주는 것이었다. MS가 초창기에 "모든 가정과 책상에 컴퓨터를 공급하겠다"는 미션을 향해 뛰었다면, 이제는 그보다 한 발 더 나아가 "지구상의 모든 사람들이 더 많은 걸 이룰 수 있도록 기술적으로 돕겠다"는 단 하나의 목표를 향해 뛰게 만든 것이다. 그 과정에서 사티아 나델라는 먼저 MS를 단지 윈도우를 판매하는 기업이 아닌 플랫폼 기업으로 재정의했다. 여기서 플랫폼 기업이란 기술을 이용해서 사람과 조직, 자원을 연결해서 가치를 창출하는 것을 말한다. MS의 경우엔 모바일과 클라우드에서 새로운 성장동력을 찾은 것이라 할 수 있다.

그리고 그가 또 하나 바꾼 것이 있다. 바로 조직 문화다. 나델라가 취임할 당시 MS는 '스택 랭킹^{Stack Ranking}'이라고 하는 인사 평가 시스템을 가지고 있었다. 직원들을 정해진 비율에 따라 등급으로 줄 세우고 높은 성과를 낸 사람에게는 포상을, 저성과자는 해고하는 방식이었다. 팀이 똘똘 뭉쳐서 성과를 내도 누군가는 꼴찌가 되고, 그로 인한 불이익을 받아야 했기 때문에 구성원들 간에 서로 경계하는 분위기가 짙었다. 동료의 실패를 기다리며 보상을 받는 분위기가 만연했던 것이다. 사티아 나델라는 이것이 MS가 하나의 미션을 향해 뛰는 데 큰 장벽이라고 판단했다. 그래서 기업의 전통이었던 인사 시스템 '스택 랭킹'을 과감히 없앴다. 조직원들이 서로 경쟁이 아닌 협력을 도모할 수 있는 기업 문화를 만들기 위해서였다. 그는 기업이 부활하기 위해서 무엇보다 공감과 팀워크이 중요하다고 강조하며 회사 전체가 하나의 목표를 향해 전진할 수 있도록 구성원들의 마음을 얻는 데 집중한 것이다.

그 결과는 어땠을까? 모두의 예상을 뛰어넘을 정도의 대성공이었다. MS는 2018년 애플에 이어 아마존을 뛰어넘는 데 성공한 바 있다. 2020년 9월 기준 미국 주식시장에서 한화로 1,700조 원이 넘는 시총을 기록하고 있다. 앞으로 MS의 미래가 어떻게 펼쳐질지 아무도 장담할 수 없다. 글로벌 기업들 간의 경쟁은 그야말로 총성 없는 전쟁에 비유될 만큼 치열하기 때문이다. 하지만 적어도 MS가 전 구성원들이 '하나의 뜻', '하나의 비전'을 향해 협력하여 나아간다면 그 어떠한 생존 위기가 닥치더라도 벗어날 수 있을 것이다. 조직원들의 하나된 마음, 거기서 비롯되는 저력이야말로 마이크로소프트의 가장 큰 경쟁력이 되기 때문이다.

• 내 인생의 도 이야기 1 •

손자의 도는 비전이자 꿈이고 목표를 말한다. 나는 일찍부터 확실한 '도'를 지니고 있었다. 내가 4성 장군의 고지에 올라설 수 있었던 것도 일찍부터 꿈과 비전이 확고했기 때문인 것 같다. 중학교 2학년 무렵이었다. 이순신 장군과 김유신 장군이 나라를 지키는 모습이 나에게 큰 감동을 줬다. 특히 책 속에서 김유신 장군이 삼국통일을 하는 명장면은 어린 나에게 엄청난 자극이 되었다. 나도 군인이 되어 남북통일에 기여해야겠다는 꿈을 꾸게 된 것이다. 첫 번째 꿈인 군인이 되기 위해선 육군사관학교에 가면 될 것 같았다. 육군사관학교에 가려면 공부는 물론이고 체력단련도 잘해야 한다고 들었다. 그래서 중학교 2학년 때부터 육군사관학교에 들어가기 위해 이를 악물고 공부와 체력단련을 병행했다. 꿈을 꾸기 전에는 학교성적이 중간 정도였는데, 목표가 생기니 성적이 수직 상승했다. 고등학교에 올라가서도 공부와 운동에 매진했다. 고등학교 시절엔 쉬는 시간이 되기만 하면 철봉에 매달렸다. 고등학교 친구들은 지금도 쉬는 시간에 철봉에 매달리는 내 모습이 떠오른다고 말한다. 중고등학교 때 열심히 공부하면서 체력단련을 병행할 수 있었던 원동력은 이 나라를 통일시키겠다는 꿈과 비전이었다. 이러한 노력으로 육군사관학교에 합격해 장교가 되기 위한 교육과 훈련을 받는 기회를 갖게 되었다.

육군사관학교에 들어가선 힘들고 어려운 훈련을 받았다. 육군사관학교 시절은 내 인생에서 가장 어렵고 힘든 기간이었다. 훈련과 공부, 체력단련을 병행하면서 내무 생활을 하는 것은 육체적으로나 정신적으로나 힘들었다. 그렇지만 그때마다 확고한 꿈이 흔들리는 나를 잡아주었다. 다시 앞으로 뚜벅뚜벅 명확한 길을 걷게 한 것이다.

꿈과 비전을 확실히 하는 것은 바다에 떠 있는 배를 고정시키는 닻^{anchor} 역할을 하는 것 같다. 배가 닻을 내리면 조금씩 파도에 배가 흔들려도 다시 그 자리로 되돌아온다. 이렇듯 꿈과 비전이 명확하면 흔들리더라도 제 자리로 돌아와 꿋꿋이 걸어갈 수 있는 것 같다. 그리고 강해지는 것 같다.

장교가 되어 전후방 각지에서 35년을 근무하게 되었다. 어려움이 없었다면 거짓말이다. 가족과도 함께 살지 못하고 주말부부 또는 월말부부 생활을 해야 할 때도 많았다. 겨울에 혹한기 훈련을 할 때면 영하 10도, 20도의 추위에도 불을 피우지 않고 1주 내지는 2주간 야외에서 텐트 생활을 한다. 병사들과 동고동락하기 위해서다. 너무 추워서 10분 단위로 깬다. 아침에 전투화를 신으려고 하면 전투화가 얼어서 딱딱해져 신을 수 없을 때도 많았다. 또 수많은 장병들을 지휘하면 크고 작은 문제가 발생한다. 그럴 때마다 고민하고 아파하면서 문제를 해결한다. 개인과 나의 가정보다는 늘 부대와 국가가 우선이어야 하는 삶은 보람이기도 했지만 어려움과 괴로움이기도 했다. 하지만 흔들리지 않고 군대 생활을 사명감을 가지고 할 수 있었던 가장 큰 원동력은 나의 꿈과 비전이었다.

전역 후에도 나는 남북통일에 대한 비전과 꿈을 일생일대의 과업이라고 생각하고 있다. 현재 그 길을 걷고 있는 중이다. 그래서 다른 길로 오라는 몇 번의 제안을 거절하고 내가 원하는 길로 방향을 되잡았다. 그리고 안보 분야에 기여할 유튜브와 방송 프로그램 제작에 도전하고, 국가 안보를 튼튼히 하고 통일 정책을 펼치는 정치에도 도전할 수 있었다. 개인에게 꿈과 비전이 얼마나 중요한지 나는 누구보다 절감한다. 꿈과 비전이 명확하면 꿈과 비전이 나를 그쪽으로 끌어당긴다는 것을 느낀다. 내가 꿈과 비전을 향해 가기도 하지만 꿈과 비전이 나를 그쪽 방향으로 끌어당기기도 한다.

• 내 인생의 도 이야기 2 •

육군 소장 시절의 이야기다. 내가 투 스타 육군 소장으로 진급하고 맡은 보직이 30기계화사단장이었다. 기계화사단장 보직을 마치자 새로운 보직으로 이동하게 되었는데 명령지를 받아보니 육군미사일 사령관이었다. 육군미사일사령부는 100km 이상의 미사일을 관장하는 우리나라 유일의 사령부다. 미사일 관련 우리나라 유일의 최고 사령부인 것이다. 미사일은 크게 탄도미사일과 순항미사일로 구분되는데, 미사일사령부는 이 두 가지 무기체계를 모두 관장한다. 미사일사령부는 전략무기를 운용하는 아주 중요한 사령부다. 그렇지만 비밀부대로 분류되어 잘 알려지지 않은 사령부이기도 하다. 군대 내에서도 미사일사령부에는 미사일과 관련된 비밀인가를 받은 간부들만 제한적으로 출입이 허용되어 있다. 그래서 군대의 장교나 장군들조차도 미사일사령부가 어떤 부대인지 정확히 아는 간부들이 많지 않다. 그래서인지 중요도에 비해 국민과 군내에서의 관심도가 많이 떨어진다. 그리고 미사일사령부 장병들조차도 부대의 중요도에 비해 자부심이나 사명감이 높지 않았다. 그래서 미사일사령관에 부임하기 전부터 어떻게 하면 미사일사령부의 사기를 고취시키고 강한 부대로 이끌 것인가에 대해 고민을 하게 되었다. 대부분의 사람들은 미사일을 무기체계로만 인식한다. 그러나 사실 미사일 기술은 우주시대를 여는 필수 기술이기도 하다. 이미 우리는 우주시대를 살고 있다. 일상생활 깊숙이 들어온 내비게이션, 전화, 텔레비전 등 많은 것들도 우주에 떠 있는 인공위성의 도움을 받는다. 이러한 인공위성을 쏴올리는 기술, 그것이 바로 탄도미사일 기술이다. 우주선에 갔다 오는 것도 탄도미사일 기술이 뒷받침되어야 한다. 이미 우주시대는 시작되었다. 우리나라가 우주시대를 선점하고 강대국이 되기 위해서는 탄도미사일 기술을 발전시키는 것이 무엇보다 중요하다.

그래서 나는 우선 미사일사령부의 비전을 세웠다.

"미사일사령부를 통해 우주시대를 앞당겨 우리나라를 강대국으로 우뚝 설 수 있게 만든다."

이러한 계획을 세우고 나니 가슴이 뛰기 시작했다. 하루 빨리 부임하고 싶었다. 부임하고 처음 마주한 미사일사령부의 장병들은 미사일에 대한 중요성을 깨닫지 못하고 있었다. 부대의 중요도에 비해 사명감이나 사기가 높지 않았다. 단지 현재 보유하고 있는 미사일의 운용능력 극대화에만 관심을 갖고 훈련에 매진하고 있었다. 대한민국 유일의 미사일사령부이면서 미사일의 미래에 대해서는 관심을 갖고 연구하는 분위가 아니었다. 미래 미사일에 관련된 사항은 국방과학연구소나 국방부 및 합참 등에서 발전시켜줄 것이라는 막연한 생각을 하고 있었던 것이다. 그래서 나는 미사일사령관으로 부임하자마자 "우주시대를 앞당기자"라는 슬로건 아래 하나로 뭉치게끔 했다. 왜 "우주시대를 앞당기자"를 우리 부대의 비전으로 삼았는지에 대해 사령부 참모들과 부대원들을 대상으로 충분한 설명을 하고 공감대를 형성해갔다. 곳곳에 우주 관련 슬로건이 내걸렸다.

그리고 미션을 달성하기 위해 홍보활동을 시작했다. 먼저, 당시 국방장관과 육군참모총장, 합동참모의장께 보고를 드려 비밀로 해야 할 사항은 비밀로 확실히 분류하고, 공개할 사항은 공개하도록 해 공개할 수 있는 범위의 명확한 선을 그었다. 또 육·해·공군 전 장성들을 대상으로 미사일에 대한 교육을 실시했다. 전 장성들을 5개조로 편성해 미사일사령부로 불러 미사일에 대한 교육을 실시한 것이다. 미사일의 일반적 개념, 시스템, 구조, 원리, 미사일 발전 추세 등 브리핑을 통해 미사일을 발전시켜나가야 한다는 공감대를 형성했다. 장성들은 미사일사령부에 와서 교육을 받고 실제 우리 군의 미사일 능력을 보고는 아주 놀라워했고 미사일을 획기적으로 발전시켜야 한다는 데 공감했다.

아울러 미사일사령부 내에 자체 미사일학교를 만들었다. 미사일에 관련된 정보 · 작전 · 화력 분야의 육 · 해 · 공군 영관급 장교인 소령, 중령, 대령을 대상으로 미사일에 대한 전문적 교육을 실시했다. 이들을 5개 기수로 편성해서 일주일간의 교육과정을 이수하게 했다. 그리고 반년에 한 번 진행하던 미사일 발전 세미나를 매달 한 번씩 하는 것으로 횟수를 늘리고 앞으로 미사일을 어떻게 발전시켜나갈지, 또 어떻게 관련 기관과 협업하고 통합해나갈지, 어떤 비전을 공유할지 등을 토론하며 방향을 정해갔다. 미사일 발전 세미나에는 관련 부서 및 기관, 방산업체, 국방과학 연구소, 방위사업청 등 관련 인원이 모두 참석하도록 했다. 이와 동시에 미사일사령부 내 부대원들의 능력 향상을 위해 여러 간부 교육을 강화했다. 그리고 미사일사령부 장병들의 사기를 높이기 위해 상급부대에 건의해 장병 복지를 획기적으로 발전시켜나갔다.

이러한 노력의 결과, 미사일사령부가 체계적으로 변해갔다. 하루하루 미사일사령부가 발전해가고 있음을 느낄 수 있었다. 이와 더불어 미사일사령부 부대원들의 행동이나 생각이 눈에 띄게 변하면서 상급부대와 관련 기관으로부터 미사일사령부가 인정을 받기 시작했다. 이러한 노력의 결과, 그해 미사일사령부는 대통령 부대 표창, 합참 전비대세 검열 최우수, 육군 전비태세 검열 우수를 받는 등 가시적인 성과를 냈다. 명확한 비전을 세워 그 아래 부대원을 단결시킴으로써 미사일사령부는 획기적으로 발전할 수 있었다. 비밀부대라서 잘 드러나지 않던 미사일사령부였지만 위대한 꿈을 꾸자 놀라운 변화를 보여줬다. 이러한 변화를 통해 미사일이 단순한 무기체계가 아니며, 미사일 기술이 우주시대를 여는 필수 기술이라는 것을 제대로 각인시킬 수 있었다. 이때 미사일사령부와 부대원들을 획기적으로 발전하게 만든 것은 바로 "우주시대를 앞당기자"는 부대의 비전이었다. 미사일사령부의 사례야말로 비전의 중요성을 가장 잘 보여주는 사례다.

"위기를 헤쳐나가는 능력을 보여라."

우리가 취업을 위해 면접을 보러 갔을 때 당장 이런 미션을 받는다면 어떻게 대응할 수 있을까? 아마 갑작스러운 질문에 당황할 확률이 크다. 그 질문 자체가 위기가 될 수도 있겠다. 그런데 기업 입장에선 이것만큼 중요한 질문도 없다. 특히 요즘처럼 장기적인 불황에 언제 어떤 시한폭탄 이 터질지 모르는 위기의 시대에는 더욱 필요한 질문이다.

나 역시 인재를 뽑기 위한 면접을 볼 때 위기대처 능력을 많이 보는 편 이다. 일부러 어려운 문제를 내기도 한다. 국회의원이 된 후 보좌직원을 채용할 땐 외워둔 헌법 구절이 있으면 말해보라는 식이었다. 거기서 중요 한 것은 헌법에 대해 많이 알고 모르는 것이 아니다. 어떤 문제에 맞닥뜨 렸을 때 그것을 잘 모르더라도 어떻게 슬기롭게 헤쳐나가는지 그 능력을 보는 것이다. 실제로 많은 기업들이 면접 때 위기대처 능력과 도전정신과 충성심 등을 눈여겨본다고 한다.

창의적인 인재를 키우는 법 – 지신인용엄

손자 역시 인재의 중요성을 강조하면서 특히 리더가 갖춰야 할 다섯 가 지 요건, 즉 지智, 신信, 인仁, 용勇, 엄嚴에 대해 이야기했다. 지, 신, 인, 용, 엄이란 지략, 신뢰, 인성, 용기, 엄격함을 뜻한다. 어떤 업무를 맡든 이 다섯 가지 자질을 갖춰야 맡은 바 책임을 잘 해낼 수 있다고 생각한 것이다.

손자가 왜 이 다섯가지 요건을 꼽았는지 하나씩 자세히 알아보자.

가장 첫 번째 요건으로 손꼽힌 '지智'는 지략을 의미한다. 지략은 지식과 다르다. 지식이 인류 문명이 발달하면서 발견된 현상이나 원리를 말한다면, 지혜는 그러한 원리를 현상 세계에 적용하는 능력을 말한다. 즉, 통찰력, 문제해결 능력이라고도 볼 수 있다. 우리는 흔히 지식은 하나하나 쌓여간다고 표현하는 반면, 지혜는 열린다고 한다. 학교에서 열심히 공부해서 쌓아가는 것은 지식이다. 그럼 지식이 많다고 지혜로울까? 지식이 아무리 많아도 현실 세계에 적용하지 못한다면 무용지물이다. 지혜로운 사람은 자신이 알고 있는 것들을 현실 세계에 잘 적용하는 사람이다. 현장과 책 속을 넘나들며 원리를 완전히 터득하는 게 필요하다. 그래서 한 분야의 고수들, 창의력을 발휘하는 사람들을 보면 지혜로운 경우가 굉장히 많다. 실제 역대 리더들이나 전쟁에서 승리했던 장군들도 공통적으로 가졌던 것이 지혜다. 서양의 알렉산드로스Alexandros나 한니발Hannibal, 나폴레옹Napoléon Bonaparte, 우리나라에서는 을지문덕, 강감찬, 이순신 장군도 지략이 뛰어났다고 볼 수 있다. 미국에서도 걸프전을 승리로 이끈 슈워츠코프Norman Schwarzkopf 장군 등도 지략이 대단히 뛰어났다.

손자가 말한 인재의 조건 두 번째는 바로 '신信'이다. 신뢰는 사람과 사람 간의 관계를 이어주는 것이기 때문에 대단히 중요한 요소다. 신뢰는 한 번에 무너질 수 있고, 세우는 데에는 오랜 시간이 걸리는 소중한 가치다. 그래서 리더는 조직원으로부터 신뢰를 받도록 해야 하고 조직원 역시 리더의 신뢰를 받아야 한다.

세 번째 요건은 '인仁'은 무엇일까? 유교사상의 핵심이기도 한 인은 인성을 뜻한다. 공자는 물이 차면 밖으로 넘쳐 퍼져나가듯 내면의 어짐도 충만했을 때 행동으로도 표현이 된다고 했다. 부하들의 배고픔과 노고를 이해할 수 있는 것, 나 아닌 다른 사람의 아픔과 노고를 충분히 이해할 수 있는 그런 인성 말이다.

네 번째는 용勇, 즉 용기다. 용기는 기회를 보면 즉시 행동하고 적을 만나면 즉시 싸우는 결단력과 추진력, 두려움 없는 용감성을 말한다. 또 어떤 것에 대해 책임을 지는 용기도 중요하다. 유능한 장수에게 필요한 용기는 적과 크게 싸울 수 있는 용기, 결심의 용기, 후퇴의 용기다. 그를 따르는 부하들도 명령에 따를 수 있는 용기가 필요하다.

다섯 번째는 바로 엄嚴이다. 군을 다스림이 반듯하고 명령 하달을 일사분란하게 하는 것, 즉 군령을 엄정하게 하는 것이 엄격의 요소다. 옛말에 할아버지가 엄하지 않고 손자를 한없이 귀여워하면 할아버지의 수염을 뜯는다고 했다. 할아버지의 수염은 할아버지의 권위를 상징한다. 최고로 리더십이 잘 발휘된 상태는 부하가 상관을 바라볼 때 두려워하면서도 가까이 가고 싶은 마음이 생기는 상태, 또 가까이 가면서도 두려운 상태다. 한없이 가까이 가서도 안 되고 너무 무섭기만 해도 효과가 나지 않는다. 이런 요건을 갖춘 리더는 조직을 현명하게 이끌 수 있으며, 또한 주변에 많은 인재들을 품을 수 있다.

학력보다 창의력, 정주영의 내공

국내 CEO들 중에 지신인용엄의 리더십을 보여준 인물은 누가 있을까? 산업화 시대, 우리나라 경제성장에 큰 공헌을 한 정주영 회장을 돌아보자. 정주영 회장은 대기업 총수들 중 가장 저학력자로 알려져 있다. 강원도 산골의 송전보통학교를 졸업한 것이 학력의 전부이기 때문이다. 초등학교 이후에는 현대식 학교를 제대로 다니지 못했다. 그런데도 그는 현대라는 그룹을 일궈 세계적인 회사로 키워냈다. 그 비결은 무엇이었을까? 정주영 회장은 문제에 집중하지 않고 해답에 집중하는 사람이었다. 그는 "이봐! 해봤어?"라는 말을 가장 즐겨했다. 어떤 문제에 봉착했을 때 문제해결에 모든 역량을 집중했다는 뜻이다. 어떤 문제든 해보기 전에 포기하는 일이 없었다.

대표적으로 회자되는 일화 하나를 소개한다. 1984년 현대그룹은 김제평야보다 넓은 땅을 만들어낼 서산 천수만 간척사업을 시행한다. 그리고 막바지 물막이 공사를 할 때였다. A, B 지구를 잇는 작업을 하는데 마지막 남은 270m가 문제였다. 초속 8m의 급류가 생긴 270m 구간에 물막이를 하기 위해 다양한 시도를 한 것이다. 그러나 흙을 부으면 순식간에 물살에 쓸려갔다. 심지어 4.5t 자동차만한 바위도 순식간에 쓸려가버렸다. 너무나 난감한 상황이었다. 이때 정주영 회장은 포기하지 않고 해결방안을 생각하다가 번뜩이는 아이디어를 내놓았다. 대형 폐유조선을 가져다 놓으면 물살을 막을 수 있을 것 같았다. 울산항에 정박시켜놓은 22만 6,000톤급 초대형 폐유조선 워터베이호를 가져다가 바다에 가라앉혀

물살을 잠재우자는 것이었다. 다시 생각해도 참 놀라운 아이디어라 할 수 있다. 정주영 회장의 아이디어를 직원들은 모두 반대하고 나섰다. 그것을 실행하기엔 리스크가 너무 크다고 생각했기 때문이다.

이때 정주영 회장이 그 유명한 말을 한다.

"이봐, 해봤어?"

그리고 추진력을 발휘하여 실제로 실시한다. 전 세계적으로 유례없는 방식이었다. 1984년 2월 25일 개시된 이 작전은 성공적으로 끝이 났다. 각고의 노력으로 배를 가라앉히고 물살을 잠재우는 데 성공한 것이다. 이로써 공사 기간이 3년 단축되고 공사비 290억 원이 절감되었다. 문제를 풀 때 답이 없어 보인다고 해서 금방 포기하지 않았기 때문이다. 정주영 회장은 기존에 없는 방식을 창조해서라도 해결책을 찾아내는 데 집중했고, 그 결과 배를 띄우는 것이 아니라 가라앉힌다는 역발상을 떠올릴 수 있었던 것이다. 이처럼 정주영 회장은 남들이 생각지 못하는 지략을 가지고 있었다. 그리고 주변 사람들이 자신을 믿고 따르도록 확신에 찬 결단력을 보여줬다. 어떤 문제든 해결할 수 있다는 자신감과 용기를 갖췄기에 가능한 일이었다. 손자가 말한 리더로서의 자질을 두루 갖추고 있었단 얘기다. 그리고 그것은 지금 이 시대가 필요로 하는 기업가 정신으로 회자되고 있다.

정보와 자본, 기술을 공유하며 함께 혁신을 이뤄가는 기업 환경이 조성되면서 우리 사회가 필요로 하는 인재도 변화하고 있다. 과거에는 사람을 평가할 때 지식과 기술을 중요시했다면, 지금은 창의적 사고를 중요시한다. 창의적 사고는 한 가지 전문 분야에 대해 충분한 소양을 갖추면서 다양한 지식을 두루 겸비했을 때 형성된다. 창의적 사고를 하는 인재는 이것저것 조금씩 잘하는 제너럴리스트가 아니라, 자기가 잘하는 한 가지 전문 분야 외에도 다양한 분야에 대한 깊이 있는 지식을 갖춘 융합형 인재다. 예를 들어, 테슬라Tesla의 CEO 앨런 머스크Elon Musk와 같은 인물 말이다. 그는 물리학과 경영학, 즉 이론과 실용을 결합한 사고를 할 줄 아는 대표적인 융합형 인재로, 자동차부터 우주산업까지 자신의 능력을 마음껏 펼치고 있다. 바로 이런 융합적인 사고를 할 줄 아는 인재들을 키워내야 하는 시대가 된 것이다. 어쩌면 과거 우리가 중요하게 생각해왔던 과목과 전공 분야는 어느 날 더 이상 필요가 없어질 가능성이 크다. 전공 분야가 존재한다고 하더라도 새로운 지식을 바탕으로 전혀 새로운 학문으로 발전하고 있을지 모른다. 그렇기 때문에 우리는 이제 전문 분야를 더 다양하게 세분하고, 그것에 대해 폭넓게 배워나가는 노력을 해야 한다.

그런데 창의적으로 사고는 힘, 즉 창의력은 어떻게 키워야 하는 걸까? 창의력을 키우는 3단계는 수용적 자세 → 자기개념화 사고 → 창의적 사고다. 누구든 처음부터 창의적 사고가 가능한 것은 아니다. 먼저 각종 교육에 대한 수용적 자세가 필요하다. 지식을 습득해야 창의적 사고도 가능하기 때문이다. 그런데 이때 무조건 배우고 그것을 암기하고 테스트를 받는 것에 그치면 안 된다. 이런 주입식 교육은 기존에 우리가 줄곧 추구해왔던 방식이다. 수용적 자세로만 사고한 학생들은 학교 성적은 잘 나올지

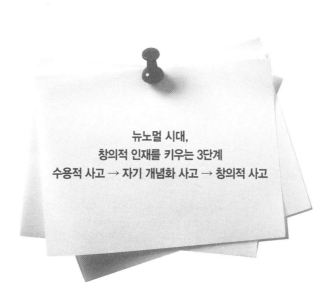

뉴노멀 시대,
창의적 인재를 키우는 3단계
수용적 사고 → 자기 개념화 사고 → 창의적 사고

몰라도 학교를 졸업하고 진짜 자신의 삶을 살아갈 때 잘 헤쳐나가지 못한다. 시키는 것만 하고 배운 대로만 접근하기 때문이다. 인생은 배운 공식대로 흘러가는 것이 아닌데, 공식과 어긋나는 문제 상황을 만나게 되면 당황하고 주저앉고 만다.

그래서 다음 단계인 자기개념화 사고를 할 수 있도록 노력해야 한다. 자기개념화 사고란 배운 것을 자기 방식대로 소화해서 흡수하는 것이다. 사람은 누구나 자신이 직접 혹은 간접 경험을 통해 배운 사항을 뇌 속에 저장하고, 자신만의 사고 체계를 형성한다. 이것을 스키마^{schema}라 한다. 새로 습득하는 지식들을 그 사고 체계, 즉 스키마로 끌어들여 자신만의 지식을 만드는 것이다. 이렇게 하면 배운 지식이 자신의 지식이 된다. 이렇게 저장된 지식은 어떤 문제가 닥쳤을 때 가져다 쓰기 쉽다. 응용력이 늘어나는 것이다. 예를 들어, 기정 전략을 배웠다 치자. 자기개념화 사고가 안 되는 친구들은 그저 암기만 한다. 기정 전략의 정의를 외우는 데 그치는 것이다. 하지만 자기개념화 사고가 되는 친구들은 자기만의 방식대로 이를 이해한다. 자신이 미리 알고 있던 80 : 20의 법칙과 기정 전략을 연결시켜 보다 정확히 이해하기 때문에 응용도 가능하다.

이 단계를 거치면 비로소 창의적 사고가 가능하다. 자신이 이해한 것을 바탕으로 이제껏 세상에 없던 전혀 새로운 것을 만들어낼 수 있는 것이다. 운전 능력을 예로 들어보자, 운전하는 법을 공식처럼 따라 배운 후 아는 길만 겨우 다닐 수 있는 것이 수용적 자세라면, 운전법의 공식을 외우는 것이 아니라 그 원리를 생각해보고 각종 상황에 어떻게 적용할지 고민하며 배우는 것이 자기개념화 사고다. 후진 주차를 단순히 공식에 의해 하는 것이 아니라 그 원리를 생각해보며 다양한 후진 주차 사항에 적용하는 방법을 연구해보는 것이다. 또한 매일 다니는 길 외에 새로운 길을 가고, 더 빠른 길을 찾아내는 것이 자기개념화 사고다. 여기까지 훈련이 되면 운전에 대한 자신만의 법칙을 만들어 수 있다. 그러면 다양한 상황에 자유자재로 운전할 수 있다. 그리고 남에게 자신이 만든 새로운 법칙을 가르쳐줄 수도 있다. 이것이 창의력 사고다. 따라하고 응용하는 것 말고 전혀 새로운 것을 만들어내는 것 말이다. 바로 이런 능력이 갖춰질 때 뉴노멀이 원하는 인재가 된다.

알고 보면 정주영 회장은 뉴노멀 시대에 알맞은 인재였다. 늘 1안, 2안이 아닌 3안, 4안을 창조해냈기 때문이다. 이제 지식은 인터넷 세계에 무궁무진하게 축적되어 있다. 더 이상 지식을 외우지 않아도 된다. 스마트폰이 장기의 일부와도 같이 되어버린 시대, 지식은 스마트폰으로 찾으면 된다. 이런 지식을 자기 것으로 만들어서 제3의 답안을 만들어내는 것이 창의적 사고다. 우리가 뉴드림을 이루기 위한 성공 키워드를 인재로 뽑았지만, 그것은 그냥 인재가 아니다. 창의적 사고를 하는 인재여야만 한다.

뉴드림의 성공키워드 3.
협력

국제정치에서 유명한 말 중에 "영원한 적도 영원한 우방도 없다"라는 말이 있다. 현재는 적이더라도 새로운 적이 나타나거나 하면 우방이 될 수 있고, 현재 우방이더라도 상황이 달라지면 적이 될 수 있다는 의미다. 실제로 상황에 따라 적과의 동침이 필요한 순간은 얼마든지 찾아온다.

손자는 이 사실을 잘 알고 이를 전쟁에 잘 활용해야 한다고 강조했다. 특히 싸우지 않고 승부를 보는 전쟁의 방식으로 '벌교伐交'를 강조했다. 벌교는 적의 외교를 무너뜨리는 것이다. 즉, 적을 직접 공격하지 않고 적이 맺고 있는 우호관계나 동맹관계를 단절시키는 것이다. 적을 고립시켜 힘을 약화시키면 적은 우리의 의지에 굴복해 항복하게 된다.

이처럼 전쟁은 독자적인 두 나라의 대결이 아닐 경우가 많다. 때에 따라서 여러 국가가 연합하거나 동맹을 맺어 함께 싸우기 때문이다. 이런 상황에서 적은 적일 뿐이라는 고착된 사고에 빠져 있을 경우 스스로 고립 상태에 빠져 자멸할 수 있다. 변화무쌍한 국제 정세에 따라 임기응변식으로 대처할 수 있는 능력이 필요한 이유다. 이때 임기응변은 부정적인 뜻보다 긍정적인 뜻을 지니고 있다. 막무가내로 위기 상황을 모면하려는 잔꾀가 아니라 시시각각 변화하는 상황에 슬기롭게 대처하는 협력적 사고를 말한다.

적과의 동침이 필요한 이유

제2차 세계대전 당시 일본과 미국이 싸우던 때도 그러했다. 일본은 만주사변을 일으키고 중국의 만주지역을 점령했다. 이후 일본은 미국 진주만을 공격하고 동남아시아 지역에 대한 공격을 이어갔다. 이때 미국의 최대 적은 일본이었다. 당시 일본은 목숨을 던져서까지 방어하겠다는 자살특공대 가미카제神風까지 동원하며 결사 항쟁 의지를 드러냈다. 미국은 당황했다. 일본에 어떻게 대응해야 할지 고심이 깊었다. 그리고 하나의 결단을 내린다. 전쟁 막바지, 일본 본토를 공격하기에 앞서 소련과 손을 잡기로 한 것이다. 미국이 그 당시 판단하기엔 이것이 일본과의 전쟁에서 미군의 피해를 줄이면서 승리하기 위한 최선의 방안이었다.

그런데 미국과 손을 잡았던 소련이 제2차 세계대전이 끝나자 세계 공산화를 목표로 많은 나라를 공산주의 국가로 만들어갔다. 소련은 공산화시키려는 나라들에 군사 및 경제 원조를 제공하며 민주주의 미국을 위협했다. 그러자 미국의 최대 적은 일본에서 소련으로 바뀌었다. 급변하는 상황에 따라 각 나라는 자신들에게 가장 유리한 쪽을 선택했다. 무엇보다 아이러니한 것은 이러한 소련을 막기 위해 미국이 손을 잡은 나라 중 하나가 일본이라는 사실이다. 미국은 소련의 세계 공산화 전략을 막고자 어제의 적이었던 일본과 협력관계를 맺었다. 그리고 중국에 가서는 동맹관계를 맺게 되었다. 어제의 적이었던 일본은 오늘의 우방이 되었고, 어제의 우방이었던 소련은 적으로 변한 것이다.

이러한 일은 한 국가 내에서도 일어난다. 1937년 7월 중일전쟁이 발발했을 때 중국은 양대 세력인 마오쩌둥毛澤東의 공산당과 장제스蔣介石가 이끄는 국민당이 서로 쟁패를 벌이고 있었다. 그런데 일본이 중국을 공격해오자 두 세력은 힘을 합치게 된다. 그 유명한 제2차 국공합작이다. 일본이 물러간 뒤에는 다시 중국의 패권을 두고 공산당과 국민당이 내전을 하게 되었고, 1949년 자유중국 정부는 타이완으로 건너갔으며, 대륙에는 중화인민공화국 정권이 수립되었다. 마오쩌둥과 장제스는 서로 적이었지만, 외부의 적인 일본이 등장하자 힘을 합쳐 일본과 대항했다. 국제 사회에서는 늘 이와 같은 일이 일어난다.

연합작전, 협력을 통해 시너지를 높이다

현대전에서도 서로 협력하는 사고가 중요하다. 현재 군에서는 전쟁에 이기기 위해서 연합작전, 합동작전, 제병 협동작전을 잘해야 한다고 강조한다. 연합작전이란 다른 국가 군대가 서로 만나 한 팀이 되어 싸우는 것을 의미한다. 예를 들어, 한국군과 미군이 같이 연합해서 싸우는 것을 연합작전이라고 한다. 1개 나라보다 2개 나라가 융합해서 싸우면 승수효과가 날 수 있다. 두 나라가 서로의 약점을 보완해주고 강점을 극대화시켜줄 수 있기 때문이다.

그런데 다른 국가끼리 같은 팀이 되어 작전을 하는 데에는 어려움이 많다. 문화와 사고방식, 교리, 무기체계 등 많은 것들이 다르기 때문이다. 그래서 연합작전이 효과적으로 이뤄지기 위해서는 상대국과 군, 무기체계, 교리, 사상 등을 잘 이해해야 한다. 또 많은 훈련을 같이 해야 연합전투력을 발휘·융합할 수 있다. 그래서 현재 우리 한국도 한미 동맹 아래 연합작전의 효율을 높이기 위해 연합훈련을 자주 실시하고 있는 것이다.

또한 군내에서는 육군과 해군, 공군, 해병대의 합동작전을 강조한다. 합동작전이란 공군, 육군, 해군, 해병대가 서로 힘을 합해 싸우는 것을 말한다. 전쟁을 잘하기 위해서는 육·해·공군이 서로 협력해서 시너지 효과를 발휘해야 한다. 이를 위해 육·해·공군이 서로 알기 위한 노력을 많이 해야 함은 당연한 일이다.

아울러 육군 내에서는 제병 협동작전을 강조하고 있다. 제병 협동작전이란 모든 병과를 아울러 싸우는 것이다. 지휘관이 자기 병과와 자기 군뿐만 아니라 다른 병과와 타군, 다른 국가의 무기체계와 능력, 제한사항을 잘 알았을 때 가장 좋은 전투력을 발휘할 수 있기 때문이다

4차 산업혁명 시대에는 이런 협력적인 사고가 더욱 필수적이다. 업종과 산업, 종목과 배움 등 경계를 명확히 두지 않고 다양한 형태의 협력을 시도해야만 더 강한 경쟁력을 가질 수 있기 때문이다. 하나의 비유를 들어보자. 엄지손가락을 제외한 네 손가락으로 물건을 잡으려고 하면 잘 잡히지 않는다. 하지만 엄지와 나머지 네 손가락이 결합되었을 때 우리는 물건을 잘 잡을 수 있다. 우리가 물건을 쉽게 잡을 수 있는 것은 반대쪽에서 엄지손가락이 받쳐주기 때문이다. 즉, 다른 시각, 다른 방면에서 서로의 부족한 부분을 채워나갈 때 보다 나은 결과물을 탄생시킬 수 있다.

콜라보레이션과 오픈 이노베이션

경영 환경에서도 이런 융합적 사고가 중시되기 시작하면서 새롭게 주목 받고 있는 전략이 있다. 바로 콜라보레이션^{collaboration}이다. 콜라보레이션은 라틴어에서 유래한 말로 '함께'라는 의미의 'cum'과 '노동'을 의미하는 'laboro(laborare)'가 합쳐져서 생긴 단어다. 말 그대로 '협업'을 지칭하는 말이다. 이제까지는 브랜드와 브랜드가 만나 새로운 제품이나 작품을 탄생시킬 때 주로 사용되어온 전략이다. 예를 들어, 유명 브랜드와 셀럽들이 이벤트 개념으로 하나의 신제품을 만들고 그것을 판매하는 방식이었다. 주로 명품을 제작·판매하는 기업들이 한정판 신제품을 내놓을 때 유명인들과 함께 쓰던 전략이다. 사실 기업 입장에선 콜라보는 무척 가성비 좋은 전략이다. 많은 투자를 하지 않고도 고객에게 새로운 감성적·기능적 혜택을 제공할 수 있다는 장점 덕분이다.

하지만 협업을 한다고 해서 무조건 성공이 보장되는 것은 아니다. 그렇기에 더욱 신경써야 할 부분들이 있다. 하나는 협력을 꾀하는 각각의 제품 혹은 서비스가 기본적 경쟁력을 갖추고 있어야 한다는 것이다. 그 자체로 경쟁력이 없는 제품 혹은 서비스를 무조건 결합했다간 소비자들의 외면을 받는 건 시간문제다. 콜라보레이션은 포장일 뿐, 그 자체가 제품의 경쟁력을 본질적으로 강화하는 게 아니기 때문이다. 효과적인 협업을 통해 일시적으로 품질과 디자인의 우위를 선점할 순 있어도 기업이나 브랜드 역량이 높아지거나 그 가치가 높아지는 것은 아니다. 또한, 지속적 성장을 위해 중요한 것은 충성 고객들을 확보하는 것이기 때문에 반짝

이벤트를 통해 일시적으로 매출을 높였다고 해도 그것으로 만족해선 안될 것이다.

둘째, 종전과 똑같은 패턴으로 기계적으로 반복되는 콜라보레이션은 오히려 독이 될 수 있다. 끊임없이 새로운 것을 기대하는 소비자의 기대치를 충족시키지 못한 채 협업을 위한 협업만 일삼다가는 오히려 낭패를 보기 쉽다. 차별화 전략이었던 콜라보레이션이 더 이상 새롭지 않은 것, 흔하고 식상한 수단으로 전락할 수 있기 때문이다.

마지막으로 콜라보레이션은 기업이나 브랜드 정체성을 희석하지 않는 범위 내에서 진행되어야 한다. 브랜드의 이미지는 소비자와의 관계를 구축해나가는 매우 중요한 자산이기 때문이다. 자칫 콜라보레이션만 부각이 되고 기업은 잊혀진다면 그 자체로 실패한 콜라보레이션이 될 수 있다. 잘 쓰면 약, 못 쓰면 독이 되는 콜라보이레션. 하지만 변덕스러운 소비자들의 마음을 사로잡기 위해 고군분투하는 기업의 입장에서 콜라보레이션은 마법과 같은 존재임이 틀림없다.

그런데 최근에는 항공사와 백화점, 제약회사와 커피전문점, 세탁업체와 증권회사… 도무지 공통점이라고는 찾아보기 어려운 분야의 기업들이 서로 업종 간의 벽을 허물고 협업에 나서고 있다. 한 브랜드가 다른 브랜드와의 협력을 통해 고유의 산업 경계를 넘나든다. 이것이 브랜드에 대한 고객의 인식을 바꿈으로써 새로운 시장에 성공적으로 확산 또는 이동할 수 있는 전략적 방안이기 때문이다. 대부분의 기업들이 서로 부족한 점을 보완하는 것뿐 아니라 자신과 상대방이 갖고 있는 장점들을 극대화함으로써 새로운 영역을 개척해나가는 융합 창조의 목적으로 진화하고 있다. 예를 들어, 나이키와 아이팟 나노^{iPod nano}의 콜라보레이션이 그렇다. 나이키 운동화 라인 중 +(플러스) 시리즈를 신고 아이팟 나노를 사용하면 송신기와 수신기를 장착할 수 있게 된다. 운동한 시간과 거리, 칼로리 소모량 등을 알 수 있게 되는 것이다. 그뿐만 아니라 운동이 끝나면 운동 데이터가 웹사이트에 저장되어 일정 기간 얼마나 운동했는지 파악할 수 있다. 이것은 두 기업 간 기술 콜라보를 통해 단순한 운동 보조기구에서 한 단계 더 나아가 소비자의 러닝 라이프를 체계적으로 관리해주는 서비스로 진화할 수 있었다.

이러한 협업의 사례로 몇 해 전 전 세계적으로 관심을 받은 게임 '포켓몬 고^{Pokemon Go}'도 들 수 있다. 포켓몬 고는 애니메이션을 기반으로 한 증강현실^{AR} 게임이다. 캐릭터의 인지도뿐 아니라 증강현실 기술도 포켓몬 고 성공에 큰 역할을 했다. 이것을 이뤄낸 기업은 다름 아닌 구글이다. '포켓몬 고' 개발 게임 업체가 구글의 사내 벤처로 시작한 '나이언틱^{Niantic}'이기 때문이다. 게임 기업 닌텐도^{Nintendo}가 구글에 콜라보레이션을 제안해 증강현실 기술, 구글 맵스, 스토어 진출 등 개발부터 유통까지 일사천리로 진행한 것이다. 덕분에 나이언틱도 큰 이익을 얻을 수 있었다.

국내 기업인 LG전자 역시 다양한 글로벌 기업들과 콜라보레이션을 하고 있다. 자율주행, 인공지능, 로봇 사업에 관한 것들이다. 큰 기업뿐 아니라 글로벌 스타트 업과도 폭넓은 협업을 하고 있는데, 그중 몇 가지를 살펴보자. LG전자와 마이크로소프트는 인공지능 자율주행 소프트웨어Software, SW를 개발하기 위해 손을 잡았다. 두 기업은 업무 협약을 맺고 전방 카메라, 운전자 모니터링 카메라 등 인공지능 기반 자율주행과 인공지능 소프트웨어의 학습 및 검증 데이터 처리 부문에서 콜라보레이션을 펼칠 예정이다. 또한 LG는 구글과의 콜라보레이션도 다양하게 진행 중이다. '구글 어시스턴트Google Assistant'를 탑재한 LG 인공지능 TV, 또한 5,000개 이상의 스마트 기기와 연동할 수 있는 스마트홈 허브 역할은 물론, AI 스피커 '구글 홈Google Home'과 연동해 로봇청소기, 공기청정기, 스마트 조명 등도 제어할 수 있게 했다. LG전자는 네이버와도 협력을 시도하고 있다. 네이버랩스NAVER LABS와 로봇 분야 연구 개발을 위한 업무 협약을 맺은 것이다. LG전자가 개발하는 다양한 로봇에 네이버의 xDMeXtended Definition & Dimension Map(네이버가 자체 개발한 위치·이동 통합 기술 플랫폼)을 적용하기 위해서다. 그동안 축적해온 인공지능, 자율주행 등의 핵심 기술과 네이버 플랫폼의 강점이 만나 어떤 효과를 낼지는 좀 더 지켜볼 필요가 있다.

그런데 여기서 우리가 또 하나 주목해야 할 것이 있다. 최근 기업들이 단순한 콜라보레이션을 위한 전략적 제휴를 넘어 새로운 시도를 하기 시작했다는 사실이다. 이른바 '오픈 이노베이션open innovation'이다. '오픈 이노베이션'이란 말 그대로 혁신을 위해 열어둔다는 것이다. 정확히 말해 기업이 필요로 하는 기술과 아이디어를 외부에서 조달하는 것이다. 그리고 한편으론 내부 자원을 외부와 공유하면서 새로운 제품이나 서비스를 만들어내는 것을 말한다. 한 마디로 오픈 이노베이션은 기술이나 아이디어가 기업 내외의 경계를 넘나들며 기업의 혁신으로 이어지도록 하는 데 목적이 있다. 지식재산권을 독점하는 것이 아니라 함께 공유하고 더 생산적인 것을 만들어내는 것, 이것이 바로 이 시대가 요구하는 협력을 통한 혁신이다.

크라우드소싱, 뉴노멀 시대의 협력

뉴노멀 시대에 가장 주목받고 있는 협력 방식은 바로 크라우드소싱 crowdsourcing이다. 크라우드소싱은 대중crowd와 아웃소싱outsourcing의 합성어로, 기업 활동 일부 과정에 대중을 참여시키는 것이다. 한 마디로 대중으로부터 아이디어를 구하는 것이니, 기업과 대중이 협력하는 걸 말한다. 크라우드소싱의 가장 대표적인 예는 위키피디아Wikipedia다. 위키피디아는 인터넷을 사용하는 대중들이 어떤 항목에 필요한 내용을 작성하고 사람들과 공유할 수 있도록 한 무료 인터넷 백과사전이다. 모든 사람들이 함께 지식을 모아서 만드는 백과사전인 셈이다. 그런데 실제 내용을 들여다보면 위키피디아와 전문가들이 모여 출판한 백과사전의 내용과 큰 차이가 없다고 하니 그만큼 대중들의 참여는 큰 힘을 발휘한다.

페이스북이 해외 사이트를 개설한 과정도 마찬가지다. 2008년, 페이스북은 영문 웹사이트를 번역해서 해외 사이트를 개발하는 작업을 시작했다. 그런데 이때 페이스북 내부 직원이나 번역 전문가들을 사용하는 대신 다른 방법을 썼다. 바로 대중 사용자들에게 함께 작업해달라고 공개적으로 요청한 것이다. 그렇게 한 결과, 공개 24시간 후에 프랑스 번역이 완

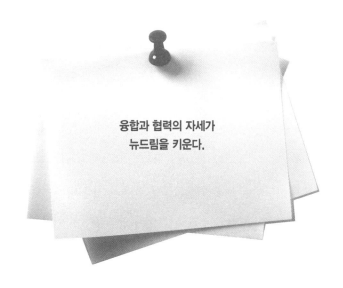

융합과 협력의 자세가
뉴드림을 키운다.

성되었고, 2년 후인 2010년 말에는 무려 70개국 언어로 번역될 수 있었다. 페이스북 내부에 유능한 직원이 아무리 많다고 하더라도 2년의 기간 동안 70개국 언어로 번역하는 것은 어려웠을 것이다. 이것은 많은 이들이 자신이 가진 지식을 공유함으로써 가능한 일이었다.

또 다른 예도 있다. 의류회사인 스레들리스Threadless라는 회사가 있다. 이 회사는 2000년에 설립되었고, 주로 티셔츠를 생산하는 곳이다. 그런데 이 회사엔 한 가지 특이점이 있다. 바로 디자이너가 없다는 것이다. 어떻게 의류회사에 디자이너가 없을 수 있는지 선뜻 이해가 가지 않는다. 그런데 크라우드소싱을 활용한다면 충분히 가능하다. 디자이너를 두는 대신에 티셔츠 디자인을 공개 모집하는 것이다. 그래서 어느 곳의 누구라도 디자인 결과물을 이 회사에 제출할 수 있다. 또한 수많은 디자인 공모를 받은 후 최고의 디자인을 선정하는 과정에 있어서도 대중이 투표를 해서 결정한다. 만약 최우수작으로 선정되면, 약 250~2,000달러에 이르는 상금을 받을 수 있다. 또한 이 디자인 아이디어가 상품화되어서 시장에서 판매가 되면 매출의 3~20% 정도 로열티를 받을 수 있는 것이다. 오히려 한두 명의 디자이너를 두는 것보다 더 폭넓은 대상자들을 통해서 신선한 제품 디자인을 받을 수 있다. 그래서 이 회사는 디자이너 없이도 좋은 디자인의 상품을 속속 출시할 수 있다. 부수적인 효과도 따라온다. 이 회사에 디자인 아이디어를 제시하는 사람들 중에는 전문 디자이너뿐 아니라 일반 소비자도 많이 포함되어 있다. 자신이 일부 참여한 아이디어가 상품화돼서 시장에서 볼 수 있을 때면 자연스럽게 선호도가 높아지는 효과를 얻을 수 있는 것이다.

이런 방식은 과거엔 전혀 상상도 할 수 없었던 일들이다. 과거에 많은 기업들은 기술개발에 있어서 특정 부서를 두었다. 연구개발팀을 두고 비밀리에 기술을 개발했다. 경쟁자들에게 기술이 알려지면 안 되기 때문에 보안에 철저히 신경을 썼다. 그리고 막대한 비용을 쏟아부음으로써 어떻게든 성과를 내도록 하는 방식을 사용한 것이다. 그런데 여기엔 분명히 한계가 생기기 시작했다. 기술이 엄청난 속도로 개발되고 보다 혁신적인 기술이 요구되기 시작하면서 이제 기업 혼자 이것을 감당하기가 버거워진 것이다. 하지만 기업들이 기술개발 프로세스를 오픈하고 다양한 루트를 통해 아이디어를 모으게 되면서 더 멀리, 더 혁신적으로 나아갈 수 있게 된 것이다. 그 결과 '전에 없던 결과물'들이 탄생할 가능성은 더욱 높아지고 있다.

성공은 반복되지 않는다

『손자병법』에 나오는 문구 중 오래 기억하고 있는 문구가 있다. 바로 "전승불복戰勝不復 병형상수兵形象水"다. 고정된 틀을 깨고 끊임없이 변화해야 한다는 것이다. 이때 전승불복戰勝不復을 직역하면 승리는 반복되지 않는다는 뜻이다. 좀 더 쉽게 풀이하면 한 번 승리했다고 해서 그 방법을 그대로 반복하면 승리하기 어렵다는 뜻이다. 쉽게 가려다 된통 실패를 맛볼 수 있다는 말이다. 전쟁을 할 때에는 매번 다른 형태의 전술을 써야 한다. 한번 승리했을 때 어떤 전술이나 무기를 적용했다 치자. 패배한 적은 그것을 분석하고 다음엔 또다시 당하지 않도록 철저히 대비할 것이다. 이런 이유로 한번 이겼다고 해서 똑같은 방법을 계속 쓴다면 승리를 장담할 수 없다. 그래서 전쟁에서는 한번 이겼더라도 같은 전술을 반복하지 말고 상황에 맞게 달리 접근해야 한다. 승리했다고 해서 그 방법을 또 쓰게 되면 결국 패배로 이어질 확률이 클 수밖에 없다. 고정된 틀에 갇혀서는 전쟁에 승리할 수 없다.

손자는 또 병형상수兵形象水를 강조했다. 병형상수란 군사력의 운용은 물의 형태를 닮아야 한다는 것이다. 물은 자신의 고유한 특성, 즉 정체성을 그대로 유지한 채 상황에 따라 형태만을 변화무쌍하게 바꿔나가는 것을 말한다. 생각해보자. 물은 계곡을 만나면 계곡의 형태로, 큰 강을 만나면 커다란 강의 형태로 변한다. 조그마한 컵에 물을 담으면 컵의 형태가 되고, 큰 항아리에 담으면 다시 큰 항아리의 형태가 된다. 병력을 운용할 때도 마찬가지다. 전쟁 시에는 피아 상황과 지형, 기상 등 다양한 환경적 요소를 고려해서 그때그때 전법과 무기체계 등을 변화시켜야 한다. 전쟁사를 보면 한번 승리한 방법을 계속 고집할 경우 어김없이 패했다. 반면에 변화무쌍한 전술을 쓴 경우엔 대부분 승리했다. 전쟁을 시작할 때에 늘 새로운 판을 짜야 하는 이유다. 한번 승리했던 판에서 그대로 싸우면 상대도 대비하고 있기 때문에 승산이 적다. 과거에 고착되지 않고 새로운 전술과 무기체계로 새로운 판을 만들어가야 하는 것이다.

성공보다 큰 실패 – 맥아더 장군의 원산상륙작전

맥아더 장군의 대표적인 작전 성공 사례가 인천상륙작전이라면, 원산상륙작전은 뼈아픈 작전 실패 사례로 기억된다. 인천에서 성공했던 맥아더는 왜 원산에선 실패할 수밖에 없었던 걸까?

인천상륙작전에서 성공한 후인 1950년 9월 26일, 맥아더 장군은 38선 이북 지역에 대한 상륙계획을 구상한다. 그렇게 전략을 수립한 것이 바로 원산상륙작전이다. 구체적인 내용은 이렇다. 미 8군이 서해안을 따라 평양으로 진격하고, 그사이에 미 10군단은 원산으로 상륙한다는 것이었다. 그런데 당시 참모들은 이를 반대했다. 이유는 두 가지였다. 첫 번째는 인천에서 이미 한 번 기습을 당했던 북한군이 똑같은 실수를 하지 않기 위해서 대규모 기뢰를 설치했을 가능성이 높다는 것이었다. 두 번째는 상륙작전을 펼칠 미 10군단이 배를 타고 가야 하는데 이때 이들을 보급선에 태울 경우 다른 부대의 보급에 지장을 줄 수 있다는 것이었다.

하지만 맥아더는 참모들의 의견을 듣지 않았다. 인천상륙작전에서 큰 성공을 거둔 것처럼 이번 작전에도 자신이 있었던 것이다. 또 맥아더 장군에게도 나름의 이유가 있었다. 첫 번째는 낭림산맥이 동서를 가로막고 있는 북한의 지형적 특성상 교통과 통신이 원활하지 않을 것이니 부대를 효과적으로 지휘하고 통합해서 작전을 수행하기 어려울 거라 생각했던 것이다. 두 번째는 38선 이북의 동해안 쪽에 우리 측 항구를 확보할 필요가 있다는 것이었다. 이런 이유로 맥아더 장군은 자기 고집대로 원산상륙작전을 감행했다.

그런데 이번엔 시작부터 인천상륙작전 때와는 달랐다. 참모들의 우려대로 10월 9일부터 미 10군단의 병력과 장비를 승선하기 시작한 탓에 인천과 부산항의 보급 기능은 2주 이상 마비되었다. 그로 인해 보급이 막히면서 육상으로 진격하던 미 8군의 북진 속도가 눈에 띄게 저하될 수밖에 없었다. 10월 16일이 되어서 상륙함정이 출항하기 시작했을 땐 육상으로 북진한 국군 1군단이 이미 원산을 장악한 뒤였다. 국군 1군단이 원산을 점령함으로써 원산상륙작전을 할 필요가 없게 되었다. 엎친 데 덮친 격으로 원산 앞바다에는 북한군이 설치한 기뢰들이 3,000여 개나 달했고, 그로 인해 함정 3척이 크게 파손되기까지 했다. 결국 미 10군단은 기뢰를 제거한 후인 10월 26일에나 원산항에 도착하여 28일에 상륙을 완료할 수 있었다. 이것은 곧 원산상륙작전의 완벽한 실패를 뜻한다.

이 작전으로 인해 병력과 자원, 그리고 시간이 엄청나게 낭비되었고, 한 박자 늦은 작전 진행으로 인해 북한군에게는 안정적으로 철수할 수 있는 시간을 주고, 중공군에게는 6·25전쟁에 개입할 수 있는 시간을 주게 되었다. 반면, 유엔군은 북진해나가는 데 큰 타격을 받을 수밖에 없게 되었다. 참모들의 반대에도 불구하고 이전의 성공 경험만 믿고 잘못된 선택을 한 맥아더 장군. 그의 이런 실패는 우리에게 큰 시사점을 남긴다. 한 번 작전에 성공하여 큰 성취감을 맛본 지휘관이 자신의 성공 경험에 갇히는 순간, 큰 실패를 부르는 독이 될 수 있다는 것 말이다. 맥아더 장군의 원산상륙작전 사례는 성공 경험이 있더라도 전장에서 일어날 수 있는 모든 상황은 제로베이스에 두어야 하고, 작전에 있어서만큼은 언제나 객관적으로 평가하고 판단해야만 다시 새로운 성공을 일굴 수 있다는 것을 다시금 깨닫게 해준다.

140년의 명성을 무너뜨린 성공의 덫

경영이나 경제에서도 똑같다. 한 번 성공한 방법만 고집하다 보면 결국 실패할 수 있다. 기업이 지속적으로 발전하지 못하는 가장 큰 원인 중 하나는 기존의 방식을 고집하고 변화하지 않기 때문이다. 그러한 기업은 수명이 짧다. 시대 흐름에 따라 끊임없이 변화하는 판을 짜고 변화하는 기업만 생존할 것이고 그러지 않는 기업은 도태된다.

이를 잘 보여준 기업이 바로 에디슨이 설립한 회사 GE다. GE는 최근 세계 시장을 충격에 빠뜨렸다. 미국 제조업의 상징으로 140년간 군림해왔던 그들이 111년 만에 다우지수에서 퇴출되며 몰락의 길을 걷기 시작한 것이다. 제조, 금융, 미디어를 아우르며 경영학의 교과서로 불렸던 GE는 어쩌다 이런 신세가 된 걸까?

GE는 시대가 바뀌었음에도 과거, 제조업계에서만 통하던 성공 방식에 갇혀 있었다. 전형적인 제품 제조업을 기반으로 GE는 효율성을 극대화하는 데 앞장섰던 기업이었다. 일단 제품이 탁월해야 된다는 생각에만 계속 갇혀 있던 것이다. 시장이 변하고 고객의 요구가 달라지는데도 원래 하던 것에만 집중했다. 또 기업의 몸집이 비대해진 만큼 새로운 사업에 대한 적응력도 떨어졌다.

하지만 이보다 더 큰 문제는 따로 있었다. 그동안 자기가 했던 방식이 옳다는 걸 믿고 일종의 오만에 빠지게 된 것이다. 아닌 게 아니라 성공 경험이 있는 대부분의 기업들은 위기에 직면했을 때 스스로 잘못한 것을 깨닫고 새로운 방식을 찾기보다 과거에 성공했던 방식으로 회귀할 때가 많다. 이미 한 번 성공해봤으니 그게 정답이라 확신하게 되는 것이다. 세상은 그들이 성공했던 당시 그 상태로 머물러 있지 않는데도 말이다. GE 역시 마찬가지였다. 실제로 전문가들은 GE가 과거에 의사결정을 내렸던 여러 가지 부분들이 잘못된 것으로 판명 났음에도 불구하고 그것들을 반복한 것이 결국 문제가 되었다고 말한다. 잭 웰치Jack Welch 20년, 제프리 이멜트Jeffrey Immelt 16년, 이렇게 내부 출신 CEO가 오랫동안 군림하다 보니 '할 말을 할 수 없는' 문화가 생겼고, "GE방식이 최고"라는 1등주의 문화가 미래에 대한 위기의식만 갉아먹었다는 얘기다. 전 세계가 태양광·풍력 에너지와 같은 신재생 에너지로 전환하는 추세인데도 석유·석탄 사업에만 집중한 것이 그 대표적인 잘못이라 할 수 있다.

> 수많은 기업이 변화를 시도했지만 그중 70% 이상이 실패로 끝났다.
> 구성원의 20%는 변화에 저항하고, 60%는 무관심하며,
> 나머지 20%만이 변화를 수용한 결과다!
>
> – 세계 리더십의 대가, 존 코터^{John Kotter} 교수 –

기업이 혁신하는 데 있어서 가장 큰 장애물은 역시 기존의 관성이다. 기존의 성공 방식, 즉 고정된 틀을 벗어나는 것이 얼마나 힘든 일인지 잘 보여주는 하나의 실험이 있다. 바로 자전거 타기에 관한 실험이다. 자전거를 굉장히 잘 타는 한 남성이 있다. 그런 그에게 핸들 조작 방향을 반대로 바꿔놓은 자전거를 주었다. 핸들을 오른쪽으로 틀면 왼쪽으로, 왼쪽으로 틀면 오른쪽으로 움직이는 자전거다. 핸들의 방향만 바꾼 자전거를 받아든 남자는 어떤 반응을 보였을까? 이전처럼 자전거를 잘 탔을까? 천만의 말씀이다. 호기롭게 자전거에 올라탔지만 그대로 고꾸라지려 했다. 자전거 중심을 제대로 못 잡았던 것이다. 아무리 자전거 타기를 반복하고 연습을 해도 쉽게 적응하지 못했다. 결국 이 남성이 실험용 자전거에 완전히 적응하기까지 무려 8개월이 걸렸다. 그런데 여기에 더 놀라운 사실 한 가지가 숨어 있다. 8개월간을 열심히 연습해서 핸들이 바뀐 자전거에 적응한 남자가 원래 자전거로 다시 돌아오기까지는 불과 20분도 걸리지 않았다는 사실이다. 8개월의 수고가 20분 만에 무너진 셈이다.

이 실험을 통해서 우리가 알 수 있는 것은 무엇일까? 고정된 방식에 갇

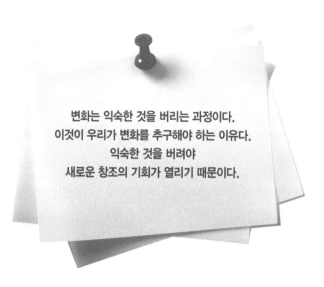

변화는 익숙한 것을 버리는 과정이다.
이것이 우리가 변화를 추구해야 하는 이유다.
익숙한 것을 버려야
새로운 창조의 기회가 열리기 때문이다.

힌 사람은 변화하기 힘들며, 그 변화에 적응하는 데 상당히 오랜 시간이 걸린다는 것이다. 그리고 설사 자신이 그 변화에 완벽하게 적응했다 하더라도 원래 제자리로 돌아오기까지는 오랜 시간이 걸리지 않는다. 한 마디로 기존의 고정된 틀과 방식에서 벗어나 새로운 변화에 적응하는 것은 그야말로 다시 태어나는 것만큼 어렵다는 것이다.

넷플릭스드, 파괴적 혁신의 힘

기존의 성공 방식에서 벗어나 완전히 새로운 방식으로 성공을 거둔 기업들도 적지 않다. 혁신 기업들이 즐비한 미국의 실리콘 밸리Silicon Valley, 이곳에는 넷플릭스드Netflixed, 즉 넷플릭스 당하다는 말이 있다. 넷플릭스드는 놀라운 혁신으로 기존 비즈니스 모델이 붕괴되었을 때를 비유적으로 일컫는 말이다. 넷플릭스Netflix가 새로운 사업을 선보일 때마다 미디어 시장은 물론 주변 비즈니스 지형도까지 송두리째 바꿔왔기 때문에 생겨난 말이다. 대체 넷플릭스는 스스로 어떤 혁신을 이뤄왔길래 이런 평가를 받고 있는 것일까?

넷플릭스는 1998년 홈무비 렌탈 서비스로 문을 열었다. 당시엔 이미 블록버스터Blockbuster나 월마트Walmart와 거대 공룡기업들이 시장을 장악한 상황이었기 때문에 후발 기업인 넷플릭스가 설 자리가 없을 것 같았다. 하지만 넷플릭스는 기존 기업들의 성공 방식을 파괴하고 전혀 다른 혁신적인 서비스를 내놓는다. 그것은 바로 온라인으로 콘텐츠를 고르면 우편으로 DVD를 배송해주는 것이었다. 고객이 직접 대여점을 찾아가 DVD를 빌려야 하는 수고를 덜어준 것이다. 또한 월정액 5달러라는 저렴한 비용으로 넷플릭스 보유 DVD를 무제한으로 임대할 수 있도록 했다. 무엇보다 획기적인 것은 연체료를 일절 받지 않았다는 사실이다. 대신 빌린 콘텐츠를 반납해야만 다음 콘텐츠를 대여할 수 있는 시스템으로 바꿨다. 이것은 넷플릭스의 입장에선 대단한 결단이었다. 연체료 수입이 제법 짭짤했기 때문이다. 하지만 넷플릭스는 그런 연체료 수입을 버리면서까지 고객이 진정으로 원하는 서비스를 제공하려 했다. 넷플릭스의 혁신은 여기서 시작된 것이다. 하지만 이것은 시작에 불과했다.

2007년 1월, 넷플릭스는 중대 발표를 한다. 회사의 중심을 DVD 렌탈 배송 서비스에서 온라인 스트리밍 서비스로 바꾸겠다고 선언한 것이다. 쉽지 않은 결정이었고, 내외부의 반발도 당연히 심했다. 하지만 그 결정은 옳았다. 겨우 1,000편의 콘텐츠로 스트리밍 서비스를 시작했지만 750만 명이던 구독자가 2년 새 1,200만 명으로 증가했고 금세 1억

2,000만 명을 넘어섰다.

그런데 이후 넷플릭스는 콘텐츠 배급사에서 콘텐츠 제작사로 변신을 선언하며 또 한 번 세상을 놀라게 한다. 2013년 자체 제작한 〈하우스 오브 카드House of cards〉가 큰 흥행을 거두었고, 그 이후 넷플릭스에서만 볼 수 있는 다양한 콘텐츠들을 제작해 넷플릭스의 매력을 한껏 끌어올렸다. 이런 넷플릭스의 혁신적인 시도에 잔뜩 긴장한 곳이 있었다. 바로 세계 최대 영화 제작사인 월트디즈니Walt Disney였다. 그들은 재빨리 21세기 폭스 21st Century Fox사를 인수해 폭스 산하의 OTTOver The Top(인터넷을 통해 볼 수 있는 TV 서비스) 플랫폼 훌루Hulu를 통해 넷플릭스와 같은 인터넷 TV서비스를 준비하고 있다. 넷플릭스가 자신의 혁신으로 경쟁자까지 끌어들이며 미디어 산업의 판을 송두리째 뒤집어버린 셈이다.

넷플릭스가 이렇게 변화할 수 있었던 이유는 무엇일까? 그것은 단 하나, 고객이 진정으로 원하는 가치를 제공하기 위해 치밀하고 집요하게 매달렸기에 가능한 일이었다. 이런 집요한 혁신 때문이었는지 지금 이 순간에도 넷플릭스는 자신을 끊임없이 넷플릭스드, 즉 변화시키며 세계 최대 OTT 플랫폼 그룹으로 성장해나가고 있다. 기존의 성공 방식만 고집해온 GE와 전혀 다른 혁신의 길을 걷고 있는 것이다.

네스프레소, 홈카페로 뒤집은 판

넷플릭스 못지않게 자기 파괴의 혁신으로 성공한 기업이 있다. 바로 커피를 즐겨 마시는 사람들에게 친숙한 기업 중 하나인 네스프레소Nespresso

다. 네스프레소는 세계적인 식품업체 네슬레^{Nestlé}의 자회사로 현재 50여 개국에서 7,000명이 넘는 직원을 거느리고 있는 대기업이다. 하지만 네스프레소의 출발은 쉽지 않았다. 전형적인 B2B회사, 즉 기업 간 거래로 출발한 네스프레소는 어느 시기에 다다르자 커피 매출이 더 이상 늘어나지 않는다는 사실을 깨달았다. 거래사들이 외면하면 언제든 매출이 떨어질 수 있는 위기 상황에 놓여 있던 것이다. 커피 자체의 경쟁력을 키우지 않고선 시장에서 오랫동안 살아남을 수 없을 거란 판단이 섰다. 만약 일반적인 회사였다면 경쟁력을 키우는 데 한 가지 고민만 했을 것이다. 어떻게 하면 더 많은 커피 회사에 우리 제품을 판매할 수 있을까, 어떻게 하면 더 많은 거래처를 확보할 수 있을까만 고민했을 것이다. 하지만 네스프레소는 달랐다. 기존의 성공 방식을 벗어나 전혀 다른 성공을 기획했다.

B2B에서 B2C 회사로 고객층을 바꾸기로 한 것이다. 즉, 가정집에서도 네스프레소의 커피를 마실 수 있도록 하는 방법을 고민한 것이다. 하지만 이것은 굉장한 모험이었다. 당시 사람들은 집에서 먹는 커피에 대해서 부정적인 인식을 가지고 있었기 때문이다. 집에서 먹는 커피는 카페에서 사먹는 것보다 맛이 없고 질이 떨어진다고 생각한 탓이다. 또, 좋은 커피를 집에서 마신다고 해도 너무 많은 문제가 뒤따랐다. 일단 에스프레소 머신을 집에 구비해야 했는데, 그러기엔 가격이 너무 비쌌다. 또 기계를 작동하는 기술을 익혀야 했고, 찌꺼기 처리 역시 번거로웠다. 더 큰 문제는 커피의 신선도를 유지하기 힘들고 자신이 원하는 대로 다양한 커피를 즐길 수 없다는 것이었다. 하지만 네스프레소는 이런 모든 약점을 보완해 홈카

페라는 새로운 시장을 열었다. 과연 그 비결은 무엇이었을까?

먼저 네스프레소는 간편하게 조작할 수 있는 에스프레소 머신을 개발했다. 그리고 누구나 자신이 원하는 커피를 맛있게 즐길 수 있도록 개별 포장된 커피 캡슐을 만들어 판매하게 된다. 당시 네스프레소가 커피 머신과 커피 캡슐에 대해서 출원한 특허만 해도 약 1,700개에 달했다. 고객이 원하는 커피를 고객의 집에서 마실 수 있게 한다는 한 가지 목표를 가지고 매진한 결과였다.

또한 네스프레소는 고객들과의 접점을 만들어 그들의 충성도를 얻기 위한 마케팅 전략을 내세웠다. 커피 머신은 어디서나 구매가 가능하게 하면서 커피 캡슐은 폐쇄적인 시스템을 통해서만 살 수 있도록 하는 반전 전략을 취한 것이다. 커피 머신을 구매한 고객들을 자동으로 네스프레소 클럽에 가입시켜 충성도를 높이는 전략이었다. 또한 이를 통해 차별화된 서비스를 제공했다. 먼저 고객의 소비 패턴을 분석해 고객이 좋아하는 커피를 제안함으로써 고객이 집에서도 충분히 자신이 원하는 퀄리티의 커피를 즐길 수 있게 했다. 또 오랫동안 커피 캡슐을 재구매하지 않을 경우 전화해서 따로 문제가 있는지 파악하고 커피 머신에 문제가 있을 때 직접 픽업해서 수리해주는 센스를 발휘했다. 또한 고품질의 커피를 제조하고 서비스하기 위해 마쓰시타Matsushita, 터믹스Turmix, 크럽스Krups, 드롱기Delonghi 등과 협력했고, 조지 클루니George Clooney를 광고 모델로 앞세우기도 했다.

캡슐 커피의 빠른 배송을 위해 자체 배송 시스템을 구축하는 것도 잊지 않았다. 사실 네스프레소는 커피 머신을 팔아서 남는 이윤이 거의 없

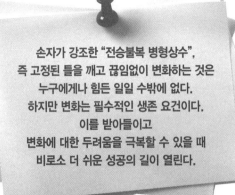

손자가 강조한 "전승불복 병형상수",
즉 고정된 틀을 깨고 끊임없이 변화하는 것은
누구에게나 힘든 일일 수밖에 없다.
하지만 변화는 필수적인 생존 요건이다.
이를 받아들이고
변화에 대한 두려움을 극복할 수 있을 때
비로소 더 쉬운 성공의 길이 열린다.

었다. 왜냐하면 파트너인 생산업체와 유통업체에게 각각 25~30%의 마진을 보장해주었고 더 싸게 팔아 많은 사람이 커피 머신을 살 수 있게 했기 때문이다. 이렇게 커피 머신을 싸게 많이 판 이유는 커피 캡슐을 많이 팔기 위해서였는데 이것이 바로 반전이었다. 네스프레소 커피 머신은 네스프레소 커피 캡슐만 이용이 가능했기 때문에 커피 머신은 싸게 샀어도 네스프레소 커피 캡슐을 계속 이용할 수밖에 없었던 것이다. 커피 캡슐의 마진은 약 50%였으니 지속적으로 수익을 낼 수 있는 구조를 만들어놓은 것이다. 기업 고객을 상대로 라이벌 회사와 경쟁하며 파이를 나눠 먹는 대신 스스로 경쟁력을 키워 '홈카페'라는 새로운 시장을 열고 바로 그곳에서 승자가 된 것이다. 기업용 커피 머신을 판매하는 회사라는 기존 틀에 갇히지 않고 홈카페라는 새로운 성공의 틀을 마련했기에 가능한 일이었다.

손자가 강조한 "전승불복 병형상수", 즉 고정된 틀을 깨고 끊임없이 변화하는 것은 누구에게나 힘든 일일 수밖에 없다. 사람이나 기업이나 모험보다는 안정을 추구하는 습성을 가지고 있기 때문이다. 뉴노멀 시대에는 기존의 똑같은 방식으로는 더 이상 살아가기 힘들기 때문이다. 하지만 어렵다고 피할 수만은 없다. 넷플릭스나 네스프레소가 경쟁력 있는 기업으로 우뚝 설 수 있었던 것은 남들이 못하는 그 어려운 걸 해냈기 때문이다. 변화는 필수적인 생존 요건이다. 이를 받아들이고 변화에 대한 두려움을 극복할 수 있을 때 비로소 더 쉬운 성공의 길이 열린다. 또한 위기도 더 수월하게 극복할 수 있다. 그것이 바로 남들이 눈치채지 못하는 혁신의 시작점이 되기 때문이다.

• 자기 혁신은 노력에서 시작된다 •

나는 군생활을 하면서 늘 지금의 방법이 최선의 방법은 아닐 것이라 생각했다. 어딘가에 보다 나은 더 방법이 있을 것이라고 믿고 현재의 방식보다 좀 더 나은 방식이 무엇일지를 늘 고민했다. 고민하고 아이디어가 떠오르면 적용해보기도 했다. 이러한 사고는 나에게 굉장히 큰 도움이 되었는데 실제 더 나은 방법을 찾는 경우가 많았다. 그래서 부대 운용 시 최소 노력으로 효과를 극대화하는 데 도움이 되었다.

육군사관학교에서 생도로서 장교가 되기 위한 교육을 받을 때 일이다. 육군사관학교 생도들은 장교가 되기 위해 군사학 교육과 훈련을 받으며 대학교처럼 전공 공부를 4년간 한다. 그 당시 선배들이나 교수들은 늘 이렇게 말했다. 군인이 되려면 전쟁 원리를 잘 알아야 하고 그러기 위해선 전쟁사를 잘 알아야 한다. 그래야만 유능한 장교, 지휘관, 장군이 될 수 있다고 말이다. 그래야 전쟁이 났을 때 전투를 승리로 이끌 수 있다고 했다. 육군사관학교 생도들은 공통과목으로 전쟁사를 공부하게 되어 있다. 세계 전쟁사와 우리나라의 전쟁사로 나눠 배운다.

그런데 나는 도통 전쟁사에 흥미를 느끼지 못했다. 전쟁사는 전쟁에 대한 세부적인 내용과 당시 무기체계, 전투 시 전투편성부터 부대배치, 지휘통제 방법 및 기동로 등 다양한 내용이 포함되어 있다. 당시 병력을 지휘해본 경험도 없고 군사학이 생소한 나로서는 전쟁사에 흥미를 못 느낀 것이 어찌 보면 당연한 것이었는지 모른다. 그러나 어떤 동기생들은 전쟁사를 재미있어 하고 학습능력도 뛰어났다. 나는 그런 친구들을 부러워만 할 뿐이었다. 때로는 나는 군인이 될 자질이 없나 하는 좌절감을 느끼기도 했다.

그런 채 육군사관학교를 졸업하고 장교로 임관했다. 전쟁사를 잘 모르고 전쟁의 원리를 터득하지 않은 상태에서 군생활을 시작한 것이다. 이 때문에 소위, 중위 시절 늘 뭔가에 짓눌렸다. 군사교리, 또는 전투예규를 갖고 매뉴얼, 교리에 따라 훈련도 하고 작전계획도 세웠지만 상황이 변하면 어떻게 해야 할지 난감했다. 전쟁술에 있어 자유롭지 못했던 것이다. 그래서 군인으로서의 자질이 부족함을 늘 느끼며 생활했다. 군인으로서 가장 기본적인 경쟁력을 갖추지 못했다는 좌절감이 나 자신을 주눅 들게 했다. 이대로라면 나는 지는 게임을 하는 거였다.

그러던 중 큰 변화의 계기가 생겼다. 전쟁사를 공부하는 방법을 바꿔보기로 한 것이다. 전쟁사를 공부하기 전에 먼저 전쟁에 관련된 영화를 보면 지적 자극을 받고 몰입할 수 있지 않을까? 예상은 적중했다. 이순신 장군에 대한 영화나 드라마를 보고 임진왜란의 해전사를 공부하니 너무 재미있었다. 영화나 드라마를 보니 당시 해상 전투의 모습이 구체적으로 그려졌고, 공부할 때 이해가 쉬웠다. 또한, 〈칭기즈칸〉이라는 영화를 보고 몽골의 전쟁 사례를 공부하니 당시 무기체계, 복장, 문화가 머릿속에 생생하게 떠올랐다. 그리고 제2차 세계대전 당시 일본군이 미국의 진주만을 공격하는 영화인 〈도라 도라 도라Tora! Tora! Tora!〉라는 영화를 보고 일본의 진주만 공격과 미국의 대응을 공부했다. 제2차 세계대전 당시 미국이 일본군으로부터 진주만을 공격받은 후 해군 전투력을 보강하여 일본군과 수행한 미드웨이 해전Battle of Midway과 관련된 영화를 본 후 미드웨이 해전을 연구했다. 그러면서 서서히 전쟁사에 빠져들게 되었다. 그렇게 2~3년을 보내자 완전히 전쟁사 공부에 몰입할 수 있었다. 조금씩 전쟁사에 자신감이 붙었다.

그 이후 소령으로 진급했다. 소령 당시 한국군 최초로 인도·파키스탄 유엔 요원으로 파견되어 근무했다. 그 당시에도 나는 전쟁사에 몰입해 있었다. 그래서 휴가 때 개인적으로 유럽 배낭여행을 할 기회가 생겼을 때에도 평범한 유적지나 관광지가 아닌 전쟁과 관련된 유적지를 여행 코스로 택했다. 제2차 세계대전 때 독일이 프랑스를 공격하기 위해 택했던 아르덴 산림지역 루트를 따라 여행하면서 그 당시 전쟁을 머릿속에 떠올려보고 몸으로 직접 전장의 현장감을 느껴보기도 했다. 전쟁에 대한 원리와 그 당시의 교훈이 뼛속까지 스며드는 듯했다. 전투 현장에 가서 전쟁사를 공부하는 것은 정말 많은 도움이 되었다.

그리고 한국으로 복귀한 뒤에는 동두천에 근무하게 되었다. 아내와 자녀들은 전라도 광주에 살고 있었는데 한 달에 한 번 2박3일 휴가를 얻어 집에 가곤했다. 가족과 오랜 시간을 보내고 싶었지만 전쟁사에 너무 심취한 나머지 나는 2박3일의 짧은 휴가 기간 중 하루만 집에서 보내고 이틀은 전적지 답사를 했다. 지금 생각해보면 어떻게 그럴 수 있었는지 신기하다. 한번은 임진왜란 때 격전지였던 충주의 탄금대 전투 현장을 답사한 적이 있다. 탄금대는 임진왜란 당시 조선의 신립 장군이 조선군 주력을 이끌고 일본군과 싸운 전적지다. 당시 신립 장군과 조선군은 일본군에 대패해서 조선은 풍전등화의 위기에 처해 있었다. 신립 장군은 왜 한 명이 목을 지키면 천 명도 막을 수 있다는 천의 요새인 문경새재라는 중요한 방어목을 지키지 않고 탄금대에서 배수진을 친 것일까? 아픈 역사와 국가의 운명을 좌우할 수 있는 막중한 장군의 책임감을 생각하며 배수진과 관련된 또 다른 전쟁사를 찾아 비교하면서 공부했다. 중국의 초한전쟁 당시 한신 장군은 배수진을 쳐서 대승을 거뒀다. 두 배수진의 전투 방법과 결과의 차이를 고민해보면서 전쟁의 원리를 터득해갔다. 또, 삼국시대, 후삼국시대, 고려시대의 전투 현장과 6·25전쟁의 전투 현장 등을 직접 가보았다. 6·25전쟁 최대 격전지였던 다부동 전투 현장이나 고지전이 있었던 백마고지 현장 등을 직접 방문하여 전쟁사를 더듬어보면서 지형에 따라 병력 운용을 어떻게 해야 할지 생각해보았다. 이것을 반복하자 지형에 따른 병력 운용에 대한 혜안이 어느 정도 생기는 느낌을 받았다.

소령 때에는 필수로 가야 하는 육군대학에서 6개월 교육을 받았다. 당시 육군대학에선 대대 공격과 방어 전술, 연대 공격과 방어 전술, 사단 공격과 방어 전술을 배웠다. 이때 특정 지역을 선정해 공격과 방어 전술, 그리고 작전계획을 만들어보고, 워게임을 실시했다. 이때 직접 현장을 나가기 어렵기 때문에 대부분 지도를 보면서 작전계획을 수립했다. 그런데 그 지역을 지도로만 알고 있으니 실제로는 어떤지 너무 궁금했다. 내가 만든 작전계획이 지형에 맞는지, 실효성 있는 계획이었는지 늘 의문이었다. 그래서 육군대학 6개월 교육을 마쳤을 때 휴가를 얻어 내가 탐구해 작전계획을 세웠던 곳의 지형을 답사했다. 직접 가서 내가 교육받던 당시 만든 작전계획이 실지형에 맞는지 검토해보았다. 실지형을 직접 눈으로 보면서 나의 작전계획과 비교한 뒤 이론과 실제의 갭이 크다는 것을 느꼈고, 이를 통해 전략적 교훈을 얻었다. 이러한 노력의 결과, 여행을 할 때 산이나 들을 바라보면 저곳에서 나의 부대가 방어를 한다면 부대 배치를 어떻게 하면 되고, 공격을 한다면 어떻게 하면 되겠다는 생각이 떠오르곤 했다. 같은 산이나 들을 바라보아도 군인의 관점에서 바라보는 습관이 생겼다.

그러면서 동양의 전법에 빠져들었고 동양의 7대 병법서를 공부하게 되었다. 7대 병법서는 과거 옛 무인들의 필독서였으며 무과 과거시험을 볼 때 일부는 시험과목이기도 했다. 7대 병법서 중 특히『손자병법』이 마음에 많이 와닿아 집중적으로 공부하기 시작했고,『손자병법』의 원리를 적용해 작전계획을 짜보고, 부대지휘, 훈련 때 적용을 해보면서『손자병법』의 지혜와 지략을 나의 것으로 만드는 연습을 했다.

이후 중령으로 진급한 이후엔 이러한 전쟁사를 통해 전쟁 원리를 어느 정도 터득하고 전투 역량이 향상되어 부대 훈련뿐만 아니라 리더십도 인정받기 시작했다. 그 이후 자신 있게 군대생활을 했다. 장교로서의 핵심 능력은 전쟁수행 능력이다. 전쟁 원리들을 포함하여 핵심 전투 능력을 확보하는 것이 무엇보다도 중요했기 때문에 나에게 맞는 방식을 찾아 전쟁사에 몰입했고, 이를 통해 나의 아킬레스건이 될 수 있었던 전쟁사 울렁증을 극복해낼 수 있었다.

뉴드림의 성공 키워드 5.
유연성

전쟁은 살아 있는 생물이라 했다. 상황에 따라 다채로운 변화가 일어나기 때문이다. 전쟁에 이기기 위해서 변화에 유연하게 대처하는 능력이 중요한 이유다. 손자는 이를 위해서 무엇보다 임기응변^{臨機應變}의 자세가 중요하다고 강조했다. 이때 임기응변은 "그때그때 처한 뜻밖의 일을 재빨리 그 자리에서 알맞게 대처하는 것"을 뜻한다. 유교적인 전통으로 바라봤을 때 임기응변은 권모술수나 기회주의에 가깝지만, 손자는 그렇게 생각하지 않고 그때그때 최적의 모습으로 변화하는 것을 중요하게 생각했다.

이를 위해 『손자병법』 제8장 구변^{九變} 편에서 전쟁에서 피해야 할 아홉 가지의 지리와 지형상의 상황을 언급하면서 이런 변화에 따라 민감하게 임기응변하는 방법을 논하기도 했다. 손자는 길이 움푹 파여 축축한 땅이 나타나거나, 길이 사방으로 뚫리거나, 갑자기 끊어진 지역 등을 빠르게 알아차리고 그에 맞게 대응하라고 했다. 또한 훌륭한 장수가 되기 위해선 상황에 따라 임기응변을 발휘해 무궁무진한 용병술을 쓸 수 있어야 한다고 했으며, 이를 하지 못하면 상황에 따라 이익을 취할 수 없다고 강조했다. 그리고 적이 침입하지 않을 것이라는 예측을 믿을 게 아니라 적이 침입해오더라도 이겨낼 수 있도록 충분한 대비책을 갖춰야 한다고 덧붙였다.

이것은 지금과 같은 변화무쌍한 시대를 살아내야 하는 우리들이 귀 기울여야 하는 이야기다. 지금과 같은 뉴노멀 시대야말로 세상의 변화에 따라 그 흐름을 정확히 읽고 대응할 수 있는 임기응변, 즉 유연한 사고가 필요한 때다. 이것은 수많은 위기 속에서 성공의 기회를 찾는 손자의 '이환위리'의 정신과도 일맥상통한다. 언제 닥칠지 모르는 위기에 대해 안테나를 세우고 미리 대비하되, 혹시 위기를 미리 막지 못했을 경우엔 일찍 포기하지 않고 위기를 기회로 바꾸는 유연한 사고와 자세가 필요하다. 이것이 바로 손자가 강조한 '이환위리'와 '임기응변'이다.

이스라엘, 위기를 딛고 승리하다

손자의 이환위리의 정신을 잘 실천한 사례가 있다. 끈질긴 전쟁의 역사를 자랑하는 이스라엘의 이야기다. 독일이 제2차 세계대전에서 패하면서 수많은 유대인 난민들이 생겨났다. 나라 없는 설움을 겪고 있던 이들은 자신들의 고향 땅인 팔레스타인 땅으로 돌아가 1948년에 이스라엘을 세웠다. 그런데 이곳에는 이미 오래전부터 아랍인들이 정착해 살고 있었다. 아랍인들은 유대인들이 이스라엘을 세운 것이 못마땅했고, 그들을 팔레스타인 땅에서 몰아내기 위해 전쟁을 벌였다.

　이렇게 시작된 중동전은 총 네 번에 걸쳐 벌어졌는데, 그때마다 전쟁의 승기를 잡은 건 이스라엘이었다. 특히 제3차 중동전에서 이스라엘은 단 6일 만에 대승을 거뒀는데, 그 결실이 대단했다. 이집트로부터는 시나이 반도Sinai Peninsula를, 시리아로부터는 골란 고원Golan Heights을 뺏은 것이다. 이집트와 시리아 입장에선 엄청난 손실이 아닐 수 없었다. 시나이 반도와 골란 고원 모두 아주 중요한 전략적인 요충지였기 때문이다. 두 나라는 어떻게든 이 땅들을 되찾고 싶어했다. 이후 이들은 수년간 이스라엘에 보복하기 위해 칼을 갈았다. 이집트는 소련으로부터 대량으로 무기를 사들이며 전력을 보강했고, 시리아 역시 군 개혁을 통해 현대화 작업을 이뤄갔다. 반면에 당시 이스라엘은 세 번의 승리 후 군 경계가 상당히 느슨해진 상태였다. 아랍국가들이 공격해봤자 당연히 이길 수 있다고 확신했던 것이다. 그런데 이런 자만심이 독이 되었던 걸까? 이스라엘은 곧 절체절명의 위기를 맞게 된다.

1973년 10월 호시탐탐 기회만 노리던 이집트와 시리아가 이스라엘을 상대로 선제공격에 나선 것이다. 이스라엘로서는 적잖이 당황스러운 일이었다. 그날이 바로 유대인들의 가장 큰 명절인 욤키푸르Yom Kippur('속죄의 날'이라는 뜻으로 유대교 최대의 명절)였기 때문이다. 이스라엘은 큰 명절이라 많은 군인들이 휴가를 간 상태였다. 그만큼 대비가 허술했던 것이다. 아랍군들은 이 기회를 놓칠세라 거침없이 이스라엘을 공격했다. 이집트는 이스라엘의 남쪽인 시나이 반도를, 시리아는 동쪽에 있는 골란 고원의 대부분을 단 사흘 만에 점령했다. 이스라엘군은 거의 48시간 만에 전멸 직전에 처했다. 병사는 절대적으로 부족했고, 탄약은 고갈되어가고 전차와 전투기도 엄청난 손실을 입었다. 그대로 밀리다간 나라가 패망하는 건 시간문제였다. 완벽한 실패로 보였다.

그런데 이스라엘은 쉽게 무너지지 않았다. 패전의 위기 속에서도 어떻게든 전세 역전의 기회를 노린 것이다. 우선, 현역 군인들이 후퇴를 하면서 지연전에 최선을 다했다. 어떻게든 예비군이 동원될 때까지 시간을 끌어보려 했던 것이다. 그중에 눈에 띄는 인물이 한 명 있었다. 바로 이스라엘의 스무살 청년 즈비카 그린골드Zvika Greengold 소위다. 그는 휴가 중에 전쟁이 터지자 즉시 휴가지에서 가까운 그 지역의 부대로 달려갔다. 그리고 곧 부서진 4대의 전차를 발견하게 된다. 골란 고원 전투에 참가한 전차부대 병사들이 소대장을 잃고 후퇴하고 있었다. 즈비카 소위는 전차를 고쳐 탄약을 보충한 뒤 다시 골란 고원으로 향했다. 그리고 기지를 발휘해 단 4대의 전차로 30여 대의 시리아 전차와 혈투를 벌였다. 그런 다음 이틀 동안 한숨도 자지 않고 다른 전투 지역으로 가서 시리아군과 사투를 벌였다. 이스라엘군은 이러한 노력 끝에 예비군이 동원될 때까지 골란 고원의 일부를 지켜낼 수 있었다.

한편 수세에 몰린 이스라엘 정부는 재빨리 미국에 SOS를 쳤다. 이스라엘의 골다 메이어Golda Meir 총리가 리처드 닉슨Richard Nixon 미 대통령을 직접 찾아가 눈물로 도움을 요청한 덕분이었을까? 미국은 이스라엘을 돕기로 했고 곧 대대적인 지원에 나선다. 대규모 전차와 항공기는 물론, 미군이 사용하고 있는 무기까지 그대로 가져와 이스라엘에 투입한 것이다. 이처럼 미국이 이스라엘에 엄청난 물량의 무기를 지원한 것이 바로 니켈 그래스 작전Operation Nickel Grass이다. 때마침 이스라엘의 예비군 병력들도 군에 투입되었는데 예비군 동원 속도 역시 빨랐다. 예비군이 동원되자 이스라엘은 빠르게 전세를 뒤집어갔다. 특히 이 작전에서 이스라엘군은 또 한 번 위기에 강한 면모를 보여줬다. 단순히 시나이 반도를 되찾는 것에 그치지 않고 시나이 반도와 수에즈 운하Suez Canal를 건너 이집트 적진까지 뚫고 들어가는 작전을 펼친 것이다. 이때 부대들끼리 손발도 척척 맞았다.

예비군들은 이미 여러 번의 전쟁을 경험했기 때문에 서로 호흡이 잘 맞았던 것이다. 공수부대가 먼저 아랍군의 미사일부대를 탐색해내면, 전차부대가 들어가서 그곳을 초토화시키고, 공군이 주변을 박살내는 방식이었다. 또한, 정면 싸움에 자신이 없을 땐 측방을 공격하는 방식으로 불리한 판을 뒤집었다. 골란 고원 전투 당시 이스라엘의 79전차여단이 측방 공격, 즉 전차로 적군의 허리를 치는 전략을 펼쳐서 크게 이겼다. 이것은 손자가 말한 우직지계迂直之計와도 상통한다. 비록 멀리 돌아가더라도 자신들에게 가장 유리한 방법으로 싸운 것이 위기를 기회로 바꾼 또 하나의 비결이 되었다.

결국 이스라엘은 아랍군을 물리치고 대역전극에 성공하여 전쟁 3주만에 시나이 반도에 이어 골란 고원을 되찾았고 소련과 미국의 중재 아래 전쟁을 끝낼 수 있었다. 이스라엘이 승리할 수 있었던 비결은 바로 손자의 이환위리의 정신을 잘 실천했기 때문이다.

그런데 여기서 진짜 중요한 건 따로 있었다. 그동안 이스라엘은 주변 아랍국들에게 시도 때도 없이 전쟁의 위협을 받았다. 하지만 이 전쟁을 계기로 더 이상 그런 위협을 받지 않게 된 것이다. 패망의 위기 속에서도 결국 다시 살아나는 이스라엘을 보고 주변 아랍국들 모두 더 이상 싸울 생각을 못 하게 된 것이다. 전쟁에 대한 의지를 확실히 꺾어놓았기 때문이다. 이것은 차후에 이스라엘이 이집트의 사다트Muhammad Anwar Sadat 대통령과 캠프 데이비드 평화협정Camp David agreement을 맺는 밑거름이 되었다. 그리고 더 이상 중동전과 같은 대규모 전쟁을 치르는 일은 없게 되었다. 이것만 봐도 4차 중동전쟁이 이스라엘에 위기가 아닌 평화를 향해 나아가는 진짜 기회가 되었다는 것을 알 수 있다.

위기를 기회로! 핸드폰 화형식

우리 기업들 중에서도 위기를 자양분 삼아 재도약을 한 사례가 적지 않다. 그중에서도 가장 첫손에 꼽히는 것은 글로벌 전자기업, 삼성이다. 이와 관련해 이건희 회장이 남긴 유명한 말이 있다. "마누라와 자식 빼고 다 바꿔라." 바로 이것이다. 1993년 6월, 당시 삼성의 총수였던 이건희 회장이 독일 프랑크푸르트에서 밝힌 '신경영 선언'을 통해 한 말이다. 삼성은 이를 계기로 글로벌 일류 기업으로 거듭났다는 평가를 받았다. 바로 여기에 이환위리의 지혜가 담겨 있다.

신경영 선언이 이뤄졌던 1993년 초, 이건희 회장은 자신의 회사가 심각한 위기에 처해 있음을 깨달았다. 미국 LA에서 열린 제품 비교 평가회에 가보니 GE와 월풀^{Whirlpool}, 필립스^{Philips} 같은 글로벌 기업에 비해 삼성의 존재감이 너무 약했던 것이다. 당시 삼성은 이미 국내 1위 기업이었지만 세계 시장에선 찬밥 신세였던 것이다. 얼마 후 이건희 회장은 사내 방송을 보다가 또 한 번 큰 충격을 받았다. 세탁기를 만드는 제조 공정을 통해 얼마나 많은 불량품이 생산되고 있는지 알게 된 것이다. 실제로 당시 삼성전자의 불량률은 10%를 웃도는 상황이었다. 이건희 회장은 이를 심각한 위기로 판단했다. 그리고 그 유명한 '신경영'을 선언하게 된 것이다. 실제로 삼성은 그 이후 양적인 성장이 아닌 질적인 성장을 추구하는 기업으로 완벽하게 체질 개선을 한다. 이런 혁신을 가장 잘 보여준 사례가 바로 '휴대폰 화형식'이다.

1993년 이건희 회장은 시중에 판매된 휴대폰 중에 불량인 것을 모조리 수거해 리콜할 것을 지시했다. 이때 굉장한 충격요법을 쓰게 된다. 바로 15만 대의 리콜 제품을 모두 모아서 한꺼번에 불태워버리는 화형식을 진행한 것이다. 무려 500억 원어치에 달하는 핸드폰을 불태워버렸다. 조직 구성원들에게 더 이상 불량품을 생산해선 안 된다는 메시지를 강력하게 피력한 것이다. 더불어 이건희 회장은 업무 효율을 높이기 위한 7·4 출퇴근제, 즉 7시에 출근해서 4시에 퇴근하는 제도 등을 도입하며 위기 돌파의 발판을 마련했다.

그 결과, 이건희 회장 취임 이후 25년 만에 기업 가치를 약 300배나 키울 수 있었다. 이를 통해 세계적인 기업으로 성장할 수 있는 발판도 마련할 수 있었던 것이다. CEO가 직원들의 실패를 인정하고 기업에 닥친 위기를 정확히 진단한 후 뼈를 깎는 혁신을 한 것이 재도약의 발판이 되었다. 그런데 삼성처럼 내부에서 비롯된 위기가 아니라 코로나 사태와 같이 어느 날 갑자기 찾아오는 위기에 선제적으로 대처하기 위해선 어떤 준비가 필요한 걸까?

뉴드림, 회복력에 달려 있다

최근 국제 기구와 미래에 대응하기 위한 각국 정부의 전략 등에서 자주 쓰이는 용어가 있다. 바로 회복력resilience이다. 회복력을 의미하는 영어 단어 '리질리언스resilience'는 '다시 뛰어오르다to jump back'라는 뜻의 라틴어 리

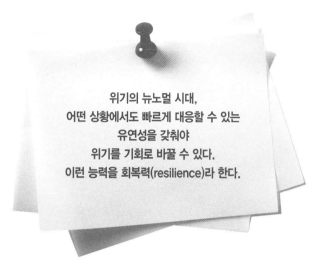

위기의 뉴노멀 시대,
어떤 상황에서도 빠르게 대응할 수 있는
유연성을 갖춰야
위기를 기회로 바꿀 수 있다.
이런 능력을 회복력(resilience)라 한다.

실리오^{resilio}에서 비롯되었다. 전 세계 각국에서 초대형 자연재난들이 일어나면서 이런 위기에 잘 대처하기 위해선 근본적인 변화가 필요하다는 인식이 확산되었고, 이때 가장 필요한 역량으로 회복력이 언급되기 시작한 것이다.

여기서 말하는 회복력은 단지 위기 이후 원래의 상태로 회복하는 수준을 넘어 위기 이전보다 더 강한 경쟁력을 갖게 된다는 것을 뜻한다. 외부 충격을 받은 스프링이 강한 활력으로 반응해서 원래보다 더 튀어 오르는 것같이 도약해야 한다는 것이다. 이런 회복력은 손자가 말한 임기응변의 진화된 개념이라 할 수 있다. 최근 코로나 시대를 맞이해 이런 회복력을 잘 보여준 기업이 있다. 바로 일본의 소니^{SONY}다. 소니는 한때 전자기기 기업으로 승승장구했지만, 최근에는 전자기기 사업 분야에서 겨우 명맥만 유지하고 있는 수준이다. 이에 소니는 사업 분야를 다양하게 넓혔다. 전자기기 이외에 영상기기, 가전, 금융, 게임 콘텐츠 등 다양한 분야의 사업을 전개한 것이다. 뉴노멀 시대의 특성상 어느 한쪽 사업에만 올인하기보다 다양한 사업을 진행하면서 그때그때 상황에 맞게 주력 사업을 바꾸는 것이 리스크를 줄이고 미래 성장 동력을 만들어가는 방법이라 판단했던 것이다.

이런 노력은 코로나19 사태에서 적지 않은 힘을 발휘했다. 제조업의 경우 세계 각국이 봉쇄를 감행함에 따라 수출 판로가 막히면서 상당한 매출 타격을 입어야 했지만 반대로 영상이나 게임 서비스의 경우 매출 반등의 기회를 맞이했다. 밖에 나가지 않고 집에서 모든 것을 해결해야 하는 상황이 되자 게임이나 영상 콘텐츠를 즐기는 사람들이 급증했기 때문이다. 소니는 이러한 상황에 보다 효율적으로 대응해나가기 위해서 조직 구조를 빠르게 개편해나갔다. 일본 특유의 경직된 기업 조직 문화에서 유연한 기업 조직 문화로의 전환을 시도한 것이다. 먼저 단순히 분야별로 나누어놓았던 기존의 조직 구조 대신 하드웨어와 금융, 엔터테인먼트의 세 분야에 집중할 수 있는 조직을 갖춘 후 서로 수평적인 관계를 이루며 각자 업무에 집중할 수 있도록 했다. 하드웨어 조직은 인공지능 기술 개발을 통해 포스트 코로나 시대의 새로운 일상에 대응하도록 준비하도록 했다. 금융 분야는 언제 어떤 위기가 닥쳐 자본의 어려움을 겪게 될지 모르는 상황이 된 만큼 자본조달을 보다 신속하게 할 수 있는 체계를 갖췄다. 은행 보험 부문을 완전 자회사화함으로써 투자자금 확보 능력을 더 강화한 것이다. 현재 주력이 되고 있는 엔터테인먼트 분야의 경우 음악이나 게임 등의 지속적인 수익 창출을 낼 수 있는 시스템을 갖추도록 했다. 코로나를 경험하며 배운 것을 통해 위기가 닥쳤을 때 대응하는 것이 아닌 앞으로 어떤 위기가 닥칠지 미리 예측하고 그것에 잘 대응할 수 있는 조직으로 거듭난 것이다.

코로나와 같은 변수가 또 언제 찾아올지 모르는 지금, 세계 경제는 출 렁이고 규제 환경도 갈피를 잡기 힘든 상황이 계속되고 있다. 이런 시대 에 기업이 가장 갖춰야 하는 능력은 스스로 위기를 극복하고 이겨낼 수 있는, 오히려 위기를 통해 더 강해질 수 있는 회복력이다. 이런 회복력은 변화를 빠르게 인지하고 이에 대응해나갈 수 있는 유연성에서 비롯된다. 이것은 단지 기업에만 해당되는 이야기는 아니다. 우리 자신도 회복력을 갖춰야 한다. 언제든 찾아올 불확실성에 기민하게 대응하는 능력이 필요 하다. 상황이 어떻게 변해도 본질은 변하지 않듯 어떤 위기 상황에서도 살아남을 수 있는 경쟁력을 키워나가야 한다.

이것이 뉴노멀 시대에 보다 큰 성공을 이룰 수 있는 새로운 성공 방식 의 첫걸음이다.

CHAPTER 6

[실전편]
뉴노멀 시대
성공 전략의 6요소

경제의 레버리지에선 자본을 지렛대 삼는데, 손자가 말한 전략의 레버리지에선 어떤 것들을 지렛대로 삼을 수 있을까? 『손자병법』에서 제시된 방법을 현대적인 관점에서 생각해보면 크게 여섯 가지로 나눌 수 있다. 바로 목표, 수단, 방법, 시간, 장소, 그리고 심리다. 이것은 내가 『손자병법』의 핵심을 뽑아 현대 전략과 결합시킨 6요소다. 지렛대 원리에서 지렛목에 해당되는 이 6요소가 뉴노멀 시대에 맞는 성공 전략의 6요소라고 생각한다. 손자를 지금 이 시대에 소환한다면 아마 이 6요소를 틀림없이 강조할 것이다. 무엇보다 중요한 것은 이것을 어떻게 활용하느냐다. 방법은 어렵지 않다. 먼저 적절한 목표를 세우고 그에 맞게 수단과 방법을 고안한 다음, 시간과 장소, 심리를 우선적으로 고려해 실전에 적용하면 되는 것이다. 이것이 바로 뉴노멀 시대 성공 전략 6요소를 지렛대로 사용해 최소한의 노력으로 최대의 효과를 거두는 방법이다.

● "계란으로 바위치기"라는 말이 있다. 가능성이 아주 희박해 보이는 것을 단적으로 표현한 말이다. 그런데 손자는 역으로 바위로 계란을 치듯이기라고 강조했다. 그만큼 쉽게 이기라는 뜻이다. 그러면서 손자는 『손자병법』에서 바위로 계란치듯 쉽게 이길 수 있는 방법을 여러 가지 제시했다. 한 마디로 노력 대비 성과를 높이라는 것인데, 늘 그렇듯 말이 쉽지 실제로 이를 가능케 하기란 쉬운 일이 아니다. 어떻게 하면 이것이 가능할까?

이 질문에 대해서 오랫동안 고민한 결과, 나는 한 가지 답을 얻었다. 바로 지렛대 효과를 발휘하는 것이다. 지렛대가 어떻게 생겼는지는 누구나 잘 알고 있을 것이다. 지렛대란 막대의 한 점을 받치고 그 받침점을 중심으로 물체를 움직이는 장치를 말한다. 작은 힘으로 무거운 물체를 들어올리는 데 아주 효과적인 도구로 쓰여왔다. 지렛대의 원리는 고대부터 사용되어왔다. 기원전 3세기경 고대 그리스의 수학자이면서 물리학자인 아르키메데스Archimedes가 지렛대 반비례의 법칙을 발견한 것이다. 그는 당시 히에론Hieron 왕에게 "적당한 장소가 주어진다면 지렛대를 이용해 지구라도 들어 보이겠다"라고 호언장담했다. 그러자 히에론 왕은 그에게 지렛대의 법칙을 증명하라며 한 가지 미션을 주었다. 모래톱에 올려놓은 군함에 병사들을 가득 태우고서 그 배를 물에 띄워보라고 한 것이다. 실현 가능성이 없어 보였지만, 아르키메데스는 이 어려운 일을 너무나 쉽게 해낸다. 지렛대를 응용한 도르레를 이용해 이 미션을 간단히 해결한 것이었다. 이후 그는 지렛대를 이용해 다양한 기술을 선보였다. 전쟁에 필요한 각종 무기와 투석기, 기중기까지 지렛대를 응용한 신형 무기들을 개발해내는 데 성공한다. 덕분에 당시 그가 속해 있던 카르타고는 늘 전쟁에서 손쉽게 이겼다. 특히 제2차 포에니 전쟁에선 적군이었던 로마군을 호되게 괴롭힐 수 있었다. 이런 지렛대의 원리는 지금도 우리 주변 곳곳에 적용되고 있다. 가위와 시소, 배를 젓는 노부터 병따개, 손수레까지 이렇게 많은 것들이 다 지렛대의 원리를 이용한 것들이다.

지렛대 원리는 그 효율성이 좋아서인지 경제 분야에서도 흔히 쓰이고 있다. 경제 용어로는 레버리지 효과$^{\text{Leverage Effect}}$와 그 뜻이 통한다. 레버리지 효과란 타인으로부터 빌린 차입금을 지렛대로 삼아 자기자본 이익률을 높이는 것이다. 예를 들어, 100억 원의 자기자본으로 10억 원의 순익을 올리게 되면 자기자본 이익률은 10%에 그친다. 하지만 자기자본 50억 원에 타인 자본 50억 원을 도입해 10억 원의 순익을 올리게 되면 자기자본 이익률은 20%가 된다. 레버리지 효과란 한 마디로 개인이 빚을 지렛대 삼아 주식이나 부동산 등에서 높은 수익률을 올리는 것을 말한다. 차입금 등의 금리 비용보다 높은 수익률이 기대될 때는 다른 사람의 자본을 적극적으로 활용해 투자를 하는 쪽이 유리한 것이다.

경제의 레버리지에선 자본을 지렛대 삼는데, 손자가 말한 전략의 레버리지에선 어떤 것들을 지렛대로 삼을 수 있을까? 『손자병법』에서 제시된 방법을 현대적인 관점에서 생각해보면 크게 여섯 가지로 나눌 수 있다. 바로 목표, 수단, 방법, 시간, 장소, 그리고 심리다. 이것은 내가 『손자병법』의 핵심을 뽑아 현대 전략과 결합시킨 6요소다. 지렛대 원리에서 지렛목에 해당되는 이 6요소가 뉴노멀 시대에 맞는 성공 전략의 6요소라고 생각한다. 손자를 지금 이 시대에 소환한다면 아마 이 6요소를 틀림없이 강조할 것이다. 지금부터 그 구체적인 내용을 하나씩 살펴보겠다.

전략을 세울 때 반드시 필요한 것은 다름 아닌 목표다. 이때 목표는 명확하고 달성 가능한 것으로 정해야 한다. 내가 이루고자 하는 것이 명확해야 더 구체적인 전략을 짤 수 있고 그것을 이루고자 하는 의지 역시 높아지기 때문이다. 손자는 전쟁을 하기 전 신중에 신중을 기해야 한다고 했다. 신중하다는 것은 적과 나를 살피고 승산의 여부를 면밀히 살피는 것이다. 이것은 곧 목표가 달성 가능한지를 파악하는 것이다. 불가능한 목표를 정하면 이룰 수 없을뿐더러 자신과 주변에 원치 않는 피해를 가져올 수 있다. 예를 들어, 승산이 없는 무모한 전쟁을 벌이면 수많은 군인들과 국민들이 소중한 목숨을 잃게 되고 나라의 자원을 탈취당하게 된다. 따라서 상황이 불리하거나 승산이 없어 보일 때는 과감히 경쟁하는 판을 바꿔야 한다. 만약 목표를 세웠는데 이것이 아무리 해도 도저히 이룰 수 없는 것처럼 보일 때 우리는 과감히 목표를 바꾸면 된다. 내가 이루고자 하는 목표가 잘못되었다는 것을 인정하고 다시 목표를 적절히 수정해나가면 되는 것이다. 지금 다소 불리한 판에 서 있는 것 같아도 다시 역전의 기회를 가질 수 있기 때문이다.

예를 들어, 우리가 등산을 간다고 치자. 처음엔 누구나 정상에 오르는 것을 목표로 삼는다. 그런데 생각했던 것보다 등산 코스가 너무 험난하다면 어떻게 해야 할까? 체력은 점점 떨어지고 정상은 점점 더 멀게만 느껴질 수 있다. 실패할 것 같은 순간 포기하고 싶은 마음이 앞설 것이다. 그런데 이때 만약 목표를 바꾼다면 어떻게 될까? 단지 정상에 오르는 것이 아니라 산에 오르는 길에 마주하게 되는 풍경을 보는 것으로 목표를 바꾼다면 얘기는 달라질 수 있다. 날씨에 따라 각기 다른 경치를 감상할 수 있고, 체력이 떨어지면 오히려 쉬엄쉬엄 가면서 더 많은 풍경을 들여다볼 수 있을 것이다. 결과적으로 그 산행은 실패가 아니라 자신의 목표를 충실히 달성한 것으로 기록될 수 있다. 이처럼 목표를 한번 세웠다 하더라도 상황에 따라 상향 혹은 하향 조정하게 되면 결과는 얼마든지 달라질 수 있다. 경쟁이 치열한 상황에서도 목표를 바꾸면 상대가 놓치고 있는 부분을 빠르게 캐치해 유리한 판으로 바꿀 수 있다. 그 변화의 틈 사이로 나를 둘러싼 상황을 유리하게 바꿀 묘안을 떠올릴 수 있는 것이다.

이처럼 목표를 세우는 일은 중요하다. 많은 이들이 목표의 중요성을 잠시 잊고 시간을 흘려보내곤 하는데, 그러면 수동적으로 상황에 끌려가게 된다. 정확한 목표를 세우지 않으면 남이 만들어놓은 불리한 판에 끌려들어가 하루하루 살아가기에 급급해진다. 제일 중요한 것은 상황이 불리하다고 좌절할 필요가 없다는 것이다. 목표를 조금만 바꿔도 경쟁의 판이 뒤틀려 축소되기도 하고 확대되기도 한다는 것을 알고 이를 적극 활용해야 한다. 이처럼 상황에 맞게 과감히 목표를 바꾼다면 경쟁하는 판의 차원이 달라지는 경험을 하게 될 것이다.

아마존의 목표는 이윤 아닌 고객 만족

수많은 기업들의 최우선의 목표는 누가 뭐래도 이윤일 것이다. 이윤은 기업의 필수 생존 요건이기 때문이다. 그런데 이런 당연한 진리를 버리고 자신만의 확고한 목표를 세워 무섭게 성장해온 기업이 있다. 바로 글로벌 유통 공룡 아마존Amazon이다. 20세기 말 인터넷서점으로 출발한 아마존은 IT, 유통을 넘어 미디어, 엔터테인먼트, 물류, 환경, 헬스케어, 금융에 이르기까지 사업 영역을 끝없이 넓혀가고 있다.

아마존은 어떻게 이런 몸집 키우기가 가능했던 걸까? 그 비결은 바로 남다른 목표에 있다. 아마존은 고객을 기업 운영의 제1원칙으로 외치며 실천해온 대표적인 기업이다. 이들은 마치 고객 강박증에라도 걸린 것처럼 철저히 고객의 관점에서 생각하고 고민한 후 회사의 모든 의사결정을 내린다. 아마존의 임원들은 회의할 때 늘 자리 하나를 비워둔다고 한다. 그 자리는 다름아닌 고객의 자리다. 항상 고객의 관점으로 바라보기 위한 상징적 장치를 마련해둔 것이다.

실제로 아마존에 입사한 직원들은 끊임없이 하나의 경영철학을 교육받는다. "고객에서부터 시작하라. 나머지는 그 다음이다Start with costomer and work backwards"라는 표어가 그것이다. 이것은 단지 구호로 끝나지 않는다. 어떤 프로젝트에 대해 논의하던 중 한 인턴 사원이 "이런 기능을 추가하면 아마존의 수익성이 떨어지지 않나?"라는 질문을 하자, 당시 임원은 고객이 원한다면 수익성은 포기해도 관계없다고 주저없이 이야기했을 정도다. 아닌 게 아니라 아마존은 단지 기업의 수익을 내는 것보다 고객이 원하는 가격경쟁력과 보유 상품군을 갖추기 위해 노력한다. 오직 고객이 필요로 하는 곳에만 돈과 시간을 쓰겠다는 신념도 확고하다.

이것은 아마존의 오랜 기업 문화에서 확인할 수 있다. 아마존의 직원들은 대부분 문짝으로 만들어진 책상, 즉 도어 데스크를 사용한다. 아마존의 창업주이자 CEO인 제프 베조스^{Jeff Bezos}가 창업 당시 사무실을 마련할 때 새 책상을 구입하는 대신 기존에 쓰지 않던 문짝으로 간이 책상을 만들어 사용하던 것에서 유래되었다. 도어 데스크는 검소함의 상징이자 고객에게 중요한 곳에만 돈과 시간을 쓰겠다는 의지를 확고히 보여주는 것이다. 이런 고객제일주의는 아마존의 많은 사업 분야에 그대로 담겨 있다. 오직 고객이 원하는 것, 즉 저렴하고 빠르고 고객이 진짜로 원하는 다양한 상품군을 갖추기 위해 집중하고 있는 것이다. 이것이 바로 아마존이 산업 간 경계에 갇히지 않고 끊임없이 혁신하며 지금의 글로벌 유통기업으로 성장한 비결이다. 기업의 목표를 '성장' 이 아닌 '고객'에 둔 것이 오히려 아마존을 더욱 큰 기업으로 만들고 있다.

뉴노멀 시대 성공 전략의 두 번째 요소
수단

뉴노멀 시대에 맞는 성공 전략, 그 두 번째 요소는 바로 수단이다. 이것은 경쟁하는 수단을 바꿔서 내게 유리한 판을 만드는 것을 뜻한다. 역사를 통해 전쟁을 분석해보면 수단을 바꿔서 승리한 경우가 많다. 쉽게 말해 창과 활을 쓰던 전쟁의 판에서 신무기인 소총을 사용함으로써 전쟁에 승리한 것처럼 새로운 수단을 동원해서 이기는 것을 말한다.

제2차 세계대전만 해도 미국과 일본은 재래식 전력을 가지고 전쟁을 했다. 전쟁 기간이 길어지면서 그만큼 많은 희생이 따랐다. 미국은 일본 본토를 공격할 때 얼마나 많은 병력이 죽고, 또 얼마나 많은 시간이 소요될지 가늠하기 어려웠다. 난관에 봉착한 것이다. 하지만 미국은 새로운 무기를 만들었다. 그것은 바로 원자폭탄이었다. 가공할 만한 위력을 가진 원자폭탄은 나가사키長崎에 한 발, 히로시마廣島에 한 발 투하되었고 엄청난 위력을 발휘했다. 원자폭탄은 그야말로 절대무기였다. 절대무기란 공격했을 때 이를 막을 수 있는 수단이 없는 무기를 말한다. 결국 일본은 원자폭탄 두 발에 무조건 항복을 선언한다. 일본은 미국의 원자탄 공격에 상응하는 수단이 없었다. 결국, 미국은 원자폭탄이라는 새로운 수단을 사용함으로써 전쟁의 판도를 완전히 뒤바꿀 수 있었다.

수단을 바꿔 성공하다 – 배달의 민족

경영계에서도 새로운 수단을 통해 성공의 발판을 마련하는 기업들이 적지 않다. 그 대표적인 사례가 바로 국민배달앱, 배달의 민족으로 유명한 우아한 형제들이다. 우아한 형제들은 최근 독일 기업 딜리버리히어로Delivery Hero에 인수되었다. 인수 당시 약 4조 8,000억 원의 기업 가치를 인정받으면서 큰 주목을 받았다. 이처럼 우아한 형제들이 배달서비스 하나로 대성공을 거둘 수 있었던 비결은 무엇일까? 답은 간단하다. 바로 '배달앱'이라는 새로운 수단을 적용했기 때문이다.

배달의 민족이라는 앱은 그 이름대로 배달을 쉽고 간편하게 할 수 있도록 만들어졌다. 이 앱이 개발되기 전까지 우리가 배달음식을 어떻게 주문했었는지를 떠올려보면 격세지감을 느낄 수밖에 없다. 이전에는 가게에 직접 전화를 해서 일일이 주소를 말하고 메뉴를 주문한 후 나중에 음식을 받은 뒤에 결제를 해야 했다. 배달을 시킬 때마다 가게 전화번호가 적혀 있는 전단지를 일일이 찾아서 매번 집 주소를 불러줘야 했기 때문에 적지 않은 불편을 겪어야만 했다. 이런 번거로움을 없애야겠다고 생각한 김봉진 대표는 곧 바로 '배달앱'을 개발하는 데 착수한다. 주변에 흔히 널려 있던 전화번호부와 전단지에 신기술을 입힘으로써 새로운 수단을 개발한 것이다. 바로 이를 통해 배달 시장의 새로운 패러다임을 제시한 것이라 할 수 있다. 특히 당시는 스마트폰이 대중화되고 사람들이 다양한 앱 서비스에 관심을 가지기 시작할 때라서 배달의 민족 서비스는 더욱 빠르게 성공할 수 있었다.

이후 배달의 민족은 국민앱으로 성장해 꾸준히 성장세를 이어가고 있다. 자그마한 스타트업이 약 4조 원의 기업 가치를 지닌 유니콘으로 성장할 수 있었던 비결이 바로 배달앱이라는 새로운 수단이었던 것이다. 이처럼 적절한 시기에 수단만 잘 바꿔도 내가 들인 노력에 비해 더 큰 성공을 거둘 수 있는 발판이 될 수 있다.

뉴노멀 시대 성공 전략의 세 번째 요소
방법

경쟁하는 '방법'을 변화시킴으로써 판을 유리하게 만들 수도 있다. 전략을 말할 때 '방법'이란 싸우는 개념일 수도 있고, 싸우는 전술일 수도 있다. 경쟁하는 방법을 변화시키는 방법에는 크게 세 가지가 있다.

① 새로운 개념의 방식을 만들어내는 법.
② 경쟁자가 미처 생각하지 못한 방식으로 바꾸는 법.
③ 여러 가지 수단을 다르게 조합하는 법.

이 중에서도 방법이란 요소를 지렛목으로 사용하기 위해선 이제까지 적이 전혀 생각하지 못한 개념이나 전술을 도입하는 것이 가장 효과적이다. 이순신 장군이 불패신화의 영웅이 될 수 있었던 비법도 전투 '방법'을 매번 바꿨기 때문이다. 앞서도 잠깐 짚어봤지만, 임진왜란 당시 조선 수군과 일본 수군은 배와 배를 붙여 근접전을 벌였다. 등선육박전, 즉 적군의 배에 바짝 붙인 후 그 배에 올라타서 칼이나 검으로 상대를 공격하는 방식이었다. 일본이 근접전에 강했기 때문에 이 방법을 많이 썼다. 사무라이 전통을 갖고 있던 일본인들은 검술이 발달해서 일단 배에 올라타면 강해졌다.

이순신 장군은 이를 극복하기 위해 고심했다. 그리고 전투 '방법'을 바꿨다. 근접전 대신 원거리 전투를 유도한 것이다. 조선 수군은 천자총, 지자총, 현자총과 같은 화포가 일본에 비해 발달되어 있었다. 이순신 장군은 이러한 화포를 조선 수군의 배 판옥선에 장착했다. 그리고 적이 멀리 보이면 화포로 공격하는 방식을 택했고, 일본 수군이 배를 붙여 등선하지 못하게끔 판옥선 위에 지붕을 덮어 철심을 박았다. 이를 위해 거북선까지 개발한 것이다. 그 결과는 23전 23승이라는 엄청난 기록으로 돌아왔다. 싸우는 방법만 바꿔도 전쟁을 얼마든지 유리하게 끌고 갈 수 있다.

방법을 바꿔 성공하다 – 스티치픽스

고객을 위한 서비스 방식을 바꿔서 큰 성공을 거둔 기업들이 있다. 그중에 가장 눈에 띄는 곳은 패션계의 넷플릭스로 불리는 맞춤형 패션 큐레이션 기업 스티치픽스Stitch Fix다. 맞춤형 패션 큐레이션 기업이라는 설명이 거창하게 들리지만, 결국 옷을 판매하는 기업이라 할 수 있는 스티치픽스는 고객을 위한 서비스 방식을 어떻게 바꿔 성공할 수 있었던 것일까?

스티치픽스는 고객이 옷을 고르게 하지 않고 고객의 취향에 맞는 옷을 직접 코디해서 제안해준다. 고객이 쇼핑몰을 찾아와 자신이 원하는 옷을 고르는 것이 아니라 쇼핑몰이 고객에게 어울릴 만한 옷을 먼저 제안하는 것이다. 고객 입장에선 나의 취향을 잘 아는 스타일리스트가 생기는 셈이다. 그런데 어떻게 이런 일이 가능한 걸까? 먼저 스피치픽스는 홈페이지 회원 가입 과정에서 고객들에게 몇 가지 질문을 던진다. 신체 사이즈는 어떻게 되고 어떤 색상이나 패턴을 좋아하는지, 또 외출은 얼마나 자주 하고 기념일은 언제인지 등을 설정하게 하는 것이다. 그뿐이 아니다. 고객이 평소 유행을 따르는 편인지, 아니면 자신만의 개성을 드러내는 스타일을 선호하는지 보다 구체적으로 취향을 묻는다. 고객은 이런 질문에 간단히 답하는 것으로 자신의 정보를 제공하고 배송날짜를 선택한 뒤 스타일링 비용으로 단 20달러, 한화로 약 2만 3,000원을 결제하면 주문이 끝난다. 그러면 스티치픽스는 고객이 제공해준 정보를 바탕으로 인공지능AI과 전문 큐레이터가 스타일링을 분석해 코디 아이템을 선별한다. 이에 따라 고객이 좋아할 만한 상·하의와 신발, 가방, 액세서리 등 다섯 가지 패션 아이템을 선별해서 보내준다. 고객은 해당 상품을 받아보고 마음에 들지 않는 상품은 반품하면 된다. 물론 반품할 때 발생하는 배송료는 스티치픽스가 부담한다. 또한 다섯 가지 코디 상품 중 1세트만 구매해도 스타일링 비용은 면제된다. 만약 다섯 가지 아이템을 모두 구매하면 상품 가격의 25%를 할인받을 수 있다. 이 과정에서 스티치픽스는 고객이 어떤 상품은 구입하고, 또 어떤 상품은 반품하는지에 대한 정보를 얻을 수 있으며, 이런 데이터가 쌓일수록 고객 취향에 대한 적중률은 높아지게 된다. 고객은 스티치픽스를 이용하면 할수록 자신의 취향을 잘 아는 스타일리스트를 갖게 되는 것이다.

스티치픽스는 이렇게 기존의 패션 기업들과는 전혀 다른 새로운 방법을 도입함으로써 차별화를 꾀했다. 이것은 고객들에게 높은 점수를 받기에 충분했다. 옷을 판매하는 쇼핑몰마다 새로운 아이템이 넘쳐나게 되면서 고객들은 오히려 자신의 마음에 꼭 드는 옷을 선별해내기 어려워졌다. 수없이 많은 브랜드의 옷 중에서 취향에 맞고 가격까지 합리적인 상품을 찾아내기까지 엄청난 에너지를 소비하게 된 것이다. 즐거워야 할 쇼핑이 일정 부분 스트레스로 다가오게 된 것이다. 스티치픽스는 바로 이런 고객의 번거로움을 정확히 파악해 다른 쇼핑 방법을 제안했다. 인공지능과 전문 큐레이터를 앞세워 고객들에게 자신이 원하는 취향의 코디 아이템을 숟가락으로 떠먹여주는 방식으로 한 걸음 더 다가간 것이다. 차별화된 서비스와 기술력을 지닌 스티치픽스는 쇼핑을 귀찮아하거나 옷에 대한 관심은 많지만 고민할 시간이 부족한 사람들에게 폭발적인 반응을 얻을 수 있었다. 성공의 지표는 수치로 나타났다. 스티치픽스에서 한 번 옷을 주문한 고객의 재구매율이 무려 85%에 육박한다. 또한 미국 보스턴 내의 작은 원룸에서 시작한 스타트업 스티치픽스는 단 6년 만인 2017년 11월 미국 나스닥에 입성했다. 기업 가치만 4조 원에 육박하는 거대 기업으로 성장한 것이다. 혹자들은 스티치픽스를 두고 '패션회사로 위장한 데이터 회사'라고 말한다. 맞다. 데이터를 활용해 고객들에게 제품을 어필하는 방법을 바꿈으로써 뉴노멀한 성공을 거둔 것이다. 이는 패션 시장이라는 레드 오션에 뛰어든 후발주자가 자신에게 유리한 판으로 바꿔 굳건히 살아남을 수 있었던 비법이기도 하다.

뉴노멀 시대 성공 전략의 네 번째 요소
장소

우리는 누구나 공간 속에서 살아간다. 공간은 저마다 특성을 갖는데, 어떤 공간에 있느냐에 따라 우리는 크고 작은 영향을 받는다. 예를 들어, 집에서는 공부가 잘 안 되는데 공간을 변화시켜 도서관에 가면 거짓말처럼 갑자기 공부가 잘 되는 경험을 한 번씩은 해봤을 것이다. 좋아하는 장소에 가면 기운이 나고, 싫어하는 장소에 가면 힘이 빠지는 건 당연지사다. 이것은 다시 말해 여러 가지 여건 중 장소만 잘 바꿔도 경쟁의 판을 내게 유리한 쪽을 바꿀 수 있다는 얘기가 된다.

손자 역시 공간의 중요성을 언급하며 전쟁 지역의 특성이 전쟁 승패에 아주 큰 영향을 미친다고 했다. 그래서 손자는 『손자병법』에 지地에 관한 내용을 아주 소상히 기술했다. 지地는 원근遠近, 험이險易, 광협廣狹, 사생死生으로 설명할 수 있다. 여기서 원근은 멀고 가까움, 험이는 험하고 평탄함, 광협은 넓고 좁음, 사생은 동식물이 살 수 있는가 없는가를 말한다. 즉, 사생의 사지는 부대가 머물러 있을수록 점점 불리한 지형이고, 생지는 부대가 머물러 있으면 점점 강해지는 지리적 여건을 뜻한다. 손자는 아군의 전투력이 적군보다 열세하면 험한 지형, 좁은 지형에서 전투하며 지형의 이점을 살려야 한다고 강조했다. 예를 들어, 내가 힘이 강할 땐 전장이 넓고 트인 지역, 내가 약할 땐 험하거나 좁은 지형이 유리하다고 했다. 또한 손자는 "나는 생지에 있되, 적은 사지로 몰아야 쉽게 이긴다"고 강조했다.

손자가 말한 생지란 동식물이 살 수 있고 나에게도 유리한 장소를 말한다. 반면, 사지는 머무를수록 동식물이 살지 못하고 내게도 불리한 장소를 의미한다. 즉, 사막과 같이 동식물이 살지 못하는 척박한 지역은 전형적인 사지다. 학생에게 있어 도서관이나 학교는 생지라고 볼 수 있다. 왜냐하면 자기가 점점 발전하게 되기 때문이다. 그렇지만 학생에게 공부에 방해가 되는 곳은 사지가 될 수 있을 것이다. 그래서 우리는 생지를 활용해 유리한 판을 만들어가도록 노력해야 한다.

이런 지형의 중요성은 경제·경영에서도 강조된다. 손자는 『손자병법』 군형軍形편에서 전쟁에서 승리하려면 다음 다섯 가지를 고려하라고 했다. 바로 도度, 량量, 수數, 칭稱, 승勝이 그것인데, 전장의 넓이와 위치(도)에 의해 투입해야 할 물량(량)과 필요한 병사의 인원수(수)가 정해지고 그것이 상대와의 전력 차이(칭)가 되어 승률(승)이 산출된다는 것이다. 이것은 오늘날 기업에도 그대로 적용될 수 있다.

장소를 옮겨 성공하다 – 무신사

고객 특성에 따라 공간을 바꿔 성공의 발판을 마련한 곳도 있다. 국내 최대 온라인 편집샵 '무신사'다. 요즘 남성 패션 피플이라면 대부분 애용한다는 무신사. 이곳은 무려 2조 원의 기업 가치를 인정받은 온라인 의류 플랫폼으로, 우리나라 열 번째 유니콘 기업에 등극했다. 여기서 매월 거래되는 액수만 9,000억 원, 월간 이용자만 매월 1,200만 명에 달한다고 하니 엄청난 성장세를 보여준 셈이다. 특히 무신사의 3년간 연평균 매출액 성장률은 80%, 평균 영업이익률은 27%에 달한다.

무신사는 어떻게 이런 놀라운 성장세를 보일 수 있었던 것일까? 2003년에 처음 등장한 무신사는 소수의 스트리트 패션 마니아층이 모인 커뮤니티의 형태를 띠었다. 무신사라는 이름도 '무지하게 신발 사진이 많은 곳'의 줄임말이라고 하니 대충 그 느낌을 알 것 같다. 이런 무신사는 2009년 무신사 스토어를 론칭하면서 온라인 패션 편집샵 사업에 진출했고, 이후 600만 회원을 보유한 최대 패션 플랫폼으로 자리 잡았다. 그런데 스트리트 패션이라는 것은 주류 패션이 아니라 특정 계층이나 특정 개성을 가진 사람들이 입는 패션을 대표하는 단어였다. 하지만 2000년대 들어서면서 스트리트 패션이 하나의 트렌드가 되면서 보다 대중화되기 시작했다.이곳에 입점한 3,500여 개의 브랜드들은 가성비가 좋은 스트리트 패션 혹은 스포츠 브랜드로 구성되어 있고, 비교적 합리적인 가격에 살 수 있다는 장점 때문에 인기를 끌기 시작한 것으로 알려져 있다.

하지만 그중에서도 가장 큰 성공 비결은 바로 무신사가 온라인 플랫폼을 주요 쇼핑 공간으로 삼았다는 것이다. 우리나라 남성들의 경우 길거리에서 옷을 구매하는 것에 굉장히 소극적인 경향을 보인다. 길거리 매장에 들어가서 옷을 직접 입어보고 구매하는 일을 쑥스러워하는 남성들이 여전히 많다. 무신사는 바로 이 점을 파고들었다. 남성들이 남의 시선을 의식하지 않고 자신이 원하는 옷을 구매할 수 있는 공간을 만들어준 것이다. 온라인 플랫폼을 통해서 말이다. 실제로 무신사는 남성들이 가장 손쉽게 패션 아이템을 쇼핑할 수 있는 채널로 잘 자리매김했다. 패션의 주

소비층이 여성이고 대부분의 패션 플랫폼이 여성을 타겟팅하는 의류 시장에서 온라인이라는 공간을 앞세워 남성 패션 쇼핑 시장을 지배한 것이 가장 큰 성공 전략으로 꼽힌다.

또한 무신사는 다른 패션 브랜드들과 달리 단 한 매장을 제외하고 대부분 온라인으로 운영된다. 그러다 보니 보니 오프라인 매장 운영에 따른 고정비를 아낄 수 있다는 장점까지 따라붙는다. 매장 운영에 들어가는 온갖 비용은 물론 인건비까지 절감할 수 있으니 수익률은 당연히 높을 수밖에 없다. 이처럼 기업 운영의 공간이 오프라인을 넘어 온라인으로 확장되고 있는 지금, 고객들이 가장 원하는 방향으로 공간적 특수성을 살린 것이 무신사의 최대의 경쟁력이 된 것이다.

뉴노멀 시대 성공 전략의 다섯 번째 요소
시간

경쟁하는 '시간'을 바꿔 경쟁의 판을 유리하게 만들 수도 있다. 손자는 적에게 끌려가지 말고 내가 싸울 장소와 시간을 선택해 적을 그곳으로 끌어들이라고 말했다. 그렇게 할 수만 있다면 내가 주도권을 가지고 내가 유리하게 판을 끌고 갈 수 있다고 했다. 만물은 변화한다. 1년 단위로 보면 봄, 여름, 가을, 겨울 계절의 변화가, 하루 단위로 보면 낮과 밤의 변화가 존재한다. 이에 따라 우리는 컨디션이 바뀌고 체력 조건이 달라지곤 한다. 그렇기 때문에 과거에 전쟁을 치를 땐 이런 시간의 흐름 역시 전략의 중요한 요소가 되었다. 손자 또한 적군을 상대할 때는 내가 유리한 시간에 싸워서 적에게 끌려가지 말아야 한다고 강조했다.

그런데 우리는 시간을 아예 염두에 두지 않는 경우가 많다. 시간이 내가 선택할 수 있는 요소임을 알지 못하는 것이다. 낮에는 낮에 하던 일, 밤에는 밤에 하던 일, 이렇게 고정된 사고방식에 사로잡혀 있다. 하지만 그 개념을 바꾸면 승리할 수 있는 길이 넓어진다. 기업이나 개인 역시 어떤 전략이나 계획을 세울 때 무엇보다 시간을 잘 고려해야 한다. 누구에게나 공평하게 주어지는 것이 시간이지만 어떻게 운용하느냐에 따라서 그 결과가 크게 달라질 수 있기 때문이다.

시간을 바꿔 성공하다 – 쿠팡

우리 주변에서도 흔히 시간의 요소를 지렛대 삼은 기업들을 찾아볼 수 있다. 바로 남들보다 빠른 배송 서비스로 시장을 평정한 쿠팡이 그렇다. 지난 2014년 4월, 소셜커머스 빅3 중 한 곳이었던 쿠팡이 24시간 내 배송을 목표로 하는 자체 배송 서비스인 '로켓배송'을 시작한다고 발표했다. 당시 시장의 반응은 그야말로 냉랭했다. '과연 될까?'라는 의구심 섞인 반응이 많았던 것이다.

하지만 7년차에 접어든 지금 로켓배송 시스템은 잘 안착했다. 그리고 쿠팡은 익일 배송하는 로켓배송부터 새벽배송, 당일배송까지 확대했다. 적어도 고객 만족 면에선 완벽한 성공이라 평가할 수 있다. 코로나19가 빠르게 확산했을 때 우리나라만 사재기 현상이 극심하지 않았던 것도 쿠팡의 로켓배송 덕분이었다는 분석이다. 무엇보다 쿠팡 입장에선 이 로켓배송 서비스 덕분에 다른 소셜커머스 업체들과의 경쟁에서 확실한 선두로 자리잡을 수 있었다. 매출 대비 수익이 나아지지 않아서 거액의 적자가 눈덩이처럼 쌓여가고 있다지만, 쿠팡의 로켓배송은 국내 유통산업에 새로운 변화의 물결을 일으킨 동시에 국민 배송 서비스로 자리매김하는 데 성공했다.

그런데 쿠팡은 어떻게 남들이 하지 못한 것, 즉 배송 시간을 줄이는 전략을 효과적으로 해낼 수 있었던 것일까? 그 답은 쿠팡의 물류 시스템에서 찾을 수 있다. 쿠팡의 '물류창고 → 허브(지역별 거점) → 캠프(소비자 근거리 배송센터)'로 흐르는 물류 시스템 안에서는 매일 수백만 개의 상품들이 쉴새 없이 이동 중이다. 시스템 내 재고는 대부분 소진된다. 분배작업이나 선주문 오류 등으로 버려지는 비중이 1%도 안 된다. 쿠팡의 물류 센터가 소화할 수 있는 범위는 상당히 넓다. 전국 3,400만 명이 10분 내에 제품을 받을 수 있을 정도다. 이 과정에서 많은 투자가 이뤄지고 적자가 발생 중이기도 하지만 한번 시스템이 구축되면 그대로 돌아가는 건 시간문제일 것이다. 어쩌면 쿠팡은 이런 시스템을 바탕으로 꽤 오랫동안 배송업계 1위의 자리를 고수할 수 있을지도 모른다.

그런데 쿠팡의 이런 혁신이 도화선이 된 것일까. 로켓배송 서비스에 이어 즉시 배송 서비스 시장이 열리고 있다. 오토바이가 물류망으로 들어온 것이다. 배달앱 주문에 따라 식당에서 집으로 음식을 배달했던 라이더rider가 치킨을 배달하듯 즉석식품과 생필품을 배송하기 시작했다. 이를 사람들은 '라이더 물류'라 명명했다. 국내 배달 시장을 이끌고 있는 배달의 민족이 가장 먼저 라이더 물류라는 카드를 꺼내든 것이다. 이제 배달의 민족은 라이더가 오토바이로 30분에서 1시간 내에 고객이 원하는 식품과 생필품을 문 앞까지 배달해준다. 로켓배송 그리고 새벽배송도 채우지 못한 수요를 간파하고 더 강력한 '시간 경쟁력'을 앞세워 새로운 시장을 공략하고 있다. 배송 서비스 시장의 최종 승자가 누가 될지 모르지만 이 모두 '시간'이라는 전략적 요소를 지렛목으로 잘 사용한 케이스라 할 수 있다.

뉴노멀 시대 성공 전략의 여섯 번째 요소
심리

마지막으로 전략에 활용할 수 있는 여섯 번째 요소는 심리다. 사람은 행동하는 데 있어서 심리의 영향을 많이 받기 마련이다. 심리가 편안할 때는 보다 일에 집중할 수 있고 심리적으로 불안할 때는 이성적이지 못한 행동을 보이기도 한다. 그런데 사람의 심리는 기상이나 시간과 같은 외부 요소에 아주 민감하게 반응하기 마련이다. 이를 잘 알고 전략을 짤 때 상대방의 심리를 잘 이용하면 경쟁의 판을 유리하게 바꿀 수 있다.

손자도 전쟁을 할 때 심리전이 중요하다고 강조했는데, 놀란 병사는 총을 떨어뜨린다는 말을 한 번쯤 들어봤을 것이다. 전쟁에서 이기고자 한다면 적의 병사들의 사기를 흔들고 적 장수의 심리를 흔들어야 한다는 것을 뜻하는 말이다. 심리적으로 공황이 발생한 부대는 무기를 가지고 있어도 전투력을 발휘할 수 없다. 반대로 상대가 침착하고 이성적이라면 정확한 판단을 내리고 보다 전투적으로 싸울 확률이 높다. 따라서 전쟁에서 이길 확률을 높이려면 적의 심리를 흔들어서 이성적인 판단을 하지 못하게 만들고 실수를 유도해야 한다.

기업 경영에서도 심리는 아주 중요한 요소다. '심리와 사기'에 관해 다룬 앞장에서도 강조했듯이 외부 경쟁기업들과의 심리전, 그리고 내부 조직원들의 심리를 잘 통제해야 보다 많은 성과를 낼 수 있고 효율적인 조직 운영이 가능하다. 특히 대기업일수록 직원들의 심리를 잘 다스리는 것이 중요하다.

심리를 이용해 성공하다 – 디즈니·픽사

조직원들이 자발적으로 즐겁게 일할 수 있는 역동적인 기업 문화가 갖춰졌을 때 기업이 얼마나 강한 경쟁력을 보이는지 잘 보여주는 사례가 있다. 바로 미국의 유명한 애니매이션 기업 디즈니^{Disney}·픽사^{Pixar}의 이야기다. 디즈니는 영화 〈라이언킹^{The Lion King}〉 이후 12년 동안 히트작이 없었다. 이유는 하나다. 성공에 대한 압박에 시달려 성과를 쫓기 급급했던 탓이다. 이를테면, "1년에 히트할 영화를 몇 개를 만들어라" 이렇게 강제로 시키는 문화가 자리한 데다 예산을 낭비하면 안 된다는 압박까지 주어졌기 때문에 조직원들은 하나같이 몸을 사릴 수 밖에 없었던 것이다. 그 어떤 분야보다 크리에이티브한 사고를 해야 하는 디즈니 직원들에겐 그야말로 일하기 힘든 여건이었다. 성과주의에 내몰려서 새로운 아이디어를 창출할 수 없는 환경에 놓였던 것이다.

그런데 디즈니가 픽사를 인수한 후 분위기는 급변하게 된다. 디즈니·픽사가 된 후 얼마 되지 않아 〈겨울왕국^{Frozen}〉을 히트시키며 화려하게 부활한 것이다. 과연 픽사는 어떻게 디즈니를 바꿔놓았던 걸까? 그 답은 픽사의 조직 문화에 있었다. 픽사는 디즈니와 달랐다. 직원들이 자발적으로 재미있게 일할 수 있는 문화가 만들어져 있던 것이다. 서로 경쟁하지 않고 서로 도와줄 수 있는 문화가 형성되었기 때문이다.

그런 문화가 생겨난 배경은 이렇다. 픽사가 디즈니와 합병 후 첫 번째 장편영화 〈토이 스토리 1^{Toy Story 1}〉을 만들 당시의 이야기다. 그때 픽사는 일찍이 성공 경험이 많았던 디즈니로부터 여러 가지 코치를 받아야 했다. 대부분의 작업을 시키는 대로 해야 했던 것이다. 그런데 결과가 좋아지긴커녕 점점 더 나빠졌다. 회사가 망가지는 걸 두고 볼 수 없었던 픽사는 중대한 결정을 내린다. 디즈니의 기존 성공 방식을 모두 버리고 본인들 스스로 만들고 싶은 것을 재미있게 만들기로 한 것이다.

　그렇게 온전히 픽사의 방식으로 즐겁게 일한 결과는 어땠을까? 〈토이 스토리 1〉은 대성공을 거뒀고, 픽사의 구성원들은 본인들이 즐겁게 영화를 만들면 성공을 거둘 수 있다는 자신감을 얻게 되었다. 물론 픽사가 단지 즐겁게만 작업을 했던 건 아니다. 만족할 만한 작품이 나올 때까지 백 번이고 만 번이고 수정하는 건 기본이었다. 1mm의 아주 작은 차이까지도 그냥 넘어가지 않는 완벽함을 추구했다. 즐겁게 일하는 만큼 치열하게 완벽함을 추구했던 것이다.

　또한 일을 하면서 자신이 맞다고 생각하는 의견은 직책과 나이에 상관없이 누구나 자유롭게 어필할 수 있는 문화가 만들어져 있었다. 물론 출퇴근이 자유롭고 자신이 원하는 자유시간을 충분히 가질 수 있었던 것은 기본이다. 이런 분위기가 조성되어 있다 보니 픽사는 구성원들 모두 협업을 조화롭게 해낼 수 있었다. 이런 픽사의 조직 문화는 디즈니에게도 그대로 이식되었고, 그 힘으로 디즈니·픽사는 다시 화려하게 부활할 수 있었던 것이다. 성과주의에 내몰렸던 디즈니와 스스로 즐겁게 일할 수 있는 조직 문화를 가진 픽사. 그 차이점이 기업 운영에 있어서, 특히 조직원을 다루는 데 있어서 '심리'가 얼마나 중요한지를 깨닫게 해준다. 이것이 뉴노멀 시대 성공 전략의 6요소에 심리가 빠지지 않는 이유이기도 하다.

이렇게 해서 우리가 뉴노멀 시대 성공 전략의 6요소를 하나씩 짚어봤다. 이제 중요한 것은 이것을 어떻게 활용하느냐다. 방법은 어렵지 않다. 먼저 적절한 목표를 세우고 그에 맞게 수단과 방법을 고안한 다음, 시간과 장소, 심리를 우선적으로 고려해 실전에 적용하면 되는 것이다. 이것이 바로 뉴노멀 시대 성공 전략 6요소를 지렛대로 사용해 최소한의 노력으로 최대의 효과를 거두는 방법이다.

만약 전쟁이나 기업 경영, 개인의 업무 전략 수행 시 문제 상황에 봉착했다면 어떻게 해야 할까? 이때 뉴노멀 시대 성공 전략 6요소 중 한두 개 요소만 바꾸면 문제를 쉽게 해결할 수 있다. 대부분의 경우엔 고정된 틀 안에서 해결책을 찾으려고 하니 문제가 풀리지 않는다. 하지만 6요소 중 한두 개 요소만 바꿔도 문제가 의외로 쉽게 해결되는 경우가 많다. 이 한두 개 요소가 실제로 최소 노력으로 최대 효과를 내게끔 하는 지렛목이 되는 것이다.

성공 전략의 6요소를 활용한 지렛대 법칙으로 성공하다 - 후지필름

실제로 이 6요소 중 한두 개를 바꾸어 쉽게 성공한 사례가 있다. 사진 찍는 것을 좋아하는가? 사진을 찍으려면 필름 카메라가 있어야 했던 시절이 있었다. 당시 코닥Kodak과 후지필름FujiFilm은 필름 시장을 주름잡는 1, 2위 기업이었다. 하지만 디지털 카메라의 등장으로 필름 카메라가 시대의 유물로 전락하자 두 라이벌 기업의 운명은 엇갈리게 된다. 시장 1위였던 세계적 기업 코닥은 디지털 카메라의 위세에 밀려 2012년 결국 파산하고 말았다. 하지만 코닥에 이어 필름업계 2위였던 후지필름만은 아직까지도 생존해 건재한 기업으로 남았다.

변화의 격랑 속에서 코닥은 실패하고 후지필름은 살아남을 수 있었던 비결은 무엇일까? 바로 목표의 변화다. 2000년을 정점으로 필름 시장의 규모가 매년 20~30%씩 감소했다. 1980년부터 필름 카메라가 사양산업이 될 것이라는 전망이 흘러나왔는데, 그것이 현실로 나타나기 시작한 것이다. 상황이 이러하자 후지필름은 경쟁사 코닥을 타도하겠다는 기존의 목표에서 필름 산업에서 필사적으로 탈출하겠다는 것으로 목표를 전면 수정한다. 후지필름은 후지필름 내부의 핵심 능력과 기술에 주목했다. 필름을 만들 때 사용되는 기술은 다양했다. 이러한 기술과 능력을 다른 분야에 적용해서 성장하자는 목표로 수정한 것이다.

목표를 바꾸자 회사는 당장 할 일이 많아졌다. 2004년, 후지필름은 먼저 필름공장을 폐쇄하고 판매·유통망들을 정리해나갔다. 이것은 필름 산업에서 다른 산업으로 변화하기 위한 준비이기도 했다. 2006년까지 5,000명의 인력을 감축해나가는 등 대대적인 구조조정을 실시했다. 이러한 과감한 구조조정은 특히 보수적인 일본 사회 특성상 쉽지 않은 결정이었지만, 평사원부터 최고경영자까지 올라간 고모리 시게타카古森重隆의 강력한 리더십에 의해 이뤄졌다.

그리고 후지필름은 새로운 성장 동력을 모색하는 데 나섰다. 당시 디지털 카메라를 만드는 데 전면적으로 나서야 한다는 내부 의견도 있었지만, 고모리 시게타카 회장의 생각은 달랐다. 고모리 회장은 디지털 카메라 시장에서는 이미 소니SONY, 니콘Nikon, 캐논Canon, 미놀타Minolta 등 쟁쟁한 경쟁자들이 있어 승부를 내기 어렵다고 판단했다. 그리고 단기적 성과가 아니라 장기적 안목으로 내부 핵심 역량을 살려 사업을 확장하는 길을 택했다. 후지필름은 축적해온 20만 개의 방대한 화학물질 데이터와 얇은 막을 균질하게 여러 겹 쌓아올려야 하는 필름제조기술을 활용하여 LCD 패널용 편광판, 필름 재료인 콜라겐과 필름 변색을 막는 항산화물질을 이용한 기능성 화장품, 화학합성 데이터베이스에 기반한 제약사업 등을 전개했다. 전혀 무관해 보이는 영역이었지만 진정한 강점을 활용해 사업 영역을 확장했고, 결과는 성공적이었다.

예를 들면, 필름과 무관해 보이는 화장품 산업으로 산업을 확장했다. 후지필름이 가지고 있는 핵심 기술인 필름 변색을 막는 항산화물질을 화장품에 적용한 것이다. 필름은 시간이 지나면 변색한다. 필름이 변색되면 최초의 필름과 같은 사진을 만들 수 없게 된다. 그래서 후지필름은 많은 연구를 했다. 그 덕에 항산화물질에 대한 핵심 기술과 능력을 보유하게 되었다. 사람의 피부도 나이가 들면서 노화한다. 이러한 노화를 지연시켜 나이보다 젊게 보이게 하기 위한 화장품이 인기가 있다. 후지필름은 이것에 주목했다. 필름 기술에 적용되는 항산화물질 기술을 화장품에 적용하기로 한 것이다. 그렇게 출시된 화장품은 후지필름이 다시 부활하는 발판이 되었다.

반면, 코닥은 디지털 카메라를 가장 먼저 만들고도 디지털 카메라가 필름 카메라의 시장을 잠식할 것을 우려했다. 코닥은 아날로그 필름 시대를 낙관하며 필름 카메라가 앞으로도 유효할 것이라 생각했다. 시대 변화의 바람이 불고 있었지만, 코닥은 여전히 필름 시장 점유율 1위를 지키는 일을 목표로 삼고 몰두하는 착오를 범한다. 그 결과, 코닥은 적극적으로 새로운 시장을 개척하지 않아 쇠락의 길을 걷게 되었다.

이 두 기업이 우리에게 시사하는 것은 하나다. 한 번 큰 성공을 거둔 기업이라도 경영 환경이 변화하고 위기가 닥칠 땐 새롭게 전략을 수정할 필요가 있다는 것, 그리고 그 답을 찾기가 어려울 땐 성공 전략의 6요소를 염두에 두면 쉽게 길을 찾을 수 있다. 그것이 바로 성공 전략 6요소를 활용한 지렛대 원리다.

지렛대 효과를 누려라

이런 지렛대 원리는 우리 일상 속에서도 잘 활용할 수 있다. 서로의 부족한 부분을 채워서 효과를 극대화하는 것이다. 사람은 누구나 강점이 있는 반면 약점도 있고, 나에게는 부족하지만 상대방에게는 넘치는 것이 있기 마련이다. 또 나는 하기 싫지만 상대방은 좋아하는 일도 있다. 이러한 사람들끼리 모여서 상대방의 장점을 지렛대 삼아 어떤 일을 도모한다면 최대의 효과를 낼 수 있다.

이런 효과는 팀 프로젝트에서 가장 빛을 발한다. 가장 대표적인 것이 영화를 만드는 일이다. 영화 한 편을 만들기 위해서는 적게는 수십 명에서 많게는 수백 명의 스태프staff가 필요하다. 그들 각자에게는 자신만의 고유의 재능이 있다. 어떤 사람은 촬영은 잘 하지만 글은 잘 못 쓰거나 쓰기 싫어한다. 그런 사람은 글을 잘 쓰는 사람에게 시나리오를 써달라고 하면 된다. 또 어떤 사람은 그림을 잘 그려서 영화의 세트 디자인을 멋지게 할 수 있지만 음악에는 별 재능이 없다. 그럴 땐 작곡가가 그 디자인에 어울리는 음악을 작곡하면 되는 것이다. 이렇게 서로가 서로의 지렛대가 되면 영화 한 편을 만들어내는 것도 어렵지 않게 해낼 수 있다.

일반적인 회사에서도 마찬가지다. 누군가는 사람을 만나 대화하고 영업하는 능력이 탁월하지만 손재주는 없다. 또 어떤 사원은 손재주가 좋아 생산 현장에서 물건을 만들어내는 일에 적합하지만 사람을 만나 대화하는 일에는 별로 흥미가 없다. 이러한 사람들이 서로를 지렛대 삼아 최종적으로 하나의 프로젝트를 완성해낼 때 비로소 기업이 쉽게 돌아갈 수 있는 것이다.

지렛대 원리의 범위를 더 넓혀보면 부부 사이에도 적용할 수 있다. 세상에 전혀 싸우지 않고 사는 부부가 있을까? 전혀 다르게 살아왔던 두 남녀가 함께 만나 살다 보면 이래저래 가끔 싸우게 된다. 이때 가장 중요한 것은 싸우지 않는 것보다 싸운 후에 잘 화해하는 것이다. 하지만 일반적인 사과로 배우자의 마음을 풀어주는 것이 쉽지 않을 때가 있다. 이럴 때도 지렛대의 원리를 이용할 수 있다. 예를 들어, 평소 집에서 사과를 해도 안 통한다면 장소를 바꿔서 근사한 레스토랑에서 사과를 하는 것이 어떨까? 새로운 장소에서 분위기를 급반전시킬 수 있을 것이다. 혹은 사과하는 수단을 바꿔 평소처럼 말로 하는 것이 아니라 정성껏 쓴 손편지로 자신의 진심을 전달하는 것은 어떨까? 오해로 닫혀 있던 마음도 쉽게 열 수 있을 것이다.

이처럼 성공 전략의 6요소 중에서 한두 개만 바꿔도 나에게 불리했던 판을 유리하게 바꿀 수 있고, 수많은 장애물들도 쉽게 뛰어넘을 수 있다. 최근에 유행했던 신조어 중에 '노오력'이라는 말이 있다. 아무리 노력해도 더 나아지지 않는 현실을 비관하는 말이다. '노오력'이 더 이상 헛되지 않고 실제 성과로 이어지게 하는 방법, 그것이 바로 성공 전략의 6요소와 지렛대의 법칙이다. 최소의 노력으로 최대의 효과를 얻을 수 있는 그 방법이야말로 내가 『손자병법』을 통해 깨달은 가장 값진 진리다.

전역한 지 어느새 1년 6개월이 넘었다. 아직도 그때의 설렘과 두려움이 선명하다. 39년 3개월의 군생활을 마감한다는 것, 익숙한 세계를 떠나 새로운 삶을 시작해야 한다는 것은 그야말로 크나큰 두려움이었다. 더구나 지금은 100세 시대가 아닌가. 100세 시대에는 55세에서 75세까지 가장 일을 왕성히 하는 시기라고 하니, 전역 후 제2의 인생을 살기 위해서 새로운 일을 찾아야만 했다. 군생활에서 얻은 경험과 노하우를 어떻게 살려 사회 발전에 기여할 수 있을지 고민이 되었다.

걱정은 많았지만 힘을 내보기로 했다. 대나무가 길게 자라면서 모진 비바람에 견딜 수 있는 것은 대나무의 뿌리가 강한 것도 있지만 대나무 줄기 사이사이에 매듭이 있기 때문이 아니던가. 나도 제2의 인생을 튼튼히 살아가기 위해서 매듭이 필요하다는 생각을 했다. 군생활을 하고 바로 새로운 곳에 뛰어드는 것보다 군생활을 돌아보고 정리하는 시간을 갖는 것이 좋겠다고 생각했다. 나만의 매듭을 만들고 새로운 삶을 살아가자는 생각이었다.

이때 불현듯 떠오른 것이 있었다. 바로 손자병법이었다. 지휘관 시절에 장병들을 상대로 매주 두 시간씩 리더십, 손자병법, 인문학에 관련된 강의를 실시했었다. 나는 나의 강의를 듣고 많은 부대원들이 더 긍정적인 방향으로 변화하고 이전보다 군생활을 적극적으로 하는 것을 보았다. 많은 부대원들이 그러한 나의 강의 내용을 책으로 만들어달라는 요청을 했었다. 그래서 책 대신 A4 파일로 정리해서 부대원들에게 나눠주곤 했다.

전역한 뒤 나는 이 강의 내용을 다시 정리했고, 이것을 세상 사람들과 공유하기로 했다. 이를 위해 유튜브에 도전했다. 유튜브에 도전한다는 것은 대단한 두려움이었다. 예비역 4성 장군으로서 말을 한 마디 잘못하게 되면 나뿐 아니라 내가 근무했던 군까지 비난받을 수 있다는 생각이 들었다. 하지만 두려움을 용기로 전환해 과감히 도전했다. 국방TV 채널과 협약해 손자병법의 지혜를 공유하는 것부터 시작했다. 국방TV 채널은 장병이나 안보와 관련된 사람들, 또 군대를 좋아하는 사람들이 많이 시청한다. 그렇기 때문에 손자병법에 대해 설명할 때에도 전쟁 사례를 넣어달라는 요청을 받았고 그러한 방향으로 제작했다. 다행히 반응이 좋았다. 두려움으로 만들었지만 좋은 반응이 쌓이자 걱정이 곧 자신감으로 변했다. 특히 군내에서 반응이 좋았다. 일부 부대에서는 간부교육용으로 활용한다는 말을 듣게 되었을 때 매우 뿌듯했다.

7편 정도 되었을 때 콘텐츠를 눈여겨본 SBS CNBC 측에서 연락이 왔다. 이번엔 경제인을 위한 손자병법이었다. 그렇게 탄생한 프로그램이 〈김병주 대장의 지금 다시 손자병법〉이었다. 유튜브와는 달리 방송은 또 다른 도전이었다. 20년 전 경영학을 전공했지만 오래전 일이었고, 경제에 대한 감이 떨어져 있었다. 그래서 기업체나 공장을 견학하면서 경제에 대한 감을 키우고 손자병법과 연결 짓는 연구를 했다. 콘텐츠를 만드는 방식도 촬영하는 방식도 유튜브와 달라서 적응하는 데 시간이 걸렸다. 그래도 멋진 스태프 분들과 함께 재밌게 프로그램을 만들어나갔고, 감사하게도 시청률은 만족스럽게 나왔다. 방송도 두려움을 안고 시작했는데, 과감히 도전함으로써 새로운 장을 열 수가 있었던 것이다. 점점 자신감이 생겼다. 작은 성공이 또 다른 도전을 할 수 있는 힘과 에너지를 주었다. 덕분에 『시크릿 손자병법』이라는 책도 출간하게 되었다. 그리고 얼마 후 국회의원이 되었다. 더 강한 안보, 튼튼한 국방을 만들고 싶다는 나의 오랜 비전이 이쪽 길을 걷게 했다.

이 모든 것이 전역 후 1년 내에 다 이루어졌다. 세상이 급변하는 속도 못지않게 내 인생에도 엄청난 변화가 단기간에 일어났다. 그중 어느 것 하나도 쉬운 도전은 없었다. 실패를 두려워하고 주저했다면 그 어느 것도 이루지 못했을 일들이다. 새로운 기회를 창출하고 그에 대한 성과를 이끌어내는 것은 결국 도전할 때 얻을 수 있는 것이라는 걸 알았다. 실패를 하더라도 경험은 남으니 손해볼 것 없다고 생각했다. 다시 책을 기획하고 집필하게 된 것 역시 그와 같은 도전의 하나다. 이 책은 내가 지난 1년여 동안 공부하고 느끼고 되새겼던 내용들의 집합체다.

나에게 전역 후의 세계는 그 자체로 뉴노멀이었다. 어떤 세상이 펼쳐질지 무엇도 확신할 수 없었기 때문이다. 40년 가까이 생활했던 군을 떠나 완전히 새로운 일상을 살아야 했다. 그 자체가 위기였다. 하지만 피할 수 없으니 즐겨야 했다. 군이라는 특수한 조직체계를 잊고 완전히 다른 뉴타입의 방식으로 현실에 뛰어들었다. 유튜버의 길이 그랬고, 방송인의 길이 그랬고, 정치의 길이 그랬다. 지금도 나는 매일 새로운 방식의 삶을 살기 위해 노력한다. 이유는 하나다. 이루고 싶은 꿈이 있기 때문이다. 단지 나와 우리 가족을 위한 것이 아닌 우리 모두를 위한 안보 강국의 꿈. 이것이 나의 뉴드림이다. 앞으로 내가 계속 추구해나갈 큰 꿈이다.

이 책의 마무리 작업이 한창일 때 코로나19가 다시 기승을 부리기 시작했다. 가을 무렵 2차 재유행이 올지 모른다는 전문가들의 경고가 이어졌지만, 그보다 훨씬 빠르게 또 한 번의 위기가 찾아온 것이다. 코로나19 사태로 인해 이미 6개월 이상 긴 어둠의 터널을 지나왔는데 다시 끝없이 터널이 이어지고 있다. 그렇게 감염병 위기는 지금도 우리의 일상을 좀먹고 있고, 보다 강화된 사회적 거리두기로 인해 우리를 덮친 위기의 파고는 더욱 높아지고 있다. 언제쯤 이 위기가 끝날까? 언제쯤 우리는 일상을 되찾을 수 있을까? 과연 끝이 있는 싸움일까? 아무도 예측할 수 없다. 코로나19 재유행의 위험을 감지하고 미리 대비를 했다곤 하지만 이번에도 위협적이다. 위기라는 게 늘 그렇듯 내성이 생기지 않는다. 그저 매번 처음 겪는 일처럼 당황스럽고 뼈아프다. 그리고 매일같이 이런 위기의 시대를 살아내야 하는 우리들이 안쓰러우면서도 대견하다. 모두 각자의 자리에서 각자의 몫을 해내며 각자의 고통을 인내하고 그렇게 함께 위기를 극복해나가고 있다는 것을 서로가 잘 알고 있기 때문이다.

이제껏 경험해보지 못한 위기 앞에 하루도 편할 날이 없었다. 어떻게 하면 우리가 이 위기를 조금이나마 더 수월하게 또 슬기롭게 이겨낼 수 있을지 고민이 되었다. 하지만 늘 부족하다. 제갈량이나 칭기즈칸처럼 전략적인 사고로 이 위기를 극복할 수 있는 방법을 찾을 수 있다면 얼마나 좋을까. 이런 고민이 나를 더 손자병법에 빠져들게 했다. 어쩌면 고리타분하게 느껴질지 모르지만 손자병법 속에 위기 극복의 전략이 담겨 있다는 것을 누구보다 잘 알고 있기 때문이다.

이것을 좀 더 현대 사회에 맞게 해석하고 연결해서 우리에게 필요한 이야기를 하고 싶었다. 손자병법을 이 시대와 연결하기엔 경제와 경영 이야기가 안성맞춤이었다. SBS CNBC〈김병주의 지금 다시 손자병법〉제작에 함께 참여한 최보윤 작가에게 전화를 걸었다. 최보윤 작가는 20년 경력을 가진 프리랜서 방송작가다. 그동안 지상파 3사를 비롯한 여러 방송사에서 교양작가로 일해왔다. MBC〈심야스페셜〉, SBS〈우리가 바꾸는 세상〉, 〈뉴스토리〉, KBS〈노인, 세상에 말을 걸다〉, KTV〈풍경소리〉, YTN사이언스〈다락방〉, 〈다큐S프라임〉등 다수의 프로그램 제작에 참여한 베테랑 방송작가다. 주로 경제, 사회 이슈, 보도, 과학 등 전문 분야에 특화된 프로그램 제작에 참여한 경험이 많다. 특히 SBS CNBC에서는 CEO와 경영 이야기를 다룬〈블루베리〉시리즈를 론칭해 4년간 제작에 참여했다. 또한〈모두의 인문학〉이라는 프로그램을 통해〈송병건의 그림 속 경제사〉, 〈박병률의 영화 속 경제 코드〉등의 제작에 참여하면서 인문학과 경제·경영이 결합된 콘텐츠를 만드는 경험을 쌓아왔다. 〈김병주의 지금 다시 손자병법〉 역시 그중 하나다. 마침 손자병법과 연결 지을 수 있는 다양한 기업 사례에 대한 리서치가 되어 있었기 때문에 나와 함께 책 집필 작업을 하면 시너지를 낼 수 있을 거라 판단했다.

또 나의 딸 지혜에게도 부탁을 했다. 지혜는 30대 초반임에도 손자병법 콘텐츠에 대한 이해도가 높은 편이다. 내가 군생활을 할 때부터 손자병법에 관한 강연 등 다양한 콘텐츠를 함께 만들어온 덕분이다. 또한 손자병법을 개인의 인생에 적용하는 사례에 대해 많이 연구해왔다. 특히 요즘 젊은이들의 감성과 문화적인 시선에서 손자병법을 풀어내는 데 탁월하다고 생각했기 때문에 함께 작업을 하자고 요청한 것이다. 지혜도 흔쾌히 수락했다.

이렇게 해서 세 사람의 공동 집필 작업이 시작되었다. 책에서도 뉴노멀 시대의 성공 키워드로 '협력'을 강조했는데 이를 현실에 적용한 것이다. 나의 전쟁사와 손자병법에 대한 이해와 통찰, 최보윤 작가의 경제·경영에 대한 리서치, 그리고 지혜의 손자병법 개인 적용 사례와 20대의 젊은 감성이 만나 이 책이 탄생하게 된 것이다. 이렇게 세 사람이 콜라보를 시도한 것이다.

이것은 또 지렛대 원리를 적용한 것이기도 하다. 만약 내가 혼자 경제·경영 그리고 개인 사례까지 전부 공부해서 집필하려 했다면, 퀄리티 있는 책을 이렇게 빨리 만들어내지 못했을 것이다. 두 사람의 특화된 능력과 경험을 빌려 지렛대로 삼았기에 그것이 가능할 수 있었고, 위기의 시대에 살아남기 위한 전략을 손자병법과 경제·경영이라는 키워드로 잘 풀어낼 수 있었던 것 같다.

나의 첫 번째 책 『시크릿 손자병법』이 전통적인 해석을 바탕으로 손자병법을 알기 쉽게 풀어낸 책이라면, 이 책 『뉴노멀 뉴타입 뉴드림』은 경제·경영과 손자병법, 그리고 우리 시대의 다양한 사회적 이슈를 녹여낸 것으로 20대 젊은 층부터 50, 60대 중장년층까지 전 세대가 두루 읽을 수 있는 책이다. 특히 손자가 만약 이 시대를 살고 있다면 어떻게 헤쳐나갈 것인지, 철저히 그의 생각을 따라가봤다. 이렇게 이 책을 준비하는 동안 나는 또 한 번 이제껏 몰랐던 지혜와 전략을 터득할 수 있었다.

독자 여러분에게도 이 책이 손자의 위기 극복의 지혜를 배울 수 있는 기회가 되기를 바란다. 그리고 지금 우리 앞에 놓여 있는 이 위기를 무궁무진한 기회로 바꾸어나가길 진심으로 바란다.

뉴노멀, 뉴타입, 뉴드림을 위하여 같이 갑시다!

2020년 11월
저자들을 대표하여 김병주

★ 위기를 기회로 바꾸는 손자의 3NEW 성공 전략 ★

초판 1쇄 인쇄 2020년 11월 4일
초판 1쇄 발행 2020년 11월 9일

지은이 | 김병주 · 최보윤 · 김지혜
일러스트 | 김지혜
펴낸이 | 김세영

펴낸곳 | 도서출판 플래닛미디어
주소 | 04029 서울시 마포구 잔다리로71 아내뜨빌딩 502호
전화 | 02-3143-3366
팩스 | 02-3143-3360
블로그 | http://blog.naver.com/planetmedia7
이메일 | webmaster@planetmedia.co.kr
출판등록 | 2005년 9월 12일 제313-2005-000197호

ISBN 979-11-87822-52-3 03320